吉林财经大学校级科研项目（RES0001508）、新入职博士科研启动项目资助（RES0001255）

中国制造业全球价值链升级路径研究
——基于国际知识溢出视角

陈艺毛 著

吉林大学出版社
·长春·

图书在版编目（CIP）数据

中国制造业全球价值链升级路径研究：基于国际知识溢出视角 / 陈艺毛著. -- 长春：吉林大学出版社，2021.11
　　ISBN 978-7-5692-9330-2

Ⅰ. ①中… Ⅱ. ①陈… Ⅲ. ①制造工业 – 产业发展 – 研究 – 中国 Ⅳ. ①F426.4

中国版本图书馆CIP数据核字(2021)第223559号

书　　名：中国制造业全球价值链升级路径研究——基于国际知识溢出视角
ZHONGGUO ZHIZAOYE QUANQIU JIAZHILIAN SHENGJI LUJING YANJIU
——JIYU GUOJI ZHISHI YICHU SHIJIAO

作　　者：陈艺毛　著
策划编辑：黄国彬
责任编辑：张维波
责任校对：王寒冰
装帧设计：刘　丹
出版发行：吉林大学出版社
社　　址：长春市人民大街4059号
邮政编码：130021
发行电话：0431-89580028/29/21
网　　址：http://www.jlup.com.cn
电子邮箱：jdcbs@jlu.edu.cn
印　　刷：天津和萱印刷有限公司
开　　本：787mm×1092mm　1/16
印　　张：12.5
字　　数：240千字
版　　次：2022年2月　第1版
印　　次：2022年2月　第1次
书　　号：ISBN 978-7-5692-9330-2
定　　价：78.00元

版权所有　翻印必究

前　言

伴随信息技术的快速兴起和交通运输成本的下降，以及世界范围内的贸易和投资自由化，生产分散化构成的现代化国际分工体系，为中国制造业提供了一个凭借本国比较优势参与全球价值链分工和利用全球生产网络中的知识溢出促进自身发展的机会。本书从全球价值链地位、嵌入环节及嵌入深度以及跨链升级潜力等角度对中国制造业全球价值链升级进行综合分析，有助于厘清中国制造业提升国际分工地位的障碍，以及转变中国"大进大出，两端在外"的分工模式的阻力，使中国在复杂国际环境中抓住全球价值链重构的机遇，以冲破发达国家封锁，构造自我主导的价值链，获取全球生产网络中更大的获利空间。FDI和进口贸易是中国参与全球价值链分工的主要渠道，也是中国在全球生产网络中获取国际知识溢出的主要渠道。国际知识溢出作为促进中国制造业技术进步的重要外部路径，经过吸收和本地化，是提升中国制造业国际分工地位、改变中国制造业参与方式的重要动力之一，但其溢出效应却受到溢出渠道和途径及本国吸收能力的影响。因此，研究不同渠道和途径下的国际知识溢出对中国制造业参与全球价值链分工的影响，对中国在全球经贸规则面临重大调整的背景下利用国际分工结构变动机会，充分释放跨国生产要素流动红利，提升国际分工地位，推动形成高质量开放新格局具有重要意义。

实现全球价值链升级，中国制造业主要面临着两个问题：一是如何在现有价值链上提升自身能力，实现价值链高端嵌入，摆脱"低端嵌入陷阱"。二是如何重构自身能力以满足全新价值链的能力要求，实现跨链升级，摆脱"能力刚性陷阱"。因此本书从全球价值链参与环节和程度、国际分工地位以及产业国际竞争力等指标对中国制造业及其细分行业全球价值链嵌入现状进行综合分析，并纳入国际知识溢出，探索知识要素流动对中国全球价值链升级的影响。

由于国际知识溢出渠道和途径的多样性,以及国际知识溢出效应的二重性,国际知识溢出对中国全球价值链升级影响的相关研究并没有统一结论。现有研究中对不同渠道和途径的国际知识溢出,在异质性情况下对发展中国家,以不同形式参与全球价值链分工不同生产环节影响的相关研究相对缺乏,本书基于不同渠道和途径的国际知识溢出效应研究,能较具体地分析国际知识溢出效应是否存在及其作用机制,丰富了国际知识溢出理论和国际分工理论。其次,以往垂直溢出仅涵盖市场性溢出的研究,缺少对其他溢出机制的研究,本书以相似技术结构间产业通用性知识流动为机制,发现了技术关联效应这一国际知识溢出的新途径。最后,将国际知识溢出拆分为进口贸易和FDI两种渠道,以及水平溢出、前向关联、后向关联和技术关联四种途径,分析了不同渠道不同作用途径的国际知识溢出对中国制造业参与全球价值链分工的影响,不仅全面分析了不同渠道和途径的国际知识溢出效应的异质性,而且挖掘出了国际知识溢出最有利的渠道和途径,为提出有针对性的政策提供依据。本书主要结论如下:

第一,中国制造业全球价值链参与程度和国际分工地位均有所上升。以2007年为转折点,中国制造业全球价值链参与程度的变化曲线呈现为先升后降的倒"V"字形,而国际分工地位变化曲线则表现为先降后升的"V"字形。第一阶段,中国凭借劳动优势以低端嵌入为主要参与方式,导致全球价值链参与程度高,但国际分工地位低;第二阶段,中国制造业前端嵌入程度上升,后端嵌入程度下降,技术密集环节产品增值能力提升,减少对进口中间产品的依赖,提高了中国出口中间产品的比重,实现了从低端参与国际分工向高端参与国际分工的模式转变。

第二,通过鉴别国际知识溢出多样化渠道的作用发现,FDI国际知识溢出的升级效应表现为促进中国部分产业向高端价值链条跨越,参与全球价值链重构过程,促进潜在优势的培育。而进口贸易渠道国际知识溢出效应,主要表现为促进中国长期具有比较优势的制造业的国际分工地位和前端嵌入深度的提升,以及抑制全球价值链后端过度嵌入。因此,FDI渠道国际知识溢出具有价值链跨链升级效应,进口贸易渠道国际知识溢出具有价值链链内攀升的升级效应。

第三,通过鉴别国际知识溢出多样化途径的作用发现:(1)FDI渠道水平国际知识溢出,通过竞争和示范效应,提升中国制造业国际分工地位,垂直方向上技术关联效应促进国际分工地位的提升,但是后向关联和前向关联效应均阻碍中国制造业国际分工地位的提升。进口贸易渠道国际知识溢出通过多样化途径对中国制造业国际分工地位的提升具有正向作用,是中国制造业国际分工获利能力增强的有效动力。(2)FDI渠道的水平溢出效应、后向关联和前向关联效应均表现为阻碍中国向制造业价值链高端环节晋升。进口贸易渠道国际知识溢出效应表现为促进中国制造业高端环节参与程度深化,是中国参与全球价值链分工结构性调整主要动力。(3)FDI和进口贸易渠道国际知识溢出对中国制造业参与全球价值链分工低端环节的影响主要表现为抑制中国制造业低端参与程度,但也存在差异。FDI的水平溢出效应表现为抑制中国制造业过度嵌入制造业低端环节。FDI通过后向关联机制减少中国制造业出口的对外依赖程度,对中国制造业参与全球价值链分工的价值留存能力产生促进作用;与后向关联效应相反的是,前向关联效应固化了中国制造业低端参与模式。进口贸易水平溢出效应表现为深化中国制造业低端参与程度,说明以加工贸易为主的贸易模式固化了中国制造业被动参与全球价值链分工中的程度,造成低端锁定的困境。进口贸易渠道垂直溢出效应,表现为抑制中国制造业参与全球价值链分工低端环节的程度,说明关联机制下国际知识溢出效应能够帮助中国制造业摆脱低端锁定的困境。

第四,中国制造业吸收能力对国际知识溢出效应具有调节作用,但仍存在能力不足、无法跨越门限等问题。进口先进技术或设备并进行"逆向研发"是中国技术进步的原因之一,但在许多溢出途径下人力资本投入、研发投入和行业技术水平的影响作用不显著,说明中国制造业吸收能力没有跨越门限,发挥知识溢出的增效作用。同时,与外资企业相比,中国制造业技术水平较低,过大的技术差距阻碍了知识溢出的吸收和利用。

第五,通过溢出途径作用的鉴别发现技术关联性溢出的"感染"和"竞争"效应也是垂直国际知识溢出的重要作用途径。基于技术关联性溢出,国际知识溢出对提升中国制造业参与全球价值链分工地位和高端环节参与均产生显著作用,并且抑制中国制造业低端参与程度,对防止"低端锁定"具有重要作用。

陈艺毛
2021年3月

目 录

第一部分 理论分析

第1章 绪 论 ·· 3
   1.1 研究背景 ·· 3
   1.2 研究意义 ·· 6
   1.3 研究内容与研究思路 ·· 7
   1.4 研究方法 ·· 10
   1.5 创新之处与不足之处 ·· 11

第2章 理论基础与文献综述 ·· 14
   2.1 全球价值链分工的理论基础 ··· 14
   2.2 全球价值链升级的理论基础 ··· 21
   2.3 国际知识溢出理论基础 ··· 25
   2.4 知识溢出对全球价值链升级的影响 ······································ 34
   2.5 本章小结 ·· 37

第3章 全球价值链利益分配体系与发展中国家升级模式 ················ 39
   3.1 全球价值链的价值分布与利益分配 ······································ 39
   3.2 全球价值链升级模式 ·· 42
   3.3 本章小结 ·· 46

第4章 全球价值链上知识溢出与价值链升级的机制分析 ················ 47
   4.1 全球价值链上知识溢出的理论分析 ······································ 47
   4.2 全球价值链上知识溢出的作用途径 ······································ 53
   4.3 全球价值链上知识溢出影响发展中国家价值链升级机制 ······· 58
   4.4 本章小结 ·· 61

第二部分 中国实践

第5章 中国制造业参与全球价值链分工现状分析 ……… 65
    5.1 全球价值链地位与嵌入位置的测算 ……………… 65
    5.2 中国制造业嵌入全球价值链现状分析 …………… 70
    5.3 本章小结 …………………………………………… 83

第6章 知识溢出对中国制造业全球价值链地位和参与程度的影响 …… 84
    6.1 全球价值链上知识溢出的测度 …………………… 84
    6.2 空间计量模型设定 ………………………………… 92
    6.3 知识溢出对中国制造业全球价值链分工地位的影响 …… 99
    6.4 知识溢出对中国制造业参与全球价值链高端环节的影响 …… 110
    6.5 知识溢出对中国制造业参与全球价值链低端环节的影响 …… 123
    6.6 本章小结 …………………………………………… 136

第7章 全球价值链上的知识溢出对中国制造业比较优势演化的影响 …… 138
    7.1 中国制造业比较优势演化的特征性事实 ………… 138
    7.2 模型设置与数据选择 ……………………………… 144
    7.3 FDI渠道知识溢出对中国制造业比较优势的影响 …… 146
    7.4 进口贸易渠道知识溢出对中国制造业比较优势的影响 … 153
    7.5 本章小结 …………………………………………… 155

第8章 中国制造业全球价值链升级路径 …………………… 157
    8.1 全球价值链上知识溢出效应的不确定性 ………… 157
    8.2 知识溢出视角下中国制造业全球价值链升级机遇与挑战 …… 163
    8.3 有效利用知识溢出促进中国制造业全球价值链升级路径 …… 167

参考文献 …………………………………………………… 171

附　　录 …………………………………………………… 187
    附录A 黑田法外推投入产出表基本原理 ……………… 187
    附录B 中国制造业国际分工参与程度及结构变化 …… 189

第一部分　理论分析

第1章 绪 论

1.1 研究背景

随着信息化的发展,当前全球经济已经从工业经济时代向知识经济时代迈进,以知识和信息为特征的新的经济形态将成为全球经济增长的主流趋势[1]。在以信息化程度上升、交通运输成本下降以及贸易和投资自由化为基础的国际分工体系中,发达国家仅保留技术密集型高附加值生产环节,通过外包或对外投资的方式将劳动密集型低附加值的组装加工环节转移至劳动要素充裕的发展中国家,形成了世界范围内的全球价值链分工体系。通过全球价值链分工,跨国公司能够在世界范围内寻求最低的生产成本和最有效地利用世界资源。同时,全球价值链分工也为发展中国家和地区提供了一个凭借本国比较优势参与全球价值链分工和利用发达国家知识溢出促进自身发展的机会。对于发展中国家来说,借助国际分工体系实现经济起飞是当前世界经济环境下必须选择的一种发展途径[2]。FDI 和进出口贸易是发展中国家参与全球价值链分工的主要渠道。通过国际贸易和国际投资两条渠道,利用国际分工,促进产业创新和知识扩散,不失为一条进行产业升级有效的路径[3]。中国也不例外,凭借丰裕的劳动力要素和廉价的劳动力成本,依赖 FDI 和加工贸易,中国制造业参与全球价值链分工的加工装配等劳动密集型生产环节,获取知识溢出,提升技术水平,实现出口扩张,成为"世界工厂"。

中国依托自身劳动成本的优势,利用参与全球价值链分工体系的契机,实现了对外贸易的快速增长、制造业规模的不断扩大以及国际竞争力的不断增强,特别是加入 WTO 后,中国对外贸易急剧扩张的过程中,出现了一个非常明显的"逆比较优势"①的现象,使得中国与美国等西方发达国家之间存在着巨额的贸易顺差。但是实际上中国工业化呈现的是一种"外部植入"的形态,出口产品获利能力较弱。首先,中国制造业出口中加工贸易出口额占比较高,加工贸易出口额占总出口额比重均在35%以上,例如中国对美国贸易顺差中,有54%是外资企业,有53%是加工贸易②,在从事加工贸易过程中,中国制造业出口产品的附加值较低,没有"中国芯"的组装加工业出口产品增值能力受限;其次,"中国制造"的出口产品主要集中于消费品制造领域,在机械设备等领域的竞争力较弱,核心生产环节主要依靠进口,出口附加值被发达国家获取。由此可以看来,"逆比较优势"现象是总值贸易核算体系下的"统计假象",而基于增加值贸易视角,中国制造业的比较优势仍在劳动密集型行业。技术密集型产品在国际分工中,受到嵌入位置的限制,以从事组装加工等低附加值环节为主,核心技术和关键零部件对外依存度高,获利能力十分有限。上述出口规模与出口获利的"错配",反映的是中国在快速嵌入国际分工和与增值能力受限之间存在矛盾。说明中国虽然实现了制造业规模上对美国的超越,但没有实现质量和效益的同步提升[4],出口规模的扩张是参与并被锁定于全球价值链低端环节,而不是能力提升的作用。这样,如何提高中国制造业在全球价值链分工地位,提升出口的获利能力是当前需要解决的重点问题。

党的十九大报告中明确提出,中国经济正处在转变发展方式、优化经济结构、转换增长动力的攻关期,目前已由高速增长阶段转向高质量发展阶段,重点强调对外提升中国制造业在整个国际分工中的位置。在全球价值链分工体系中,只有成为拥有发达知识生产力的经济竞争者,才能够在未来经济全球化的浪潮中占据有利地位。因此,加快中国经济增长方式、质量、动力的变革,从根本上是要改变过去依靠初级生产要素投入的粗放型经济增长方式,向使用高级生产要素投入的高效率方式转变,使技术进步成为经济增长的主导力量。在开放经济条件下,一国的技术进步不仅取决于国内研发支出以及本国高科技人才的培育,其他国家的知识创新活动也会以国际知识外溢的形式,通过不

---

① 技术落后的发展中国家的技术密集型产品的出口规模超过了技术先进的工业化发达国家的现象。

② 引自国务院新闻办公室于2019年6月2日上午10时发表《关于中美经贸磋商的中方立场》白皮书新闻发布会上,商务部副部长兼国际贸易谈判副代表王受文和国务院新闻办公室副主任郭卫民出席答记者问原文。

同渠道和途径直接或间接地促进该国的技术进步。FDI和进口贸易是中国制造业不断融入国际分工体系的渠道，同时在全球生产网络中，FDI和进口贸易是国家间知识扩散和外溢的主要渠道[5]。

改革开放40年来，随着不断融入国际分工体系，中国在国际贸易与跨国投资中扮演着重要的角色，2019年中国外贸总额达4.56万亿美元，吸收外商直接投资(foreign direct investment，FDI)达1400亿美元，继续成为全球第二大外资流入国。融入全球价值链分工体系，对中国经济快速发展和技术进步都有着积极作用。通过贸易与投资，跨国要素不仅以物质资本的形式促进中国经济的发展，在要素跨国流动的过程中带来的无意识的国际知识溢出对中国的资源配置效率产生了外部性[6]。尤其在开放经济环境下，其他国家创新活动的外部性与国内研发投入和人力资本投入共同作用于技术进步，带动生产能力和生产效率的提高，促进国家资源配置优化，提升全球价值链分工地位。但是对于发展中国家来说，参与发达国家控制的国际分工体系，利用生产网络中的知识溢出与扩散，突破发达国家技术封锁，实现自动攀升的仅占少数，大多数发展中国家会陷入国际分工陷阱中。在现实中，以亚洲部分地区为代表的一些新兴工业化经济体，抓住参与全球价值链分工的契机，利用产品内分工带来技术溢出，基于组装—制造—研发的路径提升了全球价值链分工地位。但是，墨西哥、巴西等国家却随着参与全球价值链分工的程度加深而陷入了中等收入陷阱[7]。发展中国家在工业化道路中，融入国际分工体系能够快速积累生产要素和获得知识溢出，但如果过于依赖外部技术，会使自身技术进步和产业升级受制于人，陷入"国际分工陷阱"和路径依赖中，被发达国家捕获在价值链低端环节中。发展中国家参与全球价值链分工体系是否会掉入国际分工陷阱，最终取决于参与全球生产网络带来的溢出效应、吸纳效应与挤出效应的综合作用[8]。一方面，国际知识溢出的渠道和途径具有多样性，不同溢出机制的国际知识溢出对中国制造业参与全球价值链分工的影响存在差异性[9,10]；另一方面，受到中国制造业吸收能力的影响，不同渠道和途径的国际知识溢出效应也存在差异性，产业间存在着"非对称性"溢出的现象。国际知识溢出复杂的溢出机制所导致的溢出效应值得我们深入探讨。因此，研究中国制造业从国际生产网络中获取的知识溢出对其参与全球价值链分工的影响，有利于帮助中国制造业在国际生产网络多样化的渠道和途径中，挖掘和利用有效的国际知识溢出，促进中国制造业全球价值链分工地位的提升。

1.2 研究意义

1.2.1 理论意义

本书的研究具有如下理论意义：

①本书基于增加值贸易框架针对中国制造业参与全球价值链分工地位以及参与全球价值链分工环节和程度等的研究，建立了一个多层面的国际分工的评价指标体系，进而从中国制造业全球价值链分工地位、参与高端环节程度以及低端环节程度三个角度，分析国际知识溢出对中国制造业参与全球价值链分工的影响，丰富了国际知识溢出影响机制的研究。

②有关国际知识溢出垂直溢出途径的研究主要集中于市场性溢出机制，即依托商品投入产出关系产生的前向关联和后向关联效应，缺少对其他机制的研究。本书挖掘了国际知识溢出垂直溢出途径的技术关联机制，对国际知识溢出途径的研究进行了补充。

③本书将中国在国际分工体系中获取的国际知识溢出拆分为FDI和进口贸易两个渠道，并进一步分为水平溢出效应、前向关联效应、后向关联效应以及技术关联效应。基于两种渠道和四个途径的国际知识溢出的异质性，能较具体地分析国际知识溢出效应是否存在及其作用机制，扩大了国际知识溢出效应的研究视角。

1.2.2 实践意义

1. 有利于探索国际知识溢出视角下中国制造业提升国际地位的新动力

改革开放40年来，中国已经成为全球第二大外资流入国，基本提升了中国工业的基础。但是在中国多年的应用导向型思路的引导下，中国的材料、工艺流程、装备等基础行业没有得到充分发展，产品依然处于价值链的低端。目前，在经济正处于由高速发展向中高速稳定增长转变的关键期，迫切需要寻找新的动力与源泉。本书通过将国际知识溢出的渠道和途经进行拆分，通过实证研究，找出有效的作用渠道和作用途径，为中国制造业企业如何通过参与全球价值链分工体系，达到提高自身竞争力的目标提供思路。

2.为复杂国际环境下中国制定开放和引资政策提供值得借鉴的现实依据

发达国家的"再工业化"对国际分工产生了深刻的影响,全球价值链体系正在经历新的调整,这对中国制造业的发展来说,既是机遇,又是挑战。参与全球价值链分工对发展中国家来说是一把"双刃剑",跨国公司的进入,以及跨国公司引致的大量进口贸易,其要素流动和知识溢出能够促进中国制造业技术进步和全球价值链分工地位的提升,但是知识溢出作用和程度却受到发达国家的控制,以及自身吸收能力的制约。因此研究国际知识溢出的影响以及本国吸收能力水平,将为中国更加合理地开放贸易,引入并利用 FDI,充分释放跨国生产要素流动的红利提供依据。为中国规划开放新格局,制定开放政策具有一定的指导意义。

1.3 研究内容与研究思路

1.3.1 研究内容

基于国际贸易理论、产业组织理论和内生增长理论,以及产品空间理论,借鉴空间计量经济学的方法,在比较优势演化和全球价值链框架内,本书重点研究国际知识溢出和全球价值链升级内涵,分析国际知识溢出对全球价值链升级的影响,比较不同渠道和不同溢出途径的国际知识溢出机制,以及吸收能力对溢出效应的调节作用。构建了国际知识溢出、吸收能力和价值链升级关系的框架模型。具体从以下内容进行研究:

第一章,绪论。主要介绍了本书的研究背景、研究意义、研究内容、研究方法、研究思路,以及本书的创新之处和不足之处。

第二章,理论基础和文献综述。主要总结了国际知识溢出、价值链升级的相关理论以及二者关系的文献综述,为本书后期研究提供理论基础。

第三章,全球价值链利益分配机制的形成以及全球价值链升级模式。主要从全球价值链价值分布体系出发,分析全球价值链的价值分布体系特征、利益分配机制和发展中国家全球价值链升级的必要性,并提出了发展中国家链内升级和跨链升级两种全球价值链升级路径。

第四章,国际知识溢出对价值链升级的机制研究。主要从理论上分析全球价值链上的知识溢出对一国制造业参与全球价值链分工的影响机制。利用数理模型分析了全球价值链上的知识溢出的影响机制,以及吸收能力对知识溢出效应的调节,进而阐述了进口贸易渠道和FDI渠道下知识溢出的途径。最后综合分析FDI和进口贸易渠道知识溢出对发展中国家制造业参与全球价值链的影响机制。

第五章,在增加值贸易框架下,利用KWW增加值贸易流量分解模型,计算中国制造业在全球价值链分工体系中的地位,以及出口贸易的国内部价值和国外部价值,即高端环节和低端环节的参与程度,描述中国制造业参与全球价值链分工的特征性事实。

第六章,实证分析全球价值链上的知识溢出对中国制造业链内攀升的影响,探讨全球价值链体系中获得两个渠道和三个途径下国际知识溢出对中国制造业全球价值链地位、参与全球价值链高端环节和全球价值链低端环节的影响,发现促进中国制造业全球价值链升级的知识溢出渠道和途经。

第七章,基于产业显性比较优势的视角,实证检验了国际知识溢出对中国制造业跨链升级的影响。

第八章,中国制造业全球价值链升级的路径。本章总结如何有效地利用全球价值链中的知识溢出促进中国制造业全球价值链升级的路径。

1.3.2 研究思路

本书按照"发现问题—分析问题—解决问题"的研究思路来开展研究分析,具体研究思路如下:

首先,基于现实需求以及对现有文献中全球价值链分工以及全球价值链升级内涵、全球价值链分工地位、参与全球价值链分工模式及参与程度,以及进口贸易和FDI渠道的国际知识溢出相关内容和发展现状进行梳理。寻找现有研究成果中国际知识溢出对东道国全球价值链分工地位和参与位置与程度影响的不足。

其次,基于国际分工理论、国际知识溢出理论和内生增长理论,在全球价值链分工的框架内,基于增加值贸易模型,分析国际知识溢出对中国制造业参与全球价值链的影响,比较不同渠道和不同溢出途径的国际知识溢出机制,以及吸收能力对溢出效应的调节作用,构建了国际知识溢出、吸收能力和全球价值链升级关系的框架模型。

再次,根据产业间联系的不同实质内容和产业间连接的不同依托,构建产业关联性空间权重矩阵、产业前向关联空间权重矩阵和产业后向关联空间权重矩阵,构建一组 18 个制造业行业 11 年的面板数据,用空间计量回归的方法对国际知识溢出与中国制造业参与全球价值链分工的关系进行回归分析。比较了进口贸易渠道和 FDI 渠道国际知识溢出对中国制造业全球价值链分工地位、嵌入全球价值链高端环节和低端环节程度以及产业显性比较优势演化的影响。

最后,提出知识溢出视角下中国制造业全球价值链升级的路径。

根据文章的研究内容和研究框架,具体的技术路线如图 1-1 所示。

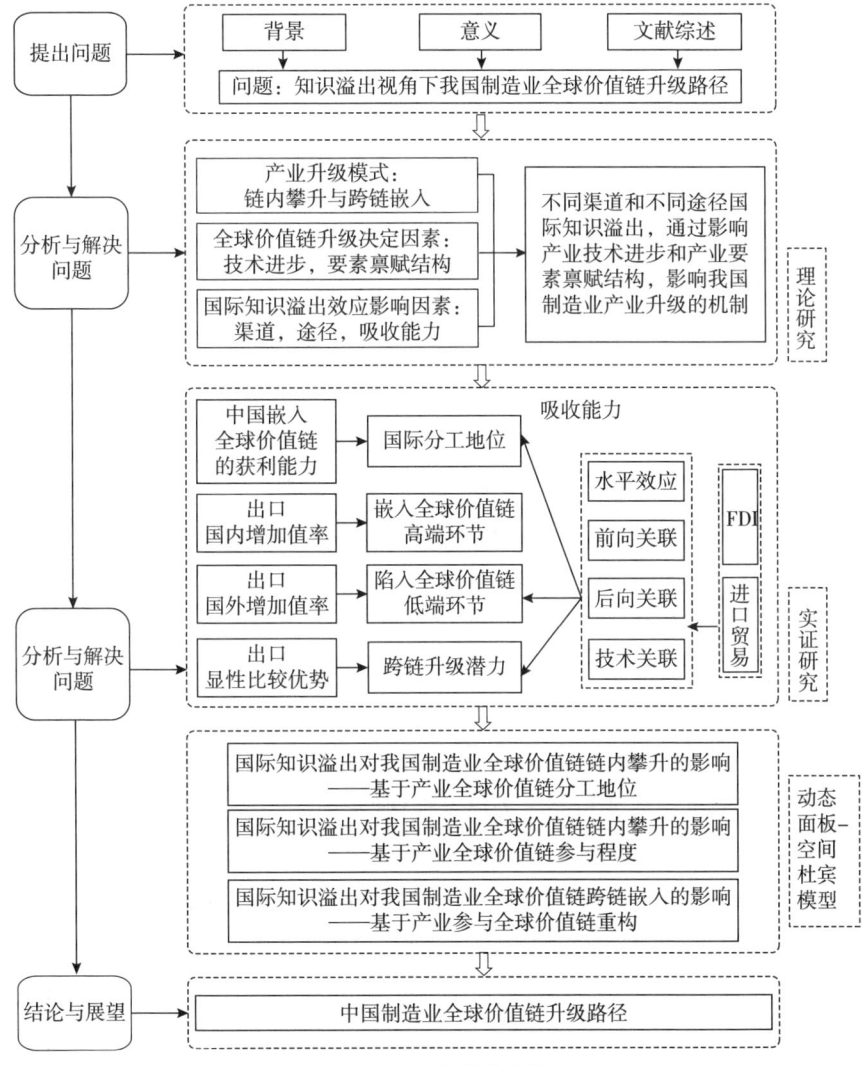

图 1-1 本书技术路线

1.4 研究方法

本书采用定性分析和定量分析相结合的研究方法。

1.4.1 定性研究

定性分析法是对研究对象进行"质"的方面的分析。本书基于国际分工理论、国际知识溢出理论和内生增长理论,在全球价值链分工的框架内,分析国际知识溢出对中国制造业参与全球价值链分工的影响,发现不同渠道以及不同途径的国际知识溢出的作用机制具有异质性,据此构建了国际知识溢出、吸收能力和全球价值链分工地位、参与环节及参与程度的理论模型。

1.4.2 定量研究

1. 空间计量模型

本书采用空间面板杜宾模型验证国际知识溢出对中国制造业参与全球价值链分工的影响。相比于应用时间序列或者面板计量模型研究知识溢出效应,空间计量模型具有如下优势:首先,空间面板数据相对于时间序列数据和面板数据而言,能够更清晰地描绘单元之间溢出效应在时间上和空间上的变化特征;其次,通过恰当定义空间加权矩阵能够比传统测度方法,更准确地把握溢出效应的作用途径和机理,而且还可以在同一个模型中比较多重维度溢出效应的作用效果;再次,空间面板数据允许对被解释变量空间滞后项的作用进行研究,被解释变量的空间自相关性是非常显著的;最后,采用空间计量模型能够降低模型由遗漏变量产生的内生性问题。

2. 国际知识溢出测算的 L-P 模型

区别于以往研究中直接用 FDI 和进口贸易额作为解释变量的方法,本书利用 FDI 和进口贸易渠道获得的外国研发存量作为研究国际知识溢出效应的解释变量。在测算国际知识溢出时,离不开知识溢出来源国 R&D 存量的估算,本书采用 Lichtenberg 和 Pottelsberghe 的方法,利用权重组合方式,测算通过进口贸易渠道或 FDI 渠道流入中国的国际知识溢出,以出口国或资本输出国行业出口贸易额或 FDI 投资额占分行业总产值的比例为权重,对贸易国或投资国 R&D 存量做加权,最后得出中国获得的分行业的国际知识溢出。

3. KWW 增加值贸易流量分解模型

增加值贸易核算的关键在于分别追踪最终产品和中间产品的增加值,并将其按产品来源地和增加值吸收地一一分解。Koopman 等[11]等人提出的 KWW 多国多部门增加值贸易核算框架,通过对各个层面产品贸易的分解,说明了进口价值的来源方和出口价值的吸收方,完善了以增加值贸易为基础的国际贸易核算体系,为全球价值链的研究提供了更为准确的依据。应用 KWW 方法可以对任何层级的出口进行分解,可以从国家汇总层面、部门汇总层面、双边汇总层面和双边部门层面对一国的贸易流量进行细致分解和分析。

4. 投入产出表外推黑田模型

构建不同空间权重矩阵时所涉及的直接消耗系数矩阵和技术流量矩阵等,都是以投入产出表为基础计算出来的。中国投入产出表每五年公布一次,从 2000 年开始,现有年份的投入产出表为 2002 年,2007 年及 2012 年共三年的数据,无法得到连续年份的投入产出表,因此不能够反映溢出比例的动态变化。本书采用黑田法对其他年份的投入产出表进行了外推。黑田(Masashiro KURODA)提出对加权二次目标函数取极小值时的估计方法,并引入拉格朗日未定乘数,在约束条件下建立存在唯一解的联立方程组。根据上述原理,本书利用 Matlab 2014a 编程求解联立方程组的唯一解,外推其他年份投入产出表。

1.5 创新之处与不足之处

1.5.1 研究的创新之处

第一,本书将空间经济学和空间计量经济学的思想和方法应用于行业间国际知识溢出效用的测算,克服了以往行业间知识溢出测算不足的问题。通过建立一个产业空间,构建类似地理距离的产业距离来测算不同产业关联依托下,产业间的溢出效应。既区别于以往研究中对行业间溢出的测算方法的使用,又区别于以往利用空间经济学的区域空间的概念,在行业间溢出效应测算方法上找到了新的视角。

第二，以往的研究都是基于单一渠道的产业内或产业间的国际知识溢出效应，从多维角度研究国际知识溢出效应的文献较少，本书是将知识溢出的渠道区分开来，基于溢出渠道的异质性角度，研究国际知识溢出对中国制造业参与全球价值链分工的影响。同时，本书在实证层面尝试对知识溢出的正向溢出效应和负向溢出效应进行识别。研究结果发现，FDI国际知识溢出仅通过抑制中国制造业嵌入全球价值链低端环节程度，来促进中国制造业转变国际分工的参与方式，但对高端环节参与程度产生抑制作用。而进口贸易渠道则能够提升中国制造业全球价值链分工地位和高端环节参与程度。因此，发现了进口贸易是促进中国制造业全球价值链分工地位和转变参与方式的主要动力这一有意义的结论。

第三，区别于以往垂直溢出途径中仅对市场性垂直溢出的研究，本书创新性地挖掘了产业技术关联性垂直溢出机制。并提出了产业间的三种空间关联模式（前向关联、后向关联、技术关联），构建了相对完整的分析框架，从而对知识溢出效应的二重性产生来源以及相互交织作用的机理进行了系统阐释，这丰富和拓展了现有研究。实证研究表明，技术关联性溢出途径能够克服市场性关联的不足，弱化了国际知识溢出的攫取效应。因此，本书发现技术关联效应是一条长期被忽略，但是十分有利的国际知识溢出途径，这有利于我们客观全面地评价国际知识溢出效应。

1.5.2　研究的不足之处

本书基于制造业行业数据，分别测算了中国制造业全球价值链分工地位、高端环节参与程度和低端环节参与程度。利用空间计量的方法实证分析了两种渠道国际知识溢出对中国制造业参与全球价值链分工的水平效应、技术关联效应、后向关联效应和前向关联效应。在此基础之上，实证验证了人力资本投入、本国研发投入和行业技术水平作为吸收能力对国际知识溢出效应的影响。基于现有的数据和研究方法，本书中仍有一些不足之处和尚未充分展开分析的问题，仍有深入的研究空间，留待今后进一步继续研究和探索。这里就以下几个问题进行反思和思考：

第一，知识溢出存在物化溢出和非物化溢出两种方式。物化溢出是指知识和技术伴随着产品的流动而产生的，主要通过贸易和FDI两种渠道。非物化溢出是伴随着人口的流动和信息的交流产生的，是知识溢出的重要机制之一。本书研究的国际溢出的渠道为中国与发达国家间的贸易和投资行为引致的物化型知识溢出,没有包含非物化型知识溢出,因此忽略了国际知识溢出的人员流动效应中国制造业参与分工的影响。在本书的基础上,后续研究可以基于海外人员回流、外资企业向内资企业的人员流动等非物化型国际知识溢出进行深入研究。

第二,本书基于 Keller 的研究,将输入型国际知识存量(FDI 和进口贸易)作为国际知识溢出的主要渠道,未包含输出型国际知识存量(OFDI 和出口贸易)对中国制造业参与分工的溢出效应。但随着贸易和投资自由化的发展,以及全球价值链收缩再扩张,新的全球性生产分工模式逐渐形成。尤其是"一带一路"倡议推出后,中国制造业在全球价值链中扮演的角色逐渐从"中转站"向主导者转变,参与对外投资的经济活动日渐频繁。因此,在后续研究中需要进一步考察输出型国际知识溢出效应。

第三,本书研究所选取的变量是基于行业层面,缺乏对企业异质性的考察。但从贸易行为的视角来说,企业技术进步是受到企业"自我选择效应"和"出口学习效应"影响的。使用行业层面的数据,使得现有对国际知识溢出效应的研究存在不完全的问题。因此在未来研究中,应进一步深入研究企业层面国际知识溢出效应。

第 2 章 理论基础与文献综述

伴随信息技术的快速兴起和交通运输成本的下降,以及世界范围内的贸易和投资自由化,建立在全球价值链上的,因生产分散化构成的现代化国际分工生产网络改变了当代贸易的性质。实际上,国际贸易已经从"产品贸易"转向了"工序贸易"[12],中间商品、服务和资本商品是现代国际贸易的主流。各国基于自身要素禀赋程度和技术水平嵌入价值链,发展中国家加入并跟随已有价值链的模式以实现经济快速增长,是在当前世界经济环境下必须选择的一种发展路径。凭借低成本的劳动、资源和环境等要素参与生产,发展中国家获取价值链上的外溢效应,分享分工收益,但实质上处于国际生产网络中的"被分工"地位,生产产品真实获利能力远远低于发达国家。本章基于全球价值链分工和国际知识溢出相关理论基础,主要针对一国参与全球价值链程度及地位相关的研究、国际知识溢出相关研究进行整理与回顾,进而对国际知识溢出对全球价值链升级影响的相关研究进行阐述和分析,为中国制造业实现全球价值链升级以及转变国际分工模式提供了理论依据。

2.1 全球价值链分工的理论基础

本节从全球价值链分工的概念、形成的动因、一国参与全球价值链分工方式和分工地位,以及测算方法等方面梳理了全球价值链分工相关理论和研究。

2.1.1 全球价值链分工的概念界定

学者们用价值链分解、专业化分工、国际化生产分担、外包等概念表达一种以全球价值链体系为基础,发达国家通过跨国公司投资或外包等行为在亚洲和拉美国家建立"制造飞地",并通过各加工组装点之间产生大量的零部件或中间品贸易,将分散在世界各地的生产环节串联起来的制造业纵向一体化的国际分工模式。Arndt[13]首次提出全球价值链分工(intra-product specialization)来描述这一分工现象。在此基础之上中国学者卢峰[14]概括和提炼了全球价值链分工的概念,他认为全球价值链分工是同一产品的不同生产阶段之间的国际分工,具体指生产过程中的不同工序、区段以及零部件分散到不同国家,通过跨国公司或者市场在不同国家间企业中完成,从而使越来越多的国家参与产品生产过程。全球价值链分工的生产过程是由一系列不同要素密集度和要素禀赋差异连续生产工序或环节组成,各个分工环节的技术水平和附加值不同,前端的"理念生产"和"设计"环节和后端的"品牌"和"营销"环节为高技术高附加值生产环节,而零部件的生产以及最终产品的组装加工环节为低技术低附加值环节[15,16]。

根据不同标准,全球价值链分工主要有以下三种分类方式:第一种根据国际分工引领者生产组织方式的不同,全球价值链分工可以分为国际外包型和FDI内部化型[17];第二种根据发展中国家参与全球价值链分工的方式,全球价值链分工可以分为被动吸纳型和主动参与型[18];第三种将发达国家和发展中国家纳入统一模型中,根据生产工序技术差异,将全球价值链分工分为高端参与和低端参与两种基本模式,分别对应高技术工序生产环节和低技术工序生产环节这两种情形[19]。

综上所述,本书认为全球价值链分工是将同一产品生产过程按生产工序进行分割,通过跨国公司将不同技术要求的生产工序分散到要素禀赋不同的国家的国际分工模式。技术、资本要素丰裕的国家参与技术要素密集程度高的高端生产工序,劳动、资源要素丰裕的国家参与技术要素密集程度低的低端生产工序。

2.1.2 全球价值链分工体系形成动因的相关研究

制造业的国际纵向一体化以及分散化生产是将价值链上设计、研发、生产、营销与售后服务等各种基本活动和辅助活动分割,跨国公司将从事不同环节的发达国家和发展中国家制造业企业串联起来,通过国际贸易的方式在全球范围内进行资源配置,相关制造业企业凭借自身优势参与不同的生产环节,获得增值。发达国家在技术、品牌和管理等要素具有比较优势,因此其作为全球价值链的领导者和串联者能够引领国际分工方式。跨国公司母公司在本土承担研发、设计、营销等高附加值环节，将生产制造等低附加值环节转移至发展中国家。而发展中国家凭借廉价劳动力和丰富的自然资源承接来自发达国家的转移工序，被动参与分工。对于以上制造业国际分工格局的原因，现有文献中比较优势理论和要素禀赋理论对其进行了合理的解释。

大卫·李嘉图（D. Ricardo）在其1817年的著作《政治经济学及赋税原理》中重点阐述了"比较优势"的概念，此后被学者广泛研究并使用。该理论的核心思想在于国际贸易模式和国际分工模式的决定性因素为各个国家技术水平差异造成的生产同一产品时比较成本的差异。在李嘉图的模型中，比较优势的内涵被理解为"技术水平差异"。赫克歇尔和俄林在1917年提出的H-O模型中将各个国家之间比较成本差异理解为生产要素相对稀缺性的差异，因此将比较优势的内涵被解释为"要素禀赋差异"。在要素禀赋理论中，有两个中心概念——"要素丰裕度"和"要素密集度"。要素丰裕度和要素密集度的动态性质，将比较优势理论从两个方面发展成为动态要素禀赋理论和产品生命周期理论，进一步将要素禀赋的动态变化归因为内生要素禀赋积累导致的比较优势变化，以及外生跨国要素流动导致的比较优势的变化。综合上述，产品的要素禀赋的变迁和技术水平的提高都可以导致国家间比较优势的变化[20]，每个国家都会按照各自的要素禀赋出口其具有比较优势的产品，进口其具有比较劣势的产品。

但是随着垂直专业化分工程度的不断深化，在传统贸易理论的基础上，学者们纳入了连续生产的概念，将最终产品分工分析框架拓展到了分散化分布的专业化分工生产的分析框架，继续从比较优势角度解释分散化国际分工格局的形成[21,22]。Kogut[23]认为一国比较优势决定了整个价值链条上的各个环节在国家或地区之间的空间配置。林毅夫[24]提出了经济发展的比较优势战略理论，认为要素禀赋结构差异是发展中国家和发达国家竞争力区别的根本要素，发展中国家应按照自身的要素禀赋选择技术进步方向和升级路径。基于此，相对于发达国家，发展中国家在劳动力、资源、环境成本上的比较优势，决定了其在垂直专业化国际分工中以参与低端装配制造等劳动力密集型工序为主的参与模式。

2.1.3 全球价值链分工地位与嵌入位置的相关研究

全球价值链分工地位和参与全球价值链分工体系的位置是两个相关但不

等同的概念,两者都是描述一国参与全球价值链分工的特征性变量,前者反映了一国特定行业在产品内分工中的获利能力的价值判断,而后者是指一国特定行业在全球价值链分工中所处具体环节及深度,是一国制造业参与全球价值链分工方式的描述[25]。

1. 全球价值链分工地位

全球价值链是将产品的设计、生产、营销等环节按照所需要素密集程度的不同分割开来,一国根据本国要素丰裕特征参与分工,参与本国具有比较优势的环节,为产品增加价值[26,27],然而价值链环节的价值分布存在巨大差异[2]。一般来说越靠近"微笑曲线"两端的环节,其生产价值增值能力越强,在分工中的获利能力越强。因此,一国在价值增值能力强的环节具有比较优势,说明其在价值链上的获利能力越强,全球价值链分工地位越高。全球价值链分工地位决定一国在全球价值链分工体系中的利益分配,并且关系到一国制造业整体发展水平。

对于一国全球价值链分工地位的研究,一部分学者用出口产品的单位价格划分一国的产业内贸易形态,并认为在全球价值链分工的背景下,产业内贸易形态可以反映一国的全球价值链分工地位[28-31]。Hummels等[32]利用垂直专业化分工(vertical specialization,VS)在该国出口中的比重,即垂直专业化比率(VSS)描述价值链分工地位,简称 HIY 方法,但是其假设条件忽略了中间产品"出口复进口"的可能性[33]。

并且随着中间产品成为国际贸易的主流,产品的增加值被分散在不同的国家,以最终产品为基础的贸易总值核算体系已无法反映国际专业化分工背景下国际贸易的真实情况。因此学者开始探索将贸易附加值从贸易总值中解剖出的方法[11,33-36],并区别于"总值贸易"(trade in gross),称之为"增加值贸易"(trade in Added value)。Koopman 等[11,35,36]提出的 KWW 多国多部门增加值贸易核算框架为各个国家参与全球价值链分工的研究提供了更为准确的依据。

在增加值贸易框架下,Dietzenbacher 和 Romero[37]提出用产品价值链长度指数测算一国在全球价值链上的地位。世界经合组织 OECD 和世界贸易组织用全球价值链最终需求距离指数衡量一国参与全球价值链所处的地位。Antràs 等[38]认为一个国家在国际分工上的中间品环节和最终品环节之间的距离越大,则说明该国靠近分工的高端环节,主要承担着产品研发和设计等高附加值的生产活动,因此国际分工的地位越高。Johnson 和 Noguera[33]放松了 HIY 方法中一国只出口最终产品的假设,用国内增加值与部门出口总值之比(value added Ratio,VAX)表示一个国家垂直专业化水平的反向测算指标,来表示一国的全球价值链分工地位。王直等[26]将增加值贸易流分解法由国家扩展至行业层面,并据此对垂直专业化进行了重新解释,他们认为 VAX 指标主要包含了两部分内容,一方面是一国出口中被进口国直接吸收的产品的国内增加值部分,另一方面是一国隐含在对第三国的出口中被进口国最终吸收的间接增加值。然而 VAX 指标可能会因为间接附加值出口大于行业出口总值,导致指标上限大于1,并且 VAX 不能解释一国在国际分工体系中的真实地位,因此采用出口中最终被国外吸收的国内价值与出口的比例(DVAR)定义垂直专业化水平,用来表示出口的获利能力。Koopman 等[35]提出了 GVC_Position 指数,通过比较一国总出口的间接增加值与国外增加值的相对占比来表示一国的全球价值链分工地位。在上述测量一国全球价值链分工地位的方法中,GVC_Position 指数应用比较广泛,学者们不仅根据 GVC_Position 指数计算全球价值链分工地位,还测算了一国制造业在产品内国际贸易中的获利能力[39-41]。

2. 参与全球价值链分工的位置

由于价值链上环节的收益分布差异巨大,因此参与位置的不同使各国在全球价值链分工中体系中的收益相差巨大,完成产品内分工的"何种工序"的问题显得尤为重要[42]。根据生产工序技术差异,全球价值链分工可以分为高端参与和低端参与两种基本模式,分别对应高技术工序生产环节和低技术工序生产环节这两种情形,承担全球价值链分工体系中中间产品供应商和最终产品生产商的角色。各参与方将基于生产工序的技术要求,按照比较优势分别参与不同技术要求的生产片段,根据自身要素禀赋选择全球价值链分工参与环节,或者被动选择参与全球价值链分工的某些环节。

全球价值链分工高端参与方式,从增加值层面理解其含义是被投入进口国出口生产的一国中间产品出口中包含的本国增加值较高。在国际分工高端环节参与程度越深,一国出口中本国附加值比例越高。

全球价值链分工低端参与方式是以生产者角色融入全球价值链,进口其他国家的中间产品用于本国生产出口产品,主要通过加工贸易的形式嵌入全球价值链低端环节,所生产产品的增加值中,隐含的其他国家的中间产品的价

第 2 章　理论基础与文献综述

值比例较高,因此本国制造业真实获利较少。国际分工低端环节参与程度反映了一国出口的对外依存度,对外依存度越高,被外国企业控制在低端环节的可能性越大,被价值链控制者捕获的可能性就越大。发展中国家大多数产业在最初参与全球价值链分工时都是以低端参与为主,然而当一国发展到一定阶段时,过度低端嵌入导致制造业存在被价值链控制者捕获的可能,继续参与低端环节反而会阻碍其在价值链上进行升级。因此,一国贸易的外国增加值下降意味着在全球价值链低端环节的嵌入程度下降,摆脱了"低端锁定陷阱"。

学者们一般用一国在全球价值链分工不同价值环节的参与程度来反映一国参与全球价值链分工的位置。Wang 和 Wei[43]、唐海燕和张会清[44]、戴翔和金碚[45]直接采用中间品贸易或者加工贸易进口份额来衡量一国参与不用环节的程度。程惠芳[19]则认为嵌入全球价值链低端环节时,主要负责低技术工序的生产,需要进口大量高技术中间投入品,而参与全球价值链分工高端环节时,主要完成高技术工序的生产,进口中间投入品的技术含量相对较低,因此用进口中间产品的技术含量测算一国在国际分工中的位置。陈启斐和张为付[46]结合投入产出数据,用行业生产过程中直接、间接消耗的进口中间投入品占总产值、总产出或总投入的比例来测算参与程度。如图 2-1 所示,Koopman 等[11]、刘斌等[47]则基于增加值贸易框架,利用全球投入产出表基于出口中的国内(外)增加值,计算不同环节的参与程度指数,分别用出口的国内成分和出口中国外成分表示一国在高端环节和在低端环节参与全球价值链分工的程度。

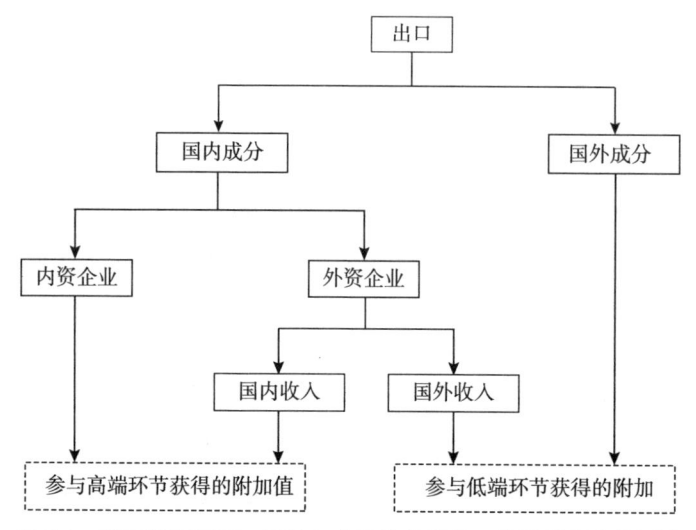

图 2-1　增加值框架下一国参与全球价值链分工位置及程度的测算

2.1.4 中国制造业嵌入全球价值链的相关研究

随着中国参与全球价值链分工程度的深入,中国在双边贸易中积累了大量的贸易顺差,以出口"威胁论"为中心的贸易保护主义者不断以此攻击中国,但实际上,以电子产品为例,中国企业在参与全球价值链分工的过程中能够获取的利益则以组装费和加工费为主[48],基于总值贸易核算导致中国在全球价值链中获得的贸易利益与贸易差额极不匹配[49]。因此,基于增加值贸易核算的贸易增加值才是中国参与全球价值链分工获利的真实体现。

很多学者基于增加值贸易框架对中国出口贸易进行了重新核算。相对于总值贸易核算体系下的中美贸易顺差,中美增加值贸易顺差减少了30%~40%左右[33],为中国出口贸易既得利益和中国制造业在全球价值链分工体系中的位置和地位提供了充分的经验事实证据。Koopman等[35]发现,中国加工贸易部门的出口国内增加值率从1997年的21%上升至2007年的37.3%,非加工贸易部门的出口国内增加值率则相应地从1997年的94.8%下降至2007年的84%。Upward等[50]首次提供了针对企业的出口国内增加值计算公式,基于公式的估计结果显示,中国加工贸易企业的出口国内增加值份额比非加工贸易企业低50%左右,同时还发现2003—2006年中国出口中的国内成分从53%上升至60%。

自20世纪90年代以来,中国出口的快速增长以及全球价值链分工地位研究较大程度的改善[43,44],推动了产品和所涉及行业技术含量的提高[51]。然而,从贸易增加值角度分析中国出口结构发现,中国出口的在低端环节参与全球价值链分工的程度显著高于高端环节参与程度,其中最终产品出口的国外增加值比例最高[52]。

中国制造业出口的国内价值在出口中的比重以2005年为分水岭,出现了阶段性的差异[10,53];2005年以前,以加工贸易为主的发展战略造成了这一时期制造业内部出口比重提高,但制造业出口本地附加值下降的现象;2005年以后,中国出口的本地附加值比重出现了缓慢回升的现象,一些学者认为这是中间品进口出现变化的关系[54],中国中间品生产能力的提高减少了对中间品进口的依赖。以金融危机爆发为转折点,2009—2011年,中国出口附加值比率下降,是由于中国经济发展方式转变的需求,战略性地扩大进口导致出口附加值下降[55]。

2.2 全球价值链升级的理论基础

2.2.1 全球价值链升级相关概念

1. 产业升级

Porter[56]的产业竞争理论将生产要素分为初级生产要素和高级生产要素两类。初级生产要素自然资源、地理位置、非熟练劳动力、融资等;高级生产要素则包括现代化通信的基础设施、人力资源、各大学研究所等。产业发展需要经历一个由低到高的过程:从开始使用初级生产要素,但随着竞争的升级,产业必须使用更高级的生产要素,提高生产要素的知识含量。因此,产业升级从使用要素的角度上看,其实质是由于经济生产要素禀赋的相对比重随着资本累积及人力资本的提升而变化,并促使产品移向知识、资本较为密集环节的过程[57]。

全球价值链视角下产业升级的内涵指产业沿着价值链阶梯从低层次向高层次的攀升,具体体现在以下几方面:第一,从嵌入全球价值链的方式看,产业升级指从低端道路向高端道路攀升[58]。第二,从价值链各环节价值增值角度看,产业升级指从低附加值环节向高附加值环节攀升以及从低附加值链条向高附加值链条攀升。第三,从发展中国家供应商角度看,产业升级指由本土企业向区域、全球推进,由专用能力向专有能力构建转换。第四,从全球价值链治理模式看,产业升级指从层级型价值链治理向市场型价值链治理转换。

2. 比较优势

全球价值链升级作为产业升级的一种重要表现形式,其实质也是比较优势的演化。大卫·李嘉图(D. Ricardo)在其1817年著作《政治经济学及赋税原理》中重点阐述了"比较优势"的概念,其核心思想在于各个国家间的技术水平差异造成了在生产同一产品时比较成本的差异。赫克歇尔和俄林则认为是各个国家之间生产要素相对稀缺性的差异造成了比较成本差异。因此,产品的要素禀赋的变迁和技术水平的提高都可以导致国家间比较优势的变化[20]。每个国家都会出口其具有比较优势的产品,进口其具有比较劣势的产品。因此,一个国家比较优势是相对的,是国际贸易过程中,国家间通过要素价格和技术水平的比较产生的。Balassa[59]提出了显性比较优势的概念,是用来衡量一国在出口中的国际竞争优势;李钢和刘吉超[60]利用显性比较优势指标衡量了中国产业的国际竞争力的研究中,发现中国制造业产业国际竞争能力有了较大幅度的提高,体现出中国制造业产业升级的趋势。

3. 全球价值链升级

Gereffi等[61]将一个企业获得更有利于资本转向技术密集型产业的过程定义为产业升级,它延续着从 OEM - ODM - OBM 的演化路线。产业升级的内涵从全球价值链的角度通常理解为产业从低技术水平向高技术水平的攀升,或由低附加值状态向高附加值状态的演变的过程。制造业附加值的提升是发展中国家进行产业升级所追寻的目标之一,通常认为附加值提升的途径是由微笑曲线的加工组装环节向两侧延伸,产业升级有过程升级、产品升级、功能升级、链条升级四种方式[62]。

Ernst[63]是最早从价值链角度考察产业升级的学者。Humphrey 和 Schmitz[64]提出了嵌入全球价值链产业升级的四个层次:第一个层次是工艺升级,这一层次上主要通过技术进步或技术改良提高投入产出率;第二个层次是产品升级,在这个层次上,企业主要通过引进更先进的生产线,进行产品创新;第三个层次是功能升级,这一层次上的产业升级是通过获取新功能或放弃现存功能,从生产环节向设计和营销等利润丰厚的环节跨越;第四个层次是价值链升级,凭借在一条价值链上获得的知识跨越到另一条价值量更高的价值链。其中价值链升级的前两个层次是基于原有产业链环节的深化,后两个层次是基于新的产业链环节的创新。就中国价值链升级而言,如何在保持现有产业环节发展的同时,不断提升自身在产业链中的地位。一方面将原来的产业链最底端的生产制造环节做精做优,实现流程和产品升级;另一方面要努力升级到技术研发和品牌建设等高端环节或者转换到全新的价值更高的产业链,对应于功能升级和价值链升级。价值链升级需要两者的结合,而非简单的取舍。中国作为人口大国,目前有大量劳动密型的企业,它们提供了民众广泛的就业渠道,促进了社会的和谐与稳定。此类企业对中国这样一个人口大国来说,有其长期存在的合理性[57]。

随着跨国公司将产品链条以基本功能环节为单位进行分割,在全球范围内寻求各环节成本最小化的生产者。基于产品内贸易的全球专业化分工格局的形成,意味着在同一价值链上的各个分工环节的获利能力不同,价值链高端环节包括前端的"理念生产"和"设计"环节和后端的"品牌"和"营销"环节[15,16]。在价值链上不断向获利能力强的高端环节升级的过程成为价值链升级的重要内容。价值链升级主要是针对价值链条上的"追赶者"而言的,因此对发展中国家来说,全球价值链升级本身就是产业升级的一个重要内容,全球价值链升级是高度依赖知识资本的。对追赶者来说,以产业链上的"雁阵"格局推进为基础,融入全球价值链,追赶者通过国际贸易和国际投资两条渠道,利用全球价值链促进产业创新和知识扩散完成产业投入升级[3]。

4. 全球价值链重构

一部分学者将2008年金融危机后全球价值链先收缩后扩张的过程视为全球价值链重构。Milberg和Winkler[65]以出口集中度测度重构的规模,以各国出口额占世界总出口比例变化描绘重构引起的参与主体、分工地位等结构性变化,建立起这一领域的分析框架。还有一部分学者基于发展中国家的视角,将发展中国家参与全球价值链重构理解为处于价值链低中端的新兴经济体制造型企业,基于创新驱动,通过积累能力、寻求能力,打破由发达国家企业主导的国际分工,立足全球配置资源,向价值链中高端发展的过程[66]。综上所述,全球价值链重构可以理解为全球价值链上经济体关系和角色的变化过程,结果表现为全球竞争格局发生结构性变化。

2.2.2 全球价值链升级与增加值贸易

作为世界的制造工厂和全球人口大国,相对于发达国家,中国是以劳动力为比较优势参与国际分工。近几十年来,中国制造业依托发达国家生产能力国际转移的机遇,逐步融入全球价值链并取得了迅速发展[4][67]。发展中国家融入全球价值链,虽然为其产业升级提供了契机,但会受制于发达国家对价值链的控制力,因此获得何种技术以及提升到何种水平都无法实现自主,这往往是一种被动过程[68-70],甚至融入全球价值链中的发展中国家在价值链升级的过程中会被"俘获"于价值链的低端环节[71,72],很难实现向价值链两端的高附加值产业升级。目前中国制造业比较优势仍主要集中于全球价值链低端环节,且出口对进口的依赖程度比较高。中国价值链升级、经济增长质量、方式和动力的变革已经刻不容缓。

随着中国制造业参与全球价值链深度和广度的延伸,部分学者基于投入产出的分析方法,以增加值贸易的视角考察中国制造业价值链升级。通过贸易附加值计算全球价值链嵌入位置,将中国制造业在全球价值链体系中的地位的提升作为制造业产业升级的目标,通过对中国制造业在国际分工地位及其影响因素的分析,解释中国产业升级的现状。贸易附加值能够反映一国制造业在国家贸易中的获利能力[40],因此贸易增加值的提高有助于企业可持续利润最大化,以及市场竞争优势[73]。自20世纪90年代以来,中国出口的快速增长以及在价值链所处地位较大程度地改善[43][44],推动了产品和所涉及行业技术含量的提高[74]。

综上所述,中国制造业处于价值链低端地位,导致出口的获利能力与出口规模不匹配,因此,中国沿着全球价值链"自下而上"的升级过程也成为学界也重点关注的方向。理论上,中国利用嵌入全球价值链的机会实现了国际贸易收益,并倒逼国内产业升级[9],以加工贸易的形式参与到全球价值链中,存在着从产能转移向技术转移再向品牌转移的产业升级路径[75],但是中国虽然实现了制造业规模上对美国的超越,但没有实现质量和效益的同步提升[4]。中国出口规模的扩张是参与并被锁定于全球价值链低端环节,而非是能力提升的作用[10],其中加工贸易和外资企业是推动中国出口附加值上升的主要动力[76]。发展中国家升级过程可能面临"低端锁定"风险,但实现价值链地位的提升就具备向高收入国家转型的空间[9]。因此目前中国迫切需要通过产业升级重构全球价值链,"重构全球价值链"是发展中国家打破发达国家在全球价值链的统治地位,从全球价值链低端位置向高端攀升的过程,其实质是通过产业升级实现对现有价值链上价值分配机制的改造和重置[77]。

2.2.3 全球价值链重构

从新兴经济体视角理解全球价值链重构,全球价值链重构的路径主要是企业的转型升级路径,因此全球价值链重构与升级过程是相互交织的,全球价值链重构是全球价值链升级的一种手段,全球价值链升级是全球价值链重构的结果。以新兴经济体参与全球价值链重构的视角分析新兴经济体产业升级路径,毛蕴诗[66]认为由于发达国家主导的国际分工市场的不完全性,以及新兴经济体强烈转型升级的动机是全球价值链重构的重要动力机制。目前,全球价值链是由发达国家企业所主导的国际分工的表现形式,但是国际分工存在严重的市场失效而损害了利益相关者的权益,使全球价值链中所处位置低下的企业、东道国政府具有改变其所处地位的动机。新兴经济体中优秀企业通过多种升级路径,向全球价值链中高端移动,由此重构全球价值链,打破由发达国家企业主导的国际分工。

联合国贸易与发展会议为发展中国家提出了"参与""准备""升级""竞争""转换"和"跃迁"等6种在全球价值链上发展的路径:其中"参与"和"准备"两条发展路径主要体现为嵌入全球价值链附加值低端环节,逐步提升产品附加值,为"升级"和"竞争";"升级"和"竞争"反映为在同一价值链条上,发展中国家增加出口产品中的国内附加值或者参与价值链上更多的业务功能,或通过出口附加值高的产品参与全球价值链的竞争,国外公司通过并购将其纳入全球生产网络中;"转换"和"跃迁"式发展路径则涉及向更高附加值的价值链跨链嵌入,通过参与价值链重构提高全球竞争力。

2.3 国际知识溢出理论基础

国际知识溢出来源渠道的多元性和国际知识溢出效应的双面性,甄别国际知识溢出效应的影响因素对正确识别国际知识溢出效应的特征具有重要意义。本节主要从国际知识溢出的概念界定、知识溢出获取渠道、知识溢出途径和吸收能力的影响等方面进行综述。

2.3.1 国际知识溢出的概念界定

对于知识溢出的概念最早源自MacDougall[78],他提出的外商投资活动对外资引入方的知识溢出效应,促进了东道国的技术进步和经济发展。Romer[79]提出内生经济增长理论的核心观点为:知识是经济增长的核心要素,投入和溢出是知识要素的重要形式。知识的溢出源于其具有非竞争性和非排他性的特征,因此知识是具有外部性的。Romer进一步将知识的外部性作为经济系统保持长期增长的重要动力纳入技术进步模型中,把知识溢出作为技术进步的内生变量进行处理。通过溢出效应作用于其他厂商,推动行业整体的技术进步,它所带来的社会效益大于其对生产者带来的效益。国际投资不仅仅是跨国资本流动的来源,还是知识传递的重要来源。国际知识溢出是跨国公司和东道国企业之间相互作用的结果[80]。

国际贸易理论通过阐述国际投资和国际贸易发生的动因,来解释国际知识溢出的发生路径。知识外溢过程可以看作是知识溢出吸收方将 FDI 或者进口中的公共知识部分,转化为自身可利用的技术,并推动技术发展的过程。有形商品是技术知识的载体,有形贸易和投资是技术知识的重要媒介,因而贸易与投资是知识溢出的重要机制之一[81]。产品作为有形的知识载体,能够将无形的知识固化并传递。知识被创造于研发和创新过程中,本身具有独享性,但是知识一旦被生产出来,凝结于产品中的知识则会通过产品的贸易和使用,被复制和再生产,继而逐渐被大多数生产者获得。

产品生命周期理论[82]可以很好地解释国际贸易和国际投资行为的发生时机和条件。伴随着垂直专业化分工,产品从研发到衰退的生命周期是分时段的、呈现波浪状变化,在不同时间和不同空间上,这种以跨国公司为主导的纵向一体化,利用了其内部组织的等级制度代替了不完全的外部知识。纵向一体化的跨国投资方式,可以将不同阶段的生产环节纳入同一组织内部,增大了公共知识的比例,有利于知识的扩散和获取,并且中间产品贸易内部化也降低了外部交易风险,因此,嵌入到国际分工中,发展中国家有利于获取更多的国际知识溢出。发展中国家参与全球价值链分工分为三种渠道:外商直接投资、进口装备和中间投入品、出口产成品[18],其中外商直接投资和进口是国际知识溢出的主要来源[83]。

综上所述,结合国际知识溢出的相关理论,本书认为国际知识溢出是指国外的研发活动通过国家间的经济活动(国际投资及国际贸易)引起的本国的技术进步,但国外机构无法获取全部收益的经济活动的空间外部性。发展中国家主要通过 FDI 和贸易等经济活动融入国际分工体系,因此发展中国家在国际生产网络中获取的国际知识溢出主要基于对外资的引入和进口贸易。基于此,本书在研究国际知识溢出时主要研究 FDI 和进口贸易的作用。

2.3.2 国际知识溢出渠道的相关研究

全球生产网络是国际间技术和知识转移的重要渠道。Ernst 认为发展中国家参与全球价值链分工能够获取全球价值链组成的生产网络上的国际知识溢出,全球生产网络中,知识流动都是显著存在的[85]。无论是链主企业选择进行外包活动还是施行合约强化机制,其目的都是为了保证全球价值链上生产网络运营的整体效率,因此,作为价值链主导者其有动机和意愿去实现部分知识转让和技术溢出[86,87]。Lichtenberg 和 Pottelsberghe[88]在 C-H 模型基础上,对国际知识溢出测算的加权方式进行了修改,并丰富了国际知识溢出的机制,将输入型 FDI 和输出型 FDI 与国际贸易一同列为国际知识溢出的主要渠道,进一步证实了在开放的国际环境中,国际知识存量对提高一国效率的作用与国家开放程度的相关性。对于链上企业来说融入全球价值链,使其具有更多接触海外专利、海外先进技术的渠道和途径,更有利于实现技术溢出效应。外商直接投资、进口以及出口是发展中国家参与全球价值链分工的三种渠道[18],其中外商直接投资和进口是国际知识溢出的主要来源[83]。现有研究表明,知识的学习与扩散是在全球价值链体系下国际地位提升的重要基础,通过 FDI 和进口贸易的方式,中国制造业参与全球价值链分工的同时也嵌入全球知识生产网络,通过主动嵌入获取适合自身需求的通用性知识,为价值链延伸提供条件[89]。因此本书主要针对进口贸易与外商直接投资渠道的国际知识溢出效应进行研究。

1. 进口贸易渠道国际知识溢出

进口贸易渠道的知识溢出效应可以通过附着于进口方购买高质量的最终产品进入吸收国,还可以通过附着于高技术的中间产品进入吸收国,以达到提高知识溢出吸收方产品质量和产品技术含量的目的。以商品为导向的创新成为技术进步的主要动力之一,知识通过进口贸易国生产的中间产品或最终产品流入接收国,形成国际知识积累,从而为知识接收方带来水平差异化和垂直阶梯化技术进步[90]。相较自主研发新产品,发展中国家企业在吸收已有技术进行二次创新上更具比较优势[91],而进口品是技术溢出和扩散的重要载体[92],因而进口对企业技术创新的发展至关重要。甚至有研究表明进口对中国企业技术创新的影响效应比出口积极,一方面进口企业创新能力的提高可以辐射带动国内价值链上下游企业创新,另一方面通过进口学习效应,可以推动出口升级[30,93]。

进口含有本国稀缺技术要素的最终产品(如先进生产设备),以模仿的方式获得新技术、新产品,使发展中国家生产能力得到显著提高。Coe 等[94]的研究表明,国外研发资本存量的知识,通过机械设备进口能够影响到发展中国家的生产率,而总进口中许多消费品和服务的进口对于生产率并没有影响。资本品比非资本品具有更高的技术含量,因此资本品贸易是国际技术溢出的重要渠道[95]。先进生产设备的进口对提高进口国企业技术水平、延长产品链条和增加新产品种类具有重要作用,因为资本品进口通过降低进口国的模仿成本,产生重要的技术溢出效应,促进进口国技术进步和产业升级。贸易可使进口国廉价地获得固化在产品上的知识,进口国通过对产品技术知识的了解,降低了这些产品逆向研发的成本。

  Grossman 和 Helpman[186]认为,通过进口多样化和质量更高的中间品和投资品,进口大量的中间产品,多样化的中间产品的投入对提高一国生产率有着决定性作用,可以激励本土企业追求更加新颖的观念,改造已有的技术,以及更有效地配置国内资源,从而拉动一国技术水平的提升。Connolly[96]认为,首先,贸易可以降低国家的模仿成本,可以使学习者廉价地获得创新者生产的知识,产生溢出效应,而贸易会很大概率地提高模仿的成功率,并证明进口贸易能够对技术溢出产生的正向影响,发展中国家可以从中获得贸易利益;其次,发达国家销售进口产品并为其提供售后服务,这个过程能够增加进口国家对于进口产品技术知识的了解,降低其对高技术产品逆向研发的成本;最后进口贸易还会对内资企业产生竞争效应。Crespo 等[97]在此基础上利用28个OECD国家的数据对进口贸易渠道知识溢出效应进行了验证,发现进口贸易会产生显著的知识溢出效应。方希桦等[98]发现,通过进口渠道的技术溢出对中国技术进步具有显著的促进作用。李小平等[99]却发现进口是技术进步的重要原因,对中国工业行业生产率的增长具有促进作用。高凌云和王洛林[100]发现,虽然进口贸易能够通过竞争效应提高工业行业的全要素生产率,然而由于中国加工贸易的比例较高,进口贸易产生了负的技术溢出效应。唐保庆[101]、Le[102]通过研究发现,伴随进口贸易,发达国家的R&D资本显著地促进了发展中国家的技术进步。陈勇兵等[103]的研究发现中间产品进口对生产率有显著促进作用。

  中国作为贸易大国,进口贸易渠道知识溢出效应对中国制造业效率和技术进步作用的研究也取得了丰富的成果。陶锋和李诗田[104]认为知识溢出和学习是发展中国家在全球价值上进行产业升级的重要机制。发展中国家企业参与全球价值链分工,主动吸收和获得知识溢出,为企业全球价值链延伸提供条件[89]。但是,发展中国家嵌入全球知识生产网络的位置受到其在全球价值链和全球生产网络中位置的限制,能够接受的知识来源和知识渠道十分有限[105]。傅东平[106]利用中国省际面板数据,通过分析国际知识溢出对中国全要素生产率的关系发现,进口贸易渠道的技术溢出均显著地促进了中国制造业生产率的增长,但其溢出效应会随着外资和进口额的增加而递减。蔡伟毅和陈学识[107]通过对东中西部三大区域的实证研究,表明了东部地区提升技术水平主要依靠进口渠道的国际知识溢出,中部地区技术水平的提升主要受到FDI渠道的国际知识溢出的影响,但是两种渠道国际知识溢出对西部地区的技术进步作用均不显著。程惠芳和陈超[108]综合了进口贸易、出口贸易、外商投资和对外投资四种渠道的国际知识溢出,利用G20国家1991—2010年数据样本进行研究,发现外国知识资本是技术进步溢出的重要渠道,中国进口贸易和外商投资技术进步知识溢出效应明显。

2. FDI渠道国际知识溢出

FDI能内生技术溢出,以技术进步为中介,成为内生经济增长的源泉[109]。傅元海等[110]认为FDI知识溢出效应发生机制的异质性,会影响本地企业选择不同的技术进步路径。于津平和许小雨[111]指出FDI也会通过技术外溢等途径促进技术进步。

理论上国际知识溢出具有正外部性[112],一部分研究证实跨国知识要素的流动,会促进东道主国家的发展。Wang和Blomstrom[80]通过构建跨国公司子公司和当地内资公司的博弈模型,验证了跨国公司对东道国企业具有持续的知识溢出,促进内资企业的研发投入和技术进步。FDI渠道行业内国际知识溢出对东道国的正外部性,主要通过外资企业对内资企业的竞争激励效应,以及内资企业对外资企业的学习效应实现。从发达国家获得的国际知识溢出提供了对于发展中国家的本土公司而言非常重要的差异性要素,如先进的产品和工艺技术或管理和营销技巧[113]。但实际上,另一部分研究显示国际知识溢出的作用并不明显,甚至会出现"市场攫取效应"[114]。Kugler[115]也认为,为了不增强竞争对手的实力,跨国公司都会采取措施抑制行业内技术溢出。不同机制下国际知识溢出效应,会具有相互影响的作用,当负外部性更为显著时,会抵消国际知识溢出的正向效应,致使国际知识溢出的总体效应为负。从短期来看,国际知识的攫取效应为负,挤占了国内企业市场,淘汰了部分低效或是无效的企业,但从长期来看,国际知识溢出的竞争效应对东道国企业具有促进作用。

中国作为FDI的主要接收国,国际知识溢出对中国产生何种外部性没有定论,主要有三种观点:第一种观点,FDI是中国40年来快速发展的重要动力之一,FDI渠道溢出的知识和技术,具有正向促进效应[116-118],但是对区域经济的发展存在门限效应[119];第二种观点是一部分学者认为跨国公司引致的FDI

对中国内资企业产生了挤出效应[120];第三种观点是国际知识溢出效应不明显。

2.3.3 国际知识溢出途径的相关研究

将知识溢出按照溢出方和接收方是否属于同一产业分为两种途径:以产业间供求关系为基础的纵向垂直溢出,以及同一产业内的横向水平溢出。

1.水平溢出①

产业内国际知识溢出(水平溢出)主要是通过示范效应和竞争效应实现的,知识溢出的示范效应是同一产业的本地企业有意识地向跨国公司学习技术或者管理,或模仿进口产品,应用于提高自身生产效率和管理能力,缩小与外企的技术差距,实现产业整体的配置效率优化。而跨国公司产品和进口产品的进入加剧了本地市场的竞争压力,"倒逼"本地企业不断加大创新投入,降低生产成本,提高产品质量、生产效率和营销能力,防止外资企业对行业的垄断。蒋樟生[121]利用2005—2014年中国制造业面板数据实证分析结果表明,行业内FDI知识溢出对中国内资企业全要素生产率有促进作用,但行业内间接溢出则会产生挤占效应,阻碍内资企业全要素生产率增长。通常,由于外资企业和内资企业存在竞争和替代的关系,外资企业为防止技术溢出促进当地企业效率和技术的升级,一般会通过注册知识产权、高薪等方式阻碍溢出的发生,因此产业内溢出效应有限[115]。

2.垂直溢出②

多数实证结果表明,本地企业受到跨国公司的挤压,水平国际知识溢出的效果并不显著,以投入产出为基础的上下游产业之间的知识溢出(垂直溢出)对产业效率有促进作用[122,123]。潘文卿等[124]认为行业间知识溢出主要有三种传导方式,即知识性溢出、产业关联性溢出和市场性溢出。知识性溢出是依托产业间人员流动产生的;关联性溢出是依托技术相似产业间创新活动感染产生的,市场性溢出是依托产业间投入产出关系产生的;市场性溢出又可以分为前向关联效应和后向关联效应。本书的知识溢出的研究范围未包括人力资源流动导致的国际知识溢出,因此仅对市场性溢出和关联性溢出作出解释。

---

① 后文中对"行业内知识溢出""产业内知识溢出"和"水平知识溢出"三者交叉使用,不作区分。
② 后文中对"行业间知识溢出""产业间知识溢出"和"垂直知识溢出"三者交叉使用,不作区分。

(1)前向关联与后向关联

一个产业不仅接收国际知识积累的横向溢出,而且在上下游产业关联过程中,纵向地吸收产业的知识溢出,因此,选择上游的外资供应商的产品作为中间产品进行生产会提高本地企业产品附加值和技术复杂程度;作为下游的外企客户的供应商,为满足跨国企业对中间产品的要求,本地企业会提高生产效率和产品质量。

Forni 和 Paba[125]实现了产业间和产业内知识溢出的分离,发现以投入产出关系为联结的产业间知识外部性发生的概率比较大,且起源于下游产业的前向关联知识溢出效应比较显著。钱学锋等[126]的研究结果显示,由于进口来源国和行业技术水平的差异,进口贸易的知识溢出效应对上游行业和下游行业的全要素生产率会有不同影响。

FDI 渠道国际知识溢出主要是通过外资企业与本地企业之间前后向关联关系实现的。对于行业间溢出效应,计量的实证方法最初是由 Kugler[127]开始运用的,并实证了 FDI 行业间溢出效应对东道国的作用,要明显强于行业内溢出效应。此后,Girma 等[128]对英国,Filip[129]对中国的研究都实证了外资企业可以通过制定零部件或者原材料的最低质量标准、价格、交货期等措施,使 FDI 渠道国际知识溢出的纵向溢出效应显著。

王耀中和刘舜佳[130]对中国获取的 FDI 水平和垂直两个途径的溢出效应进行验证发现,垂直方向上的知识溢出对中国工业行业具有显著的外部性,而且前向关联效应更加明显。许和连等[118]却发现外资的后向关联效应更为显著。同样是利用 1999—2003 年中国工业行业层面的面板数据的研究,姜瑾和朱桂龙[120]发现,行业间溢出效应和前向联系溢出效应显著为正,但后向联系溢出效应为负。严兵[131]通过对中国分行业数据的验证,发现中国 FDI 渠道国际知识溢出,无论是水平方向还是垂直方向溢出效应均不显著。周燕和齐中英[132],范黎波和吴易明[133]对 FDI 在中国的水平、垂直技术溢出效应进行了实证检验发现,FDI 的水平关联溢出效应为负,垂直关联溢出效应也不显著,而传统要素对中国企业的发展作用显著。蒋樟生[121]利用中国制造业面板数据,实证分析发现,行业间前向关联溢出效应显著但微弱地抑制内资制造业全要素生产率的提升。

关联效应作为空间经济学向心力的主要来源,知识充分表现出了空间特征。空间经济学为研究不同地区、不同行业之间知识溢出效应问题提供了一个比较新的视角。Dietmar[134]用空间面板数据研究企业间的R&D溢出时发现,高技术公司更易受到R&D溢出效应的影响。Anseli[135]实证研究了大学教育和科研对经济产出的溢出作用,认为空间外部性实际上就是存在空间相关时,某一单元某方面的改善或恶化对邻居有溢出的影响。初期,空间的概念是以地理上的距离为分界的,Anselin[136]对美国、符淼[137]对中国的研究都发现了区域创新活动具有地理上的辐射作用。知识的溢出效应不仅仅局限于地理空间上的关联,以投入产出关系为基础的产业之间也存在着这种类似于地理空间的产业空间,将产业作为知识溢出的载体,研究产业问题不能忽视产业间的溢出效应[138,139]。但是利用空间计量的思想和方法研究国际知识溢出效应的研究较少。陈艺毛等[140]建立前向关联和后向关联矩阵,利用空间杜宾模型研究国际知识溢出效应时发现了中国FDI渠道国际知识溢出的"非对称性"。

(2)技术关联

Verspagen[141]认为溢出分为物化型和非物化型两种:第一种是借助于市场交易中有形的商品流动完成的,例如企业的创新产品运用于其他企业的生产过程的投入,那么后者将从中得到创新产品的一部分额外价值;第二种则是借助市场交易外的其他途径(如逆向研发、专利信息等),例如企业开发的知识或产品可以被其他企业吸收利用以降低其他企业的开发成本。基于行业间投入产出关系构建的垂直知识溢出,无法刻画非物化型溢出,而知识溢出双方的技术距离和空间距离是影响非物化型溢出发生及程度的因素[142]。产业间技术相似程度越大,产业间的技术距离越小,产业间技术溢出效应越大。

部分学者依托于产业间的技术关联关系构造知识溢出双方的技术距离,反映产业间溢出。邓鹏等[143]基于专利的技术关联度研究了中国产业间知识的扩散和转移,发现产业间的扩散与转移,可以表现为技术领域间的扩散与知识溢出,以及领域间的技术相互关联和相互作用。陈艺毛[14]、陈颂和卢晨[142]通过构造产业间投入组合向量角余弦的方法刻画产业间技术关联性溢出,发现技术关联性溢出是中国国际知识溢出的主要途径。

2.3.4 国际知识溢出影响因素的相关研究

1.技术差距

根据技术追赶假说,学者们普遍认为技术差距是溢出效应发生的重要条件之一。但对溢出效应的作用尚未统一,主要分为三种观点,第一种观点认为技术差距越大,溢出效应越明显[144-147]。技术落后国在参与国际生产网络时,因为技术差距的存在,才越具有学习和赶超的动力,是溢出效应产生的先决条件,并且落后地区的技术进步率是它与先进地区之间技术差距的增函数。但另一部分学者则认为差距过大,溢出效应无法实现,只有较小的技术差距才能带来技术溢出效应。如 Haddad 和 Harrson[148]、Girma 等[149]的研究均发现,技术差距越小时,溢出效应越大。陈涛涛[150]将"内外资企业能力差距"的概念引入 FDI 溢出效应模型,实证结果表明,当内外资企业存在能力差距,但是能力差距较小时,有助于溢出效应的产生。第三种观点则认为,只有当外资与内资的技术差距保持在适当位置的时候,才有较为显著的溢出效应。Perez[151]、Driffield 和 Taylor[152]的研究发现溢出效应存在拐点,并不是随着技术差距线性上升。

2. 吸收能力

进口贸易和 FDI 渠道国际知识溢出对技术进步所产生的推动效应得到了一定的认同,但其产生的知识和技术由于物化和嵌入贸易商品和服务商品中而具有复杂性[153],此外,还涉及吸收方自身特征,即 Cohen 和 Levintha[154]提出的"吸收能力"问题。Cohen 和 Levinthal[154]在研究企业 R&D 投入时发现,企业的研发除了能够直接促进技术水平外,还能够提升企业对外部知识的吸收,进一步提升技术水平。落后国本身没有相适应的技术能力以及研发能力,就无法充分吸收先进技术,获得有效的知识溢出,外部获取的国际知识溢出作为知识资本是生产过程重要的投入之一,吸收国对于国际知识溢出的吸收并不是一个自动的过程。因此能否实现追赶取决于技术落后国吸收国外新技术的能力[155]。学者们发现 FDI 和进口贸易的知识溢出效应会受到吸收能力因素的制约[156-159]。从国际知识溢出与产业技术进步和全要素生产率的关系上来看,FDI 和进口贸易是否存在溢出效应,还需要吸收方具有一定的学习上、社会经济发展程度上以及制度上的竞争能力[160]。国际知识存量经过获取、转化、同化以及利用四个步骤,与吸收方国内要素投入共同作用于生产环节,但在转化为产出的过程中则受到了吸收能力的调节作用[161]。

进一步地,Cohen 和 Levinthal[154]认为吸收能力除了受自身研发投入的影响外,还受到技术适应性的影响,技术适应性是技术落后国家在引进或吸收先进技术时需要达到的要素投入组合。以资本投入为例,一国人均资本只有达到特定范围之内,才能够使用某项技术,才能获取和吸收知识溢出。这充分说明了吸收能力是具有门限效应的,只有达到某一门限后,吸收能力才能发挥吸收转化作用[162]。

本书将人力资本、研发支出、技术水平等要素纳入了吸收能力的衡量标准中。

Gouranga 和 Alavalapati[163]利用多国模型研究发现,以人力资本为代表的技术进口国企业的吸收能力决定了一国是否能够进口并获取先进技术。Noh-Sun 和 Yong[164]用人力资本体现知识溢出的吸收能力,并利用混合面板数据对103个发达国家和发展中国家的外国研发存量与全要素生产率进行回归分析发现,人力资本作为重要的知识溢出吸收渠道,影响着国际知识在接收国的扩散效果。沈能和李富有[165]验证了人力资本对中国进口贸易技术溢出效应具有重要作用,FDI通过与东道国人力资本的交互作用提高了本地的技术进步,人力资本水平对吸引高质量FDI以及促进溢出效果的发挥具有决定性的作用。一旦跨越人力资本的门限值,FDI溢出效应显著[166],但大多数低水平发展中国家还没有达到该人力资本的门限水平[167]。

R&D投入具有提高创新能力和吸收能力的双重效应,是一国科技能力的表征之一,对进口贸易和FDI渠道国际知识溢出效应具有调节作用。Kathuria[145]认为高研发投入的本地企业获得FDI技术溢出效应高于研发投入程度低的本地企业。张建清和孙元元[168]验证了中国研发投入和进口贸易知识溢出的关系,认为进口工业制成品的技术溢出效应要大于进口初级产品的技术溢出效应。

丁小义[169]、王琼[170]采用面板数据模型分析了不同技术水平行业组的FDI技术溢出效应,发现FDI的技术溢出效应容易发生在技术含量和技术密集度较高的行业中。

2.4 知识溢出对全球价值链升级的影响

以跨国公司为主体的跨国经济活动带来的无意识的知识溢出是国际知识溢出的主要来源。国内外学者对国际知识溢出的研究主要集中于国际知识溢出的外部性问题,对进口贸易而言,外国研发附着于进口产品上,本土企业通过逆向研发和模仿手段获得技术进步;对于 FDI 而言,东道国本地企业可以模仿跨国公司子公司带来的新技术和管理经验,并运用到市场中,从而降低自身技术创新的风险和不确定性。

2.4.1 国际知识溢出对全球价值链分工地位的影响

全球价值链是国际间技术和知识转移的重要渠道,近几十年来,中国制造业依托发达国家生产能力国际转移的机遇,借助参与垂直专业化国际分工的契机得到了迅速发展[4,67]。通过 FDI 和国际贸易两种渠道,中国制造业能够从中吸收并利用可能的知识溢出与技术溢出,促进了技术进步。知识溢出是利用全球生产网络,提升中国制造业全球价值链分工地位的重要途径[171,172]。中国利用参与全球价值链分工的机会实现了国际贸易收益,并利用溢出效应倒逼国内企业技术进步[9],存在着从产能转移向技术转移再向品牌转移的分工地位提升路径[75]。对于发展中国家而言,吸收能力能够强化 FDI 对其在全球价值链分工地位中的影响[173]。参与全球价值链分工体系,接收跨国公司为完成产品组装环节主导进口的大量中间产品,这一过程中隐含的产品创新和工艺创新会随着贸易被本国企业吸收[104],并随着本地企业以"干中学"的形式本地化,知识溢出促进技术进步实现全球价值链分工地位的提升。随着中国制造业本地化国际知识溢出能力的增强,本土代工企业开始寻求以降低生产成本或提高产品质量和技术含量为目的的中间产品进口,知识溢出提升全球价值链分工地位的作用更加显著。

FDI 渠道国际知识溢出对中国制造业提升国际分工的影响比较复杂。朱维芳[174]从外资当地成分和进口依赖程度两个方面,来考察中国外商投资企业与国内企业的产业关联发现,中国外商投资企业的进口依赖程度过高,外资带动国内企业参与全球价值链分工的作用也较弱。根据 FDI 的动机可以将 FDI 分为市场寻求、资源寻求、效率寻求和战略资产寻求四种类型,资源寻求型和效率寻求型,均具有出口导向型 FDI 的性质,外资进入的目的在于利用中国比较优势,使中国企业参与垂直专业化过程中,与跨国公司在价值链上形成分工,其性质决定了与上游行业联系更为紧密[175]。效率寻求型 FDI 的进入可以提高上游供应商产品质量,然而效率寻求型 FDI 大多进入劳动密集型行业,由于对外资企业的技术依赖和自我创新的缺乏,一定程度上抵消了 FDI 对上游东道国企业全球价值链分工地位提升的促进作用。市场导向型 FDI 溢出效应引致行业整体技术水平的提高,在长期上改善了东道国竞争能力,为行业全球价值链分工地位提升提供了动力支持。李怡和李平[176]基于FDI的视角,分析了FDI对全球价值链分工地位的异质性影响,表明市场导向型FDI对全球价值链分工地位的促进作用显著,而出口导向型FDI对全球价值链分工地位的促进作用有限。市场寻求型FDI目的在于低成本快速进入东道国市场,资源寻求型FDI的目的则在于利用东道国资源,而效率寻求型FDI旨在于利用东道国廉价生产要素。不同动机的FDI,其溢出效应对中国制造业全球价值链分工地位的影响具有差异性。

2.4.2 国际知识溢出对参与全球价值链分工程度的影响

对发展中国家来说,获得发达国家的国际知识溢出能够弥补自身研发创新成果的不足[177]。外资或进口产品的进入可能通过知识溢出效应对东道国或者进口国带来升级效应或者挤出效应[123]。升级效应又包括水平升级效应和垂直升级效应两种情况,其中水平升级效应是指外国知识存量的进入,通过提升本行业东道国或者进口国企业生产率[178][179],进而增加其产品出口的国内增加值率,或减少其产品出口的外国增加值率。增加产品出口的国内附加值率意味着增加了一国在国际分工高端环节的参与程度,而减少其产品出口的外国增加值率,意味着降低了其嵌入全球价值链低端环节的程度。垂直溢出效应是指外国资本存量的进入,通过产业间的关联效应,增加了上下游产业出口产品的国内增加值率。而挤出效应是指发达国家通过FDI或者进口贸易手段,攫取东道国市场份额,增加东道国出口中的外国增加值比率。国际知识溢出通过提高内资企业的生产效率和技术水平,进一步提高了中国出口产品的国内附加值部分,但是也会对出口附加值的增加产生消极或不确定影响[180]。

Connolly[96]将"学中学"的概念引入模型,认为在创新和模仿的过程中,通过"学中学"的方式获得的技术知识相较于"干中学"应用范围更加广泛。加工贸易和外资企业是推动中国出口附加值上升的主要动力[76]。随着进口中间品质量和技术含量的增加,进口国企业模仿成功的产品质量就会越高,在此过程中获得的技术知识,会进一步提高未来企业独自研发高质量产品的可能性,对提高企业在国际分工高端环节的竞争力具有促进作用。

FDI渠道国际知识溢出对国际分工参与程度的影响是不确定的,可能体现为提升国内附加值率的升级效应,也可能体现为没有显著影响的锁定效应,甚至还可能是降低的挤出效应[181],其中挤出效应会造成中国制造业陷入低端锁定陷阱。而且出口导向型外资企业遵循"进口—生产—出口"的产品路径,进口核心零部件进行生产,对上游企业造成挤出效应,同国内下游行业联系较弱,不利于上下游行业内资企业价值链嵌入位置提升,反而会使中国制造业过度嵌入,甚至会对中国企业产生"低端锁定效应"。葛顺奇和罗伟[182]的研究指出,外资的流入可能会抑制东道国的研发水平,削弱本国提高出口国内附加值的动力,但是知识溢出的门限效应可能造成外资对出口国内附加值的影响并不确定,以人力资本为例,当发展中国家人力资本水平低于某个门限值时,外资主要流向劳动力密集型行业或者劳动密集型生产环节,导致发展中国家劳动和资本向低附加值行业流动。李平和王紫[183]通过对中国241个地级市FDI的影响研究发现,外资进入水平高的城市,国内增加值率反而比较低,而且FDI对城市中的外资企业有促进作用,但是对于本土企业却产生了抑制作用。

2.5 本章小结

本章对全球价值链与知识溢出理论基础进行总结和梳理,并主要针对一国嵌入全球价值链位置及地位、全球价值链体系中的国际知识溢出相关文献进行整理与回顾,进而对国际知识溢出影响企业参与全球价值链分工的相关研究进行阐述和分析。在此基础之上,发现了国际知识溢出对制造业参与全球价值链分工的研究中存在的空间,为本书后期研究提供理论基础。

通过梳理国内外产品内分工理论、全球价值链理论和全球价值链升级理论的发展脉络及主要观点可知,国外对全球价值链的研究重点是以跨国公司为中心,以整合全球资源为手段获取全球利益最大化;国内学者基本认为,以融入全球价值链为契机,探索向价值链高附加值环节攀升路径,是实现中国产业转型升级的关键。总体上,学者们对全球价值链动力机制、全球价值链治理与升级、价值链动态性及租金收益分配等理论的研究,使得全球价值链这一新兴理论初具雏形。全球价值链理论作为一种研究全球经济治理的全新方法,广泛被经济学家和社会学家在分析工业国际化组织中采用。全球价值链方法更引起了地理学家、人类学家和历史学家的极大兴趣。在政策层面,许多国际机构和组织从全球价值链的视角研究企业层面的竞争、工业升级和扶贫等问题，尤其是针对发展中国家。后续研究通过对前面成果的检验及实践中运用，不断拓展全球价值链理论的研究范围。

目前就中国制造业接收国际知识外部性的研究中，主要切入点集中于全要素生产率或者创新产出的角度，进一步反映为国际知识溢出对技术进步和技术效率的影响。在知识溢出影响中国制造业参与全球价值链分工的文献中，理论上认为参与全球价值链分工体系，全球生产网络中的技术溢出对中国制造业全球价值链分工地位的提升具有促进作用，但是目前仍缺乏对两者间影响机制的研究。并且在现有的实证研究中，对于FDI和进口贸易溢出作用都是通过两者对全球价值链分工地位或国内增加值指标的影响得出的，并没有测算中国获得的外国知识存量，因此并不能完全反映国际知识溢出效应，因此本书通过研究中国制造业在全球生产网络中获得的国际知识存量对全球价值链分工地位、高端环节和低端环节参与程度的影响，是对国际知识溢出效应研究的深化。

目前对于垂直国际知识溢出效应的研究中，主要研究以产业间投入产出关系为基础的前向关联和后向关联效应，较少研究以其他产业间联系为依托的垂直溢出效应，譬如生产技术联系、价格联系和投资联系等，因为产业间连接的不同依托，会构成产业间联系的不同实质内容，由此形成的溢出机制也不同，导致溢出效应也不同。在现有研究中忽略了国际知识溢出效应的技术关联机制，本书将国际知识溢出的技术关联性垂直溢出效应纳入研究框架中，较全面地分析了国际知识溢出的影响机制与效应。

近年来随着空间经济学的发展，将空间计量的方法纳入知识溢出的分析框架内，研究知识溢出的空间特征，但知识溢出效应不仅仅局限于地理空间上的关联，以投入产出关系为基础的产业之间也存在着类似于地理空间的产业空间，一些学者将行业间距离设置为空间权重矩阵，研究在"产业空间"范畴内行业间经济活动的联动性。但是，纵观现有研究，大部分研究国际知识溢出的文献都是在传统计量分析框架下进行的，少部分应用空间模型研究地理距离对知识溢出效应的影响，忽略了产业空间中的相关性对国际知识溢出的影响。本书以行业为对象，以产业关联性和市场性关系为依托，构建一个类似地理距离的行业距离，采用空间计量模型研究产业间相互关联对国际知识溢出的影响。

第 3 章　全球价值链利益分配体系与发展中国家升级模式

3.1　全球价值链的价值分布与利益分配

经济全球化、贸易与投资自由化及信息通信技术的发展加速了全球价值链分工体系的形成。全球价值链价值分布的焦点由一国产业或产品向产业链的某项环节或工序的转变。全球价值链的价值分布体现在同一产业不同产品的增值能力差异上，以及同一产品不同环节的价值增值差异。发达国家与发展中国家贸易关系不平等的背后是发达国家跨国公司主导的全球价值链价值分布特征。全球价值链的价值分布和利益分配实际上是不同价值环节主体间对知识和价值的竞争与博弈。

3.1.1　全球价值链的价值分布

全球价值链由许多相互联系的价值增值链条组成，上游链条由研发与设计等环节组成，中游生产链条由原料投入、零部件生产、物流、加工等环节组成，下游则由营销活动组成。价值链上的各个环节相互联系、相互影响，上游环节的产出通常是下游环节的投入，一方面伴随着有形的物质材料流动，另一方面服务、技术与知识等无形要素也随着价值链环环流动。然而，全球价值链上每个环节创造的价值并不相等。因此，全球价值链上不同环节对要素投入的要求与回报不同，各个价值环节的增值能力通过投入的知识、技术含量多少来衡量。一般来说，全球价值链两端附加值高的研发和品牌环节要求投入大量的知识、技术、资本等要素，而全球价值链附加值较低的中间组装环节则要求投入大量的劳动力。尤其是知识和技术要素密集会形成很高的进入壁垒，所以价值链的高附加值集中在无形活动中。

产业价值链上每个环节都包含着服务、技术和知识：上游环节的研发、设计活动；中游生产环节的物流、质量控制等活动；下游营销环节的广告、品牌管理等活动。但上游研发和下游营销活动要求知识和技术要素更密集，因此全球价值链呈现出两端附加值高、中间附加值低的价值分布特征。1992年中国台湾宏基集团董事长施振荣提出"微笑曲线"理论，用以描述全球价值链上不同业务工序所含附加值的高低，如图3-1所示。"微笑曲线"的附加值分布反映了全球价值链上的价值分布：组装环节通常是劳动密集型环节，是全球价值链的最低附加值部分，利润空间最小；而前端的研发以及后端的营销环节通常是资本、技术密集型环节，占据着整条价值链大部分价值增值，经济利润空间大。位于"微笑曲线"凹陷处的组装加工环节是劳动密集型环节，知识和技术要素要求低，无法形成进入壁垒，因此存在大量的竞争厂商形成买方市场，导致从事该环节的生产者只能获得微薄的加工费用。而研发和设计环节中知识和技术要素投入密集，具有人才、技术资源稀缺性特征，因此新技术研发成本高且知识产权保护严格。弱外部性和高进入壁垒，使得占据该环节的企业凭借垄断地位获得很高的租金，因此该环节具有高附加值特征。微笑曲线右端的营销环节中的品牌管理和售后服务等活动也为企业带来较高利润。版权和品牌等无形资产是企业持续获取经济租金的来源，赋能该环节的附加值。

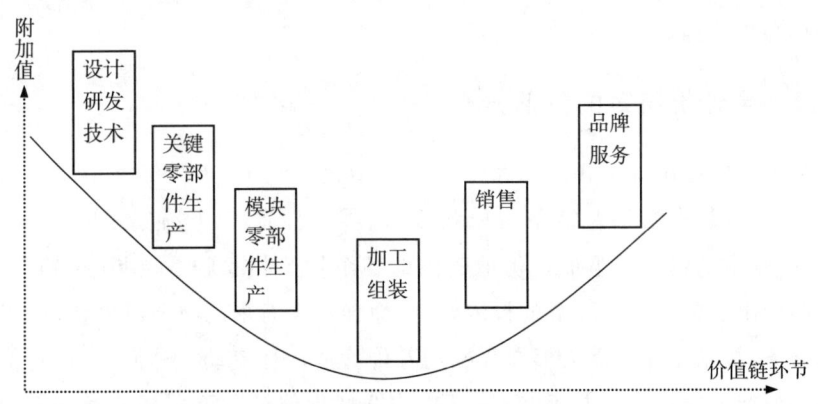

图 3-1 微笑曲线

3.1.2 全球价值链的收益分配

全球价值链分工下，技术、研发等无形活动和品牌等稀缺资源会在价值链两端高附加值环节形成进入壁垒,从而形成垄断。因此进入壁垒是决定收益分配的主要原因,占据全球价值链两端的企业能够获取更多的垄断收益,而从事加工组装环节的企业利润微薄。进一步地,占据进入门限高环节的企业将获取的垄断收益转化为创造力和竞争力,在其他领域创造新的租金,逐渐形成全球价值链的领导者和治理者。而陷入在低端环节的生产者在激烈的竞争中获利微薄,并成为全球价值链领导者的跟随者和供应商。治理关系决定后,在全球价值链分工下,领导者和供应商间的收益分配取决于相对议价能力[15]。二者的相对议价能力取决于价值链领导者企业转换供应商的成本,领导者企业转换供应商成本高,那么供应商的相对议价能力强,反之领导者企业的相对议价能力强。一方面,全球市场中从事该环节的同类供应商数量多,竞争强,领导者企业转换供应商成本降低,相对议价能力提升。另一方面,供应商从事环节的知识容易编码、不复杂,且很容易被竞争者模仿则供应商可替代程度高,议价能力就会倾向于领导企业,如加工组装环节,技术复杂度低且知识容易编码使得领导企业很容易转换供应商,因此加剧了供应商间的竞争并压低了他们供应的价格。

各国根据自身比较优势参与全球价值链,全球价值链上各环节要求的要素投入特征及各国比较优势决定了各国在全球价值链中的角色和利益分配。发达国家的资本、技术密集型要素丰富,集中核心能力与资源专业从事全球价值链两端的研发、品牌等高附加值环节,成为领导者企业。发展中国家的劳动密集要素丰富,承接跨国公司领导者企业外包给发展中国家的价值链低端的加工组装环节。

随着分工细化和产品生产过程各环节的不断分割,价值链也变得越来越复杂,一国或一个企业的竞争优势不但体现在其是否占据了全球价值链的高附加值战略环节,更体现在对价值链条各环节的系统整合能力上。利益分配越来越体现在价值链本身的治理与协调方面。因此,发达国家跨国公司将商品或服务生产过程分为不同工序或区段,根据比较优势将其分散于全球范围内不同区域或国家,通过物质材料传输与服务的结合,经过设计、研发、制造、运输、营销到售后等一系列环节的价值增值过程。并将生产组织方式由纵向一体化的垂直层级管理转变为横向一体化的归核化管理,即将自己的核心能力集中在产品、研发、营销等制造业和服务业的高附加值战略环节,而将非核心活动外包给其他具有比较优势的国家和地区的企业生产。跨国公司在全球范围内搜寻质量最高、成本最低的供应商,并帮助供应商提升其供应能力。通过对企业内外部生产要素的高效整合利用,跨国公司作为全球价值链系统整合中枢的地位不断巩固,获得全球价值链上的更高回报。

由于许多发展中国家缺乏完善的反垄断监管法律,权力不对称引起的扭曲的利益分配不断放大,造成发达国家和发展中国家间的收入差距更加扩大,全球价值链地收益分配体系有利于发达国家的领导企业。为摆脱这种困境,发展中国家必须在融入全球价值链的基础上,采取措施向全球价值链两端高附加值环节升级,提升在全球价值链分工中的地位。

3.1.3 发展中国家全球价值链升级的必要性

在领导者企业和追随者企业形成的全球价值链治理结构中,领导者企业直接或间接地影响着全球生产、物流和销售体系的组织形式,影响着知识的产生、转移、扩散与创新以及发展中国家进入全球市场参与的活动范围。因此,发展中国家要想获得发达国家的市场准入,必须首先加入全球价值链与领导者企业积极互动,才能逐步实现价值链升级。嵌入全球价值链的发展中国家供应商会经历一条陡峭的学习曲线。出于降低成本、提高质量、加快供应速度等目标,领导者企业会将生产工艺、产品质量提升等方面知识和技术提供给供应商。领导者企业提供的技术帮助通常能快速提升其生产能力,使得发展中国家企业在较短时间内发展成为主要出口生产商。这种升级效应对嵌入全球价值链的生产商作用明显[61]。

然而,领导者企业的市场能力和高端环节的垄断地位造成了全球价值链上领导者企业和追随者企业间的权力不对称和利益分配差异。全球价值链上的领导者企业有能力去影响或决定其他公司的活动,这种影响包括定义供应商生产的产品并规定生产工艺及标准。这种权力来自领导者企业对价值链体系中关键资源的控制及进入或退出价值链的决定权,并且使发展中国家企业在技术与市场能力提升方面受到阻碍。因此,在全球价值链分工中处于从属地位发展中国家,面临被领导企业锁定的风险。同时,发展中国家以低劳动成本将进口的原材料加工组装成最终产品再出口,出口价格不断被压低,贸易条件持续恶化,若不积极创新向价值链高附加值环节攀升,会陷入经济悲惨增长。

3.2 全球价值链升级模式

Humphrey 和 Schmitz[64]提出了以企业为中心、由低级到高级的四层次价值链升级模式：工艺流程升级（process upgrading）、产品升级（product upgrading）、功能升级（functional upgrading）和跨产业升级（inter-sector upgrading）。第一个层次工艺升级主要通过技术进步或技术改良提高投入产出率；第二个层次产品升级，企业主要通过引进更先进的生产线，进行产品创新；第三个层次功能升级是通过获取新功能或放弃现存功能，从生产环节向设计和营销等利润丰厚的环节跨越；第四个层次价值链升级，凭借在一条价值链上获得的知识跨越到另一条价值量更高的价值链。其中价值链升级的前三个层次是基于原有产业链环节的深化，而价值链升级是基于新的产业链环节的创新。胡绪华和蔡济波[184]基于全球价值链微笑曲线变化提出了企业升级的三种模式，即横向扩张式升级、纵向渗入式升级和跨链跃迁式升级。

本书在对相关文献系统梳理的基础上，借鉴、吸收、整合已有研究成果，从全球价值链的视角，结合中国制造业企业的特性构建了基于全球价值链的中国本土制造业产业升级机理模型。如图3-2所示，通过升级主体参与全球价值链升级环节是否与原环节属于同一价值链条，本书将全球价值链升级分为链内攀升与跨链升级两种模式。链内攀升是产业自身能力不断提高，产品内比较优势结构趋向高级化，提高高端参与程度，摆脱了"低端锁定陷阱"，表现为在现有链条中实现嵌入位置的晋升。而跨链升级是指产业比较优势的积累达到了高级产业链的要求，摆脱了"能力刚性陷阱"，实现了自身能力向全新价值链跃迁，表现为参与到新的高附加值高水平的价值链条上，或者参与全球价值链重构过程，主导国际竞争结构的发展。

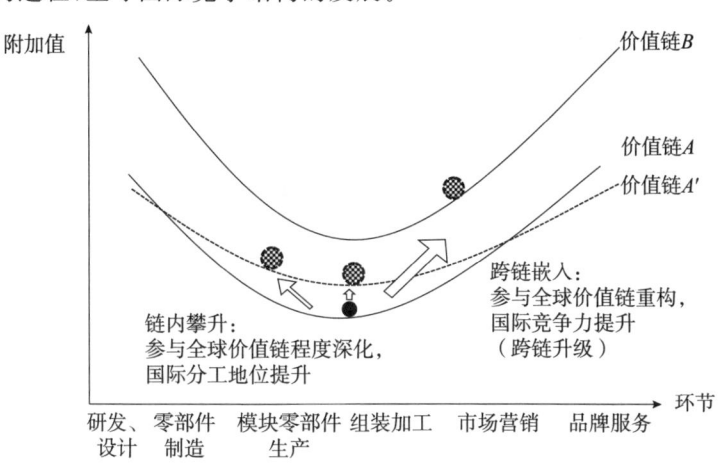

图 3-2　经典全球价值链微笑曲线与价值链升级模式

1.链内攀升:参与产品内国际分工程度深化,国际分工地位提升

如表 3-1 所示,链内攀升的升级模式,可以理解为产品比较优势的结构升级。比较优势的产品结构升级的含义可以从产品价值链的角度研究[20]①,即比较优势在同一价值链上从低附加值环节向高附加值环节攀升的过程。全球价值链微笑曲线的各个阶段所需的技术水平和所使用的要素禀赋存在很大的差异,包括设计、研发以及营销、推广环节在内的高附加值环节一般由发达国家或者新兴工业化国家所掌控,处于中端环节的不同层级零部件供应商以及各个层级的经销商也按照比较优势被不同国家所占据,发展中国家则主要负责承担组装、代工等低端环节。发展中国家在产品内分工层次上的产业内价值链升级则表现为:顺着全球价值链从生产低附加值中间产品阶段向生产高附加值中间产品阶段和产品核心控制阶段过渡的过程。

表 3-1 全球价值链升级模式划分

升级模式	升级实质	升级层次	微笑曲线变动	升级表征
链内攀升	在现有的全球价值链体系中实现自身能力的不断强化与提升	工艺升级	同一价值链曲线扁平化	生产效率提高,生产能力的横向扩张,国际分工地位提升
		产品升级		
		功能升级	同一价值链曲线嵌入位置提升	生产环节的纵向延长,深化价值链高端环节参与程度,国际分工地位提升
跨链嵌入	实现自身能力向全新产业领域的跃迁或更新	价值链升级	嵌入高端价值链	基于新能力嵌入新的全球价值链,参与全球价值链重构

2.跨链嵌入:产业比较优势迁移,国际竞争力提升

如表 3-1 所示,跨链嵌入的升级模式,可以理解为产业比较优势结构升级。产业比较优势的结构升级是发达国家与发展中国家产业间比较优势的阶梯式动态演化过程,或者后发国家比较优势的蛙跳式动态演化过程。"阶梯式动态演化过程"可理解为:发达国家或者处于较高发展阶段的工业化国家,将已经失去比较优势的产业通过产业转移的方式转移给发展阶段较低的发展中

---

① 杨明(2013)认为目前对比较优势的产品结构升级的含义尚未有统一理解,从产品内国际分工的价值链来看,可以理解为产品的价值链升级。

国家,发展中国家作为产业的承接方,利用比较优势取代已经发展至更高经济阶段国家的原有出口地位的同时,要素禀赋和技术水平都有所改善,融入新的价值链中,从而完成了价值链升级,进入了更高的经济阶段。"阶梯式动态演化过程"是一种遵循比较优势进行升级的价值链升级模式。"蛙跳式动态演化过程"则可以理解为:相对于发达国家,技术落后的发展中国家为了改变国家贸易中获利不对等的境况,更加具有采用产品创新模式进行赶超的倾向,一旦发展中国家实现了新技术或者新产品的创新,则会实现跨越式的升级。这一过程中发展中国家产业的要素禀赋结构发生了根本性的改变,技术水平也得到了显著提高,具有重构价值链或者建立新的价值链的能力,产业会跃迁至新的价值链上,这是一种偏离比较优势的升级模式。因此,跨链式产业升级是伴随着新兴经济体参与全球价值链重构的过程,新兴经济体的优秀企业通过多种升级路径,向全球价值链中高端移动,由此重构全球价值链,打破由发达国家企业主导的国际分工。

综上,根据自身能力积累和产业间能力距离优先选择符合自身能力的升级模式。刘维林[2]认为传统意义上向全球价值链微笑曲线两端延伸的产业升级路径,会受到自身能力积累和升级能力距离的局限,以及价值链主导地位国家的封锁,发展中国家很难实现向价值链高端环节攀升,因此大多数发展中国家嵌入全球价值链低端,且本土制造业多集中于加工制造这一单一环节。

为了嵌入价值链上附加值更多的环节,产业具有非线性升级的可能性,并不是沿着"流程-产品-功能-价值链"升级的单一路径进行升级的。当本土企业在主价值链上直接进行功能升级面临较大障碍时,可以从单一价值链嵌入转向多重价值链嵌入(如图3-3所示),寻找主价值链以外与之存在产品架构关联的子价值链,或与之存在产品相似度较大的价值链,一方面可以根据现有能力实现迂回形式的价值链攀升,另一方面可以通过跨链嵌入实现价值链重构,突破发达国家的封锁,在新的价值链寻求主导地位。通过跨链嵌入进行能力积累和升级,占据多条产业链的生产模块,既可以形成对原有价值链高端模块的"包抄"结构,又可以寻求在新的价值链条上的攀升。因此,参与全球价值链重构是发展中国家跨越低端锁定陷阱和生产刚性陷阱的产业升级路径。

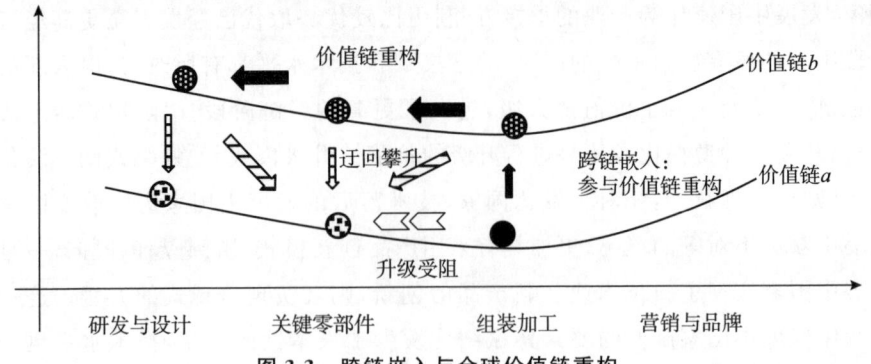

图 3-3　跨链嵌入与全球价值链重构

3.3　本章小结

本章从全球价值链价值分布体系出发,分析全球价值链的价值分布体系特征、利益分配机制和发展中国家全球价值链升级的必要性,并提出了发展中国家链内升级和跨链升级两种全球价值链升级路径。

从全球价值链的价值分布特征来看,全球价值链由许多相互关联的价值增值环节组成,每个环节创造的价值通过投入的知识、技术含量多少来衡量。全球价值链两端的研发、品牌环节包含大量的核心技术密集程度高形成进入壁垒,而中间的加工制造环节所需的技术和知识要素密集程度低,所以全球价值链呈现出两端附加值高、中间附加值低的分布特征。各个国家和地区根据自身比较优势,以及全球价值链各环节要求的要素投入特征参与全球价值链。

全球价值链收益分配的决定因素与发达国家领导者和发展中国家供应商参与全球价值链分工的收益分配情况。发展中国家嵌入全球价值链低端,获得微薄分工收益,且面临被锁定在底部的风险,提出了发展中国家向全球价值链两端的高附加值环节升级,提升在全球价值链分工中地位的紧迫性和必要性。

第4章　全球价值链上知识溢出与价值链升级的机制分析

嵌入全球价值链使发展中国家制造业获得了向发达国家学习借鉴的机会,与先进技术国家之间的技术差距是发展中国家获得知识溢出的先决条件。中间商品、服务和资本商品是现代国际贸易的主流,那么通过进口贸易和FDI等渠道,发展中国家制造业可以全方位地接触发达国家的生产、管理、研发和营销体系,为充分吸收国际知识溢出提供了路径。发展中国家可以通过"模仿"进口中间产品的途径促进技术进步;通过"干中学"吸收的国际知识要素转化为自身的技术要素或者知识要素;通过产业间的"关联效应"扩张上下游产业规模,倒逼本土企业进行创新。同时,国际知识溢出效应还受到吸收能力的影响。发展中国家的吸收能力和获得的知识溢出会形成一个相互促进的影响机制,形成良性循环,使自身技术水平得到进步,高级要素禀赋得到积累,最终形成提升一国深化参与全球价值链分工程度、提升全球价值链分工地位的动力。因此,本章分析在开放经济条件下,以国际知识溢出作为技术进步的内生动力,一国参与全球价值链分工的影响机制。

4.1　全球价值链上知识溢出的理论分析

由于发展中国家主要通过 FDI 和进口贸易等经济活动参与全球价值链,因此发展中国家在全球生产网络中获取的国际知识溢出主要来源于外资的引入和中间品以及资本品的进口。基于此,本书借鉴 Berthélemy 和 Demurgerd[185]的基本架构,在其研究的基础上,将 FDI 和进口贸易活动中获得的国际知识溢出作为引起本地企业技术进步的来源之一,构建了最终产品部门、国内中间产品部门和国外中间产品部门(或国内外资中间产品部门)的多部门模型,用中间产品部门研发行为来刻画技术进步,并考察国际知识溢出效应受吸收能力影响的作用机理。

4.1.1 理论模型

本书假设生产部门由两部分组成:一个生产同质化最终产品的企业,以及 N 个生产 N 种非同质化中间产品的企业,且全部中间产品均投入最终产品生产。最终产品生产需要三种要素投入,非熟练技术劳动力 L,人力资本 H_Y,以及 N 种中间产品数量 x,其中 L 和 H_Y 是内生的。市场上存在假设在均衡条件下生产最终产品时 N 种中间产品使用数量相同为 $\bar{x}$。则最终产品的生产函数为:

$$Y(L,H_Y,x) = L^{\alpha} H_Y^{\beta} \int_0^N x(j)^{1-\alpha-\beta} dj = NL^{\alpha} H_Y^{\beta} \bar{x}^{1-\alpha-\beta}, 0<\alpha<1, 0<\beta$$

(4.1)

式中,Y 是最终产品产量,α 是非熟练技术劳动力的产出弹性系数,β 是人力资本的产出弹性系数,$x(j)$ 是第 j 种中间产品的产量。

中间产品部门中有 n 个企业技术水平较低,属于价值链上低端的企业;有 n^{HT} 个高技术企业技术水平较高,属于价值链高端企业,其中 $n+n^{HT}=N$。中间产品企业中有研发和生产两个部门,其中研发部门利用自身人力资本投入和知识资本存量研发新的中间产品,而生产部门利用新技术生产新的中间产品。Grossman 和 Helpman[186]认为中间产品的种类与技术进步和经济增长相关,因此,本书用企业中间产品生产的增加表示技术进步。Romer[79]认为研发活动具有外部性,表现为知识溢出,是企业知识存量积累的重要方式。低技术企业技术积累的方式有三种:自身知识资本存量积累、自身人力资本投入以及知识溢出三种方式,那么低技术企业的技术积累 $\dot{n}$ 则为:

$$\dot{n} = \delta H_R n^{\mu} n^{HT(1-\mu)}, 0<\mu\leqslant 1 \quad (4.2)$$

式中,H_R 是本地低技术企业人力资本投入,δ 是本地低技术企业生产效率,μ 是低技术企业知识存量积累的能力,而 $1-\mu$ 是低技术企业的吸收能力。

由此类推,高技术技术积累则为

$$\dot{n}^{HT} = \delta^{HT} H_R^{HT} n^{HT\mu^{HT}} n^{(1-\mu^{HT})}, 1/2<\mu^{HT}\leqslant 1 \quad (4.3)$$

式中,$\dot{n}^{HT}$ 是本地高技术企业的技术积累,δ^{HT} 是高技术企业生产效率,H_R^{HT} 是高技术企业人力资本投入，μ^{HT}是高技术企业知识存量积累的能力，而$1-\mu$是高技术企业的吸收能力。假设低技术公司和高科技公司在技术上有所不同，取决于它们的研究活动水平，由于高技术企业研发活动水平较高，因此有$\delta^{HT}>\delta$。中间产品企业的技术差异可以用本地企业与外国企业或外国进口产品来解释。一般来说，高技术企业中间产品可能来自于进口外国企业高技术产品，或者是外资高技术企业进行生产。那么知识溢出来源可以是外国进口产品，可以是FDI企业。此外，因为外资企业（进口产品）技术含量更高，那么可以假设它们比国内企业创造更多的外部性，因此μ^{HT}远高于μ，甚至可以认为μ^{HT}大于$1/2$。

继续假设研发部门的研发产品均能够参与最终产品的生产，本地企业生产的新的中间产品价格为P_n，外资企业的新产品或进口中间产品价格为P_n^{HT}。且每一单位中间产品可以用于生产η单位的最终产品。

生产最终产品企业利润π_Y满足：

$$\max \pi_Y = \max_{H_Y, L, x(j)} [Y - w_{H_Y} H_Y - w_L L - \int_0^N m(j)x(j)\mathrm{d}j]$$

$$\text{s.t. } Y = L^\alpha H_Y^\beta \int_0^N x(j)^{1-\alpha-\beta} \mathrm{d}j \tag{4.4}$$

式中，w_{H_Y}和w_L分别为用于生产最终产品的人力资本和非熟练技术劳动力报酬，$m(j)$为中间产品j的价格。其中中间产品价格$m(j)$为：

$$m(j) = \frac{\partial Y}{\partial x(j)} = (1-\alpha-\beta) H_Y^\alpha L^\beta (x(j))^{1-\alpha-\beta} \tag{4.5}$$

人力资本报酬和非熟练技术劳动力报酬等于边际生产率，因此最终产品生产企业的人力资本和非熟练技术劳动力报酬分别为：

$$w_{H_Y} = \frac{\partial Y}{\partial H_Y} = \frac{\alpha Y}{H_Y} \tag{4.6}$$

$$w_L = \frac{\partial Y}{\partial L} = \frac{\beta Y}{L} \tag{4.7}$$

与最终产品生产企业一致，人力资本报酬和非熟练技术劳动力报酬等于边际生产率，则低技术企业和高技术企业工人工资为：

$$w_H = P_n \left(\frac{\partial \dot{n}}{\partial_R}\right) = P_n \delta n^\mu n^{HT(1-\mu)} \tag{4.8}$$

$$w_H^{HT} = P_n^{HT} \left(\frac{\partial \dot{n}^{HT}}{\partial H_R^{HT}}\right) = P_n^{HT} \delta^{HT} n^{HT\mu^{HT}} n^{(1-\mu^{HT})} \tag{4.9}$$

中间产品部门的特点是垄断竞争,因此均衡时每个企业都达到需求曲线上的利润最大化,但是由于该部门的自由进入,均衡时利润趋于零。企业首先根据零利润(无进入)条件决定是否生产新产品,其次根据利润最大化条件确定其产量。

本地企业的净现值

$$\Pi_{tot} = -P_n + \int_t^\infty [m(j)x(j) - \eta x(j)] e^{-(\tau-t)r} d\tau \qquad (4.10)$$

式中,r为利率。

在零利润条件下$\Pi_{tot}(t) = 0$,则有

$$P_n = \int_t^\infty [m(j)x(j) - \eta x(j)] e^{-(\tau-t)r} d\tau \qquad (4.11)$$

若生产新产品的机会成本P_n与维持生产的利润相等,此时选择不生产新的中间产品。

而中间产品j均衡产量决定于需求曲线上的利润最大化时的产量,即:

$$\max_{x(j)} \Pi_{tot} = -P_n + \int_t^\infty [m(j)x(j) - \eta x(j)] e^{-(\tau-t)r} d\tau$$

$$\text{s.t. } m(j) = (1-\alpha-\beta) H_Y^\alpha L^\beta x(j)^{-\alpha-\beta} \qquad (4.12)$$

此时有,

$$x(j) = \bar{x} = [(1-\alpha-\beta)^{\frac{2}{\alpha+\beta}} H_Y^{\frac{\alpha}{\alpha+\beta}} L^{\frac{\beta}{\alpha+\beta}}]/\eta^{\frac{1}{\alpha+\beta}} \qquad (4.13)$$

由此根据反需求函数可得中间产品j的价格为:

$$m(j) = \bar{m} = \frac{\eta}{1-\alpha-\beta} \qquad (4.14)$$

根据公式(4.13)和(4.14),我们可以得到均衡条件市场价值为:

$$P_n = \frac{\bar{m}\bar{x}(\alpha+\beta)}{r} = \frac{(\alpha+\beta)[(1-\alpha-\beta)H_Y^\alpha L^\beta \bar{X}^{1-\alpha-\beta}]}{r}$$

$$= \frac{[\frac{(\alpha+)(1-\alpha-\beta)}{r}]Y}{N} \qquad (4.15)$$

最终,我们假设最终产品市场为拉姆齐消费函数:

$$U = \int_0^\infty [(C^{1-\theta}-1)/(1-\theta)] e^{-\rho t} dt, \rho \in [0,\infty], \theta \in [0,\infty] \qquad (4.16)$$

式中,U是最终产品总效应,C是总消费,ρ是贴现率,θ是替代弹性的倒数。凯

恩斯-拉姆齐条件给出了消费者函数在时间跨度上的优化解析,并给出了经济增长率 g 与利率 r 之间的以下均衡关系：

$$g = \frac{\dot{C}}{C} = \frac{r-\rho}{\theta} \qquad (4.17)$$

同时,均衡条件时,低技术企业和高技术企业的劳动力报酬相等,即

$$P_n \delta n^\mu n^{HT(1-\mu)} = P_n^{HT} \delta^{HT} n^{HT\mu^{HT}} n^{(1-\mu^{HT})} \qquad (4.18)$$

且低技术企业和高技术企业的中间产品价格相同,有 $P_n = P_n^{HT}$,则

$$\frac{\delta}{\delta^{HT}} = \left(\frac{n^{HT}}{n}\right)^{\mu+\mu^{HT}-1} \qquad (4.19)$$

此外,均衡条件时,低技术和高技术企业技术积累速度相同,因此中间产品增长率,即一国技术进步率为：

$$\frac{\dot{N}}{N} = \frac{\dot{n}}{n} = \frac{\dot{n}^{HT}}{n^{HT}} \qquad (4.20)$$

进一步将公式(4.2)和(4.3)代入公式(4.20),则有

$$\delta H_R (n^{HT}/n)^{(1-\mu)} = \delta^{HT} H_R^{HT} (n/n^{HT})^{(1-\mu^{HT})} \qquad (4.21)$$

由于 $H_R + H_R^{HT} + H_Y = H$,则有

$$H_R = (H - H_Y)/[1 + (\delta/\delta^{HT})^{1/(\mu+\mu^{HT}-1)}] \qquad (4.22)$$

$$H_R^{HT} = [(H-H_Y)/\left(\frac{\delta}{\delta^{HT}}\right)^{\frac{1}{\mu+\mu^{HT}-1}}]/[1+(\delta/\delta^{HT})^{1/(\mu+\mu^{HT}-1)}] \qquad (4.23)$$

均衡条件时,所有生产部门人力资本报酬相等,即 $w_{H_Y} = w_H = w_H^{HT}$,则有:

$$P_n \delta n^\mu n^{HT(1-\mu)} = P_n^{HT} \delta^{HT} \mu^{HT} = \alpha N H_Y^{\alpha-1} L^\beta \bar{x}^{1-\alpha-\beta} \qquad (4.24)$$

将公式(4.15)代入公式(4.24)中,可得

$$H_Y = \left[\frac{\alpha}{\delta(\alpha+\beta)(1-\alpha-\beta)}\right] \cdot \left(\frac{n}{n^{HT}}\right)^{-\mu} \cdot \left(1+\frac{n}{n^{HT}}\right) \cdot r \qquad (4.25)$$

一国经济增长率还可以定义为一国的产出增速、技术进步和可利用的知识存量积累,即：

$$g = \frac{\dot{C}}{C} = \frac{\dot{Y}}{Y} = \frac{\dot{N}}{N} = \frac{\dot{n}}{n} = \frac{\dot{n}^{HT}}{n^{HT}} = \delta H_R (n^{HT}/n)^{(1-\mu)}$$

$$= \delta^{HT} H_R^{HT} (n/n^{HT})^{(1-\mu^{HT})} \qquad (4.26)$$

那么可得,

$$g = \left[\delta \left(\frac{\left(\frac{\delta}{\delta^{HT}}\right)^{\frac{1}{\mu+\mu^{HT}-1}}}{1+\left(\frac{\delta}{\delta^{HT}}\right)^{\frac{1}{\mu+\mu^{HT}-1}}}\right)\right] H - \Lambda r \qquad (4.27)$$

式中，$\Lambda=\dfrac{\alpha}{(\alpha+\beta)(1-\alpha-\beta)}$。将 g 代入公式(4.17)，可得

$$g=\left[\delta\left(\dfrac{\left(\dfrac{\delta}{\delta^{HT}}\right)^{\frac{1}{\mu+\mu^{HT}-1}}}{1+\left(\dfrac{\delta}{\delta^{HT}}\right)^{\frac{1}{\mu+\mu^{HT}-1}}}\right)H-\Lambda\rho\right]/(1+\Lambda\theta) \quad (4.28)$$

公式(4.28)是一国经济增长速率的表达式。

根据公式(4.28)，在开放经济下，受到投资和进口等经济活动的影响，一国经济增长速度不仅与本地企业生产效率 δ 和本地企业知识存量积累 μ 相关，还与外资企业或国外企业的生产效率 δ^{HT} 和外资企业知识存量 μ^{HT} 相关。

同时，一国产出增速、技术进步和可利用的知识存量积累均可以表达为经济增长速度，因此一国产出增速、技术进步和可利用的知识存量积累均受到一国从外资引入和进口中知识溢出的影响。

4.1.2 知识溢出效应及吸收能力的作用

在公式(4.28)的基础上研究知识溢出引起的增长速率，可得：

$$\dfrac{\partial g}{\partial(\delta/\delta^{HT})}=\dfrac{\delta H}{1+\Lambda\theta}\left[\dfrac{\dfrac{(\delta/\delta^{NT})^{(2-2\mu-\mu^{HT})}}{\mu+\mu^{NT}-1}\left[1-\mu-\mu\left(\dfrac{\delta}{\delta^{HT}}\right)^{\frac{1}{\mu+\mu^{HT}-1}}\right]}{\left[1+\left(\dfrac{\delta}{\delta^{HT}}\right)^{\frac{1}{\mu+\mu^{HT}-1}}\right]^2}\right]$$

$$(4.29)$$

由公式(4.29)可以看出，FDI 和进口贸易对发展中国家存在溢出效应，但溢出的作用不确定，还受到其他因素影响。

若使知识溢出引领经济增长，那么公式(4.29)应大于 0，则有：

$$\dfrac{\delta}{\delta^{HT}}\leqslant\left(\dfrac{1-\mu}{\mu}\right)^{\mu+\mu^{HT}-1} \quad (4.30)$$

根据公式(4.30)，知识溢出的效应与两种技术水平企业的生产效率和自身知识积累以及低技术企业吸收能力 $1-\mu$ 有关。

根据假设，低技术企业生产效率小于高技术企业生产效率，即 $\dfrac{\delta}{\delta^{HT}}<1$ 恒成立。且市场中代表高技术企业的外资企业数量小于代表低技术企业的本地企业数量，即 $\dfrac{n^{HT}}{n}<1$ 成立。那么 $\mu+\mu^{HT}-1>0$ 恒成立。

进一步，分析吸收能力的作用：

如果 $\mu<0.5$，则有 $\frac{1-\mu}{\mu}>1$，那么 $\left(\frac{1-\mu}{\mu}\right)^{\mu+\mu^{HT}-1}$ 恒成立。说明本地企业吸收能力 $1-\mu>0.5$，外资和进口的知识溢出具有促进效应。

若 $\mu>0.5$，则有 $\frac{1-\mu}{\mu}<1$，那么 $\left(\frac{1-\mu}{\mu}\right)^{\mu+\mu^{HT}-1}$ 是一个值域在 $[0,1]$ 的 μ 的减函数，因此只有吸收能力 $1-\mu>\gamma$，$0<\gamma<0.5$ 时，$\frac{\delta}{\delta^{HT}} \leqslant \left(\frac{1-\mu}{\mu}\right)^{\mu+\mu^{HT}-1}$ 成立。即国际知识溢出效应受到吸收能力的影响。

综合上述，本地企业的吸收能力只有达到一定门限条件，知识溢出才能够发挥对经济增长（知识存量积累、技术进步以及产出增长）的引领作用。梳理文献发现，能够将隐性知识转化为显性知识以及将外部知识转化为内部知识的能力均可以称为吸收能力，本书将人力资本投入、自主研发能力和本地企业行业技术水平等因素纳入吸收能力的框架。

4.2 全球价值链上知识溢出的作用途径

4.2.1 水平效应

1. 示范模仿效应

发达国家创新能力与发展中国家模仿能力之间存在正相关关系，通过模仿的途径，发达国家的研发存量影响发展中国家的技术水平，如图 4-1 所示。

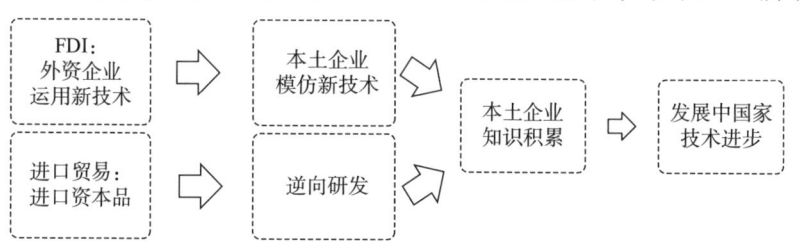

图 4-1 全球价值链上知识溢出的示范模仿效应

①FDI 渠道。拥有先进技术知识和管理经验的跨国公司进入东道国后，为东道国当地企业树立了"榜样"，起到了良好的示范作用，当地企业由此进行模仿学习的过程。FDI 企业通过各种渠道和途径掌握并能够运用母公司新技术，进而本土企业才能通过模仿渠道获得 FDI 企业的新技术。FDI 企业采用

的新技术、知识和管理经验等,都会对本土企业产生一种免费的示范作用,本土企业在示范作用下选择模仿行为,通过"干中学"掌握这些先进技术和管理经验,提高企业生产和出口的技术含量水平。

②进口贸易渠道。FDI企业进口母国中间品,或者本土企业选择进口发达国家高技术中间产品,都会为发展中国家带来发达国家的知识溢出。本土企业通过逆向研发模仿进口产品中的技术,通过转化吸收形成本土企业的知识积累,产生技术进步。

2.竞争效应

技术溢出对本土企业产品技术含量的市场竞争效应机制体现为跨国公司的进入给东道国带来不断增加的竞争压力,这种压力能产生倒逼机制,刺激东道国企业加快技术改进和产品研发,更加充分有效地利用现有资源,进而有效提升其产品的技术含量。然而,由于本土企业的产品与跨国企业产品或进口产品之间具有技术差距,因此本地企业的均衡产出与跨国公司和本土企业的技术差距呈负相关,两者技术差距越大,本土企业产出越少,这说明当技术差距会带来挤出效应。同时,由于FDI企业和进口产品与本土企业之间的技术差距挤占了本地企业的市场,本地企业具有强烈的研发动机以缩小两者间的技术差距,因此会促进本土企业技术水平的提高。因此,如图4-2所示,国际知识溢出的竞争效应既存在挤出效应,又存在溢出效应,最终表现为两者的博弈结果。

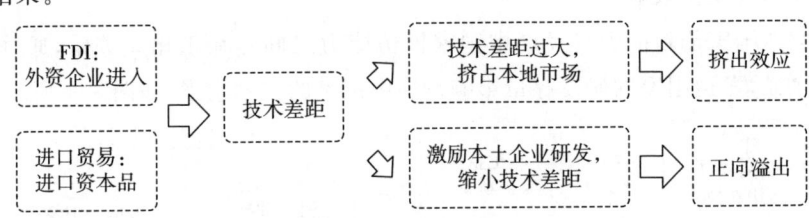

图 4-2 全球价值链上知识溢出的竞争效应

4.2.2 市场性关联效应

1.后向关联

假设市场上具有 N_Y 个本土企业生产最终产品,那么 N_Y 个企业的总产出为 Y,最终产品的逆需求函数为:

$$P_Y(Y) = a - Y \tag{4.31}$$

式中,P_Y 为最终产品价格,a 为最终产品市场规模。

在封闭市场条件下,只存在本土企业相互竞争。达到均衡条件时,每个最终产品企业的产出量为 q,使其利润最大化,则有

$$\text{Max}(P_Y(Y) - c - P_X)q \tag{4.32}$$

式中,每生产一单位最终产品需要消耗一单位中间产品 x,中间产品的边际成本为 c,价格为 P_X。

求公式(4.32)的导数,可得封闭市场条件下最终产品总产出为:

$$Y = N_Y q = N_Y(a - c - P_X)/(N_Y + 1) \tag{4.33}$$

在开放的市场条件下,外资企业进入或进口产品的进入,市场上具有 $N_Y + 1$ 家企业生产最终产品。外资企业和本土企业均从本地购买中间产品 x,并且生产一单位最终产品需要消耗一单位中间产品 x,但是外资企业产品或者进口产品具有技术优势,相比于本土企业,其生产最终产品的成本优势为 $(1-\theta)$,$\theta \in [0,1]$。外资企业和本土企业在最终产品市场上竞争,最终达到古诺均衡,那么本土企业和外资企业的均衡产出分别为:

$$q_1^Y = a - c - \theta c - P_X/(N_Y + 2) \tag{4.34}$$

$$q_f^Y = a - c - (N_Y + 1)\theta c - P_X/(N_Y + 2) \tag{4.35}$$

开放条件下,若外资企业或者进口产品进入下游最终产品市场,根据式(4.34)和(4.35),可以得出开放条件下最终产品市场总产出为:

$$Y_{\text{open}} = q_f^x + N_Y q_1^x = [(N_Y + 1)(a - c - P_X) + \theta c]/(N_Y + 2) \tag{4.36}$$

那么,开放条件下和封闭条件下生产产品 x 的产出差异为:

$$Y_{\text{open}} - Y = [(a - c - P_X)/(N_Y + 2)(N_Y + 1)] + [\theta c/(N_Y + 2)] \tag{4.37}$$

从公式(4.37)中可以看出,首先外资企业或进口产品的进入将本地的最终产品供给提升至 Y_{open},增加了最终产品的总产量,其中 $(a - c - P_X)/(N_Y + 2)(N_Y + 1)$ 增加部分是由于外资企业生产或者下游进口的竞争效应加剧了市场竞争产生的产品,而 $[\theta c/(n+2)]$ 则是由于外资企业的技术优势带来的额外产出,且额外产出是与外资企业或进口产品和本地企业技术差距相关,技术差距越大,额外产出越多。

如图 4-3 所示,不同投资目的的外资企业进入下游行业会有不同的选择。当外资企业选择从东道国本地供应商处购买中间产品时,会倒逼东道国本地供应商的技术进步,以满足外资企业的生产标准。当东道国与投资国之间的技术

差距过大,或者是以效率寻求型FDI企业,则会选择进口中间产品而不在东道国购买中间产品,那么FDI的进入会挤压本地企业市场。当下游行业进行进口时,意味着从本地供应商购买中间产品无法满足下游企业的要求,由于本地供应商的产品与进口产品存在过大的技术差距,进口产品质量更高,或者同等质量产品,进口产品的价格更低。上游环节中的本地企业市场被挤压,那么,进口贸易渠道知识溢出会产生挤出效应。但同时本地企业为了获得竞争优势而具有强烈的研发动机,进口会促进上游本土企业技术水平的提高,产生正向溢出。

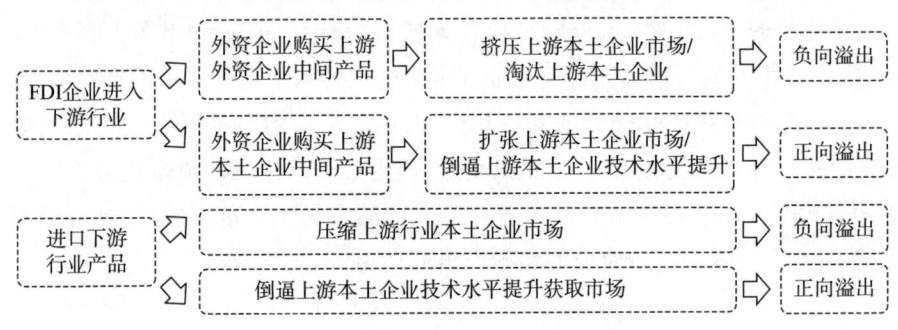

图 4-3 国际知识溢出的后向关联效应

2. 前向关联

下游最终产品部门的外资企业或进口产品的进入,会增加中间市场上中间产品的产出。市场的扩大会引致外资企业进入上游中间产品部门,或者上游中间产品部门选择进口,则市场上有 n_x+1 个中间产品供应商。相对于本土企业,外资企业和进口产品具有技术优势 μ,那么外资企业生产中间产品的成本为 $(1-\mu)ci, \mu \in [0,1]$。

根据式(4.33)和(4.36)分别推导封闭条件和开放条件下中间产品的逆需求曲线为:

$$P_X = a - c - (N_Y+1)Y/N_Y \qquad (4.38)$$

$$P_{X\text{-open}} = (a-c) + [\theta c/(N_Y+1)] - [(N_Y+2)Y/(N_Y+1)] \quad (4.39)$$

式中,$P_{X\text{-open}}$ 为开放条件下中间产品价格。

在开放条件下,本土企业和外资企业的均衡产出分别为:

$$q_1^x = [(N_Y+1)a - (N_Y+1)\mu ci + \theta c]/[(N_Y+2)(m+2)] \quad (4.40)$$

式中,q_1^x 为本土企业均衡条件下中间产品产量。

$$q_f^x = [(N_Y+1)a + (N_Y+1)(m+1)\mu ci + \theta c]/[(N_Y+2)(N_Y+2)]$$
$$(4.41)$$

式中，q_f^x为外资企业均衡条件下中间产品产量。

那么，开放条件下和封闭条件下中产产品的产出差异为：

$$Q_{\text{open}} - Q = \frac{[(N_Y+1)a + (N_Y+1)(n_x+1)\mu c i + \theta c]}{[(n_x+1)(n_x+2)(N_Y+2)]} > 0 \quad (4.42)$$

从公式(4.42)可以看出，跨国公司或进口产品的进入增加了中间产品 x 的总产量，其中部分增加是由于跨国企业进入的竞争效应加剧了市场竞争产生的产品，部分增加是由于跨国企业的技术优势带来的额外产出，且额外产出是与跨国企业和本地企业技术差距相关，技术差距越大，额外产出越多。由于中间产品的增加会降低中间产品的均衡价格，从而增加下游企业的产出和利润。如图4-4所示，FDI企业进入上游行业成为供应商，会为发展中国家本地生产商提供高质量或高技术的中间产品，提高发展中国家产品质量，产生正向溢出效应。但是资源或效率寻求型FDI以利用发展中国家廉价劳动力为目的，将发展中国家的下游企业锁定在价值链的低端环节，进而产生锁定效应。上游行业进口高质量和高技术的中间产品也具有提升下游行业出口产品质量的正向溢出效应。由于发展中国家通过从事加工贸易参与全球价值链分工中，具有大进大出的特征。加工贸易带来了大量的上游行业的进口，一方面能够提升发展中国家企业在组装加工环节的技术水平，形成工艺升级，但同时也会将发展中国家企业限制在低端环节，造成低端锁定。

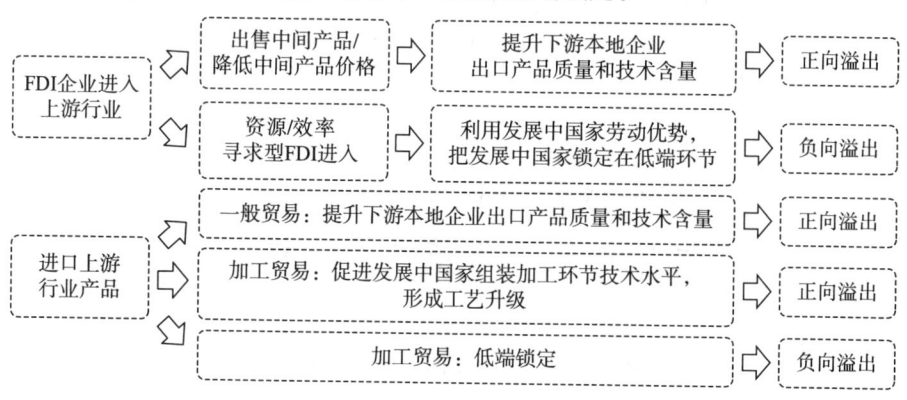

图4-4 国际知识溢出的前向关联效应

4.2.3 技术关联效应

技术关联效应是一种纯知识溢出，不借助产品流动，而依托产业技术结构相似产业间通用性知识的流动产生。技术相似行业的相似度越高，两者之间需要跨越的能力差越小，产业间要素整合以及配置优化的成本就越低，形成的产业间溢出效应就会越显著。

如图4-5所示，首先，技术相似的行业引进高质量外资，通过外资企业的生产活动、创新活动以及管理流程会直接"感染"本行业和其他技术相似行业的本地企业，促进本地企业技术水平和资源配置效率的提高。由于相似技术结构的产业间通用性知识比例较高，因此本地企业不仅受到行业内FDI企业的生产和研发行为的影响，还会受到相邻产业FDI企业生产经营活动的影响。比如当黑色金属行业本地企业在FDI企业的竞争效应下，通过生产技术提高了对国产原料的利用率，那么具有相似投入产出结构的有色金属行业通过模仿的方式，也提升了自身的生产效率。

图4-5　全球价值链上知识溢出的技术关联效应

其次，进口贸易渠道国际知识溢出也能够通过产业间的知识创新活动的"感染"机制而产生技术关联效应。当一个产业通过逆向研发获得了进口产品中的物化型知识溢出，并实现了新技术或新产品的开发时，那么其他技术结构相似的产业可以通过复制或改良该项新技术，并应用于该行业当中，降低了该行业的研发成本。

4.3　全球价值链上知识溢出影响发展中国家价值链升级机制

本节首先基于增加值贸易的统计方法，建立一个理论模型解释"统计假象的问题"，其次引入FDI和进口贸易的知识溢出因素，指出国际知识溢出可能导致一国中间产品的技术含量提高，提升了制造业出口国内技术含量，降低了中间产品的国外的依赖程度，促进价值链嵌入位置的攀升。

本节借鉴杨晓静[187]对LRS模型的改进方法，引用出口国内增加值率和国外增加值率测度一国参与全球价值链程度——高端参与程度与低端参与程度,并基于两种增加值率构造一国全球价值链参与程度指标、国际分工地位的指标,并改良全球竞争力(显性比较优势)指标,主要目的是综合分析发展中国家在全球价值链实现产业升级的机制。

4.3.1 进口贸易渠道国际知识溢出对制造业参与全球价值链分工的影响机制

由于中间产品承载了国外的先进技术,基于模仿效应,本土中间产品进口企业通过逆向研发,生产出质量、种类和功能与之相近的产品,并同时对产品本身生产工艺进行改进。贸易可使进口国廉价地获得固化在产品上的知识,进口国对产品技术知识的了解降低了这些产品逆向研发的成本。在国际分工体系中,作为新知识和技术载体形式的中间品进口变得尤为重要,Grossman 和 Helpman[186]认为中间品进口能够更好地发挥知识溢出的垂直效应,进口质量更高、种类更多的中间品,进口国通过"引进－吸收－模仿"的范式,模仿和学习国外更加先进的生产方法和管理经验,激励本土企业追求更加新颖的观念和技术以及更有效地配置各种国内资源,进而拉动进口国技术水平的提升,学习效应的多少与进口量密切相关[90],进口种类和数量的增加提高了成功模仿的概率。

先进生产设备的进口对提高进口国企业技术水平、延长产品链条和增加新产品种类具有重要作用,因为资本品进口通过降低进口国的模仿成本产生重要的技术溢出效应,促进进口国技术进步和提升全球价值链分工地位。进口贸易渠道的知识溢出不仅仅被进口企业吸收利用,行业内的示范效应影响竞争企业的技术水平,即同一行业内的企业均能够通过进口企业的二次溢出,对中间产品中的先进技术进行观摩,进而促进行业的技术进步,提升行业整体在国际分工中的地位。

受到自身能力的限制,发展中国家企业最初只有与全球跨国企业进行合作,从事加工贸易才能融入全球价值链分工。从事加工贸易一国进出口贸易呈现"大进大出"的特征,加工技术含量低的普通零部件,或将进口关键零部件组装为最终产品,主要在低端环节具有比较优势,出口中的国外增加值比例较高。通过从事加工贸易进口获得知识溢出提高了低端环节的生产效率和技术水平,形成流程升级,提升中国制造业加工贸易出口份额,加深制造业低端位置的融入程度。但随着自身能力的提高和本国企业转型升级的要求,发展中国家转变贸易方式,通过进口技术含量高的中间产品或资本品,通过逆向研发的方式获取知识溢出,提升本国企业技术水平,增强本国企业出口的国际附加值率,深化高端参与方式的程度。

值得注意的是,当与发达国家存在过大的技术差距时,受到自身能力和技术适应性的限制,中国制造业不仅无法获取进口产品上的先进技术,反而会被进口产品挤占本土市场,产生挤出效应,只能增加研发投入进而增加自身吸收能力。在发展到一定时期,发展中国家会根据自身发展情况着力进行模仿活动,放弃自身研发活动,利用较低成本获得大量知识溢出,加速其在生产部门的技术进步,但会对行业自身研发能力产生抑制效应,降低吸收能力。随着知识溢出的积累和自身发展水平的提高,发展中国家寻求其在研发部门的发展机会时,会积极调整资源配置,向研发部门倾斜资源。同时,发达国家创新能力的提升会促进发展中国家模仿率的提高,进一步促进发展中国家技术进步。但是当发展中国家技术积累到一定水平时,发达国家感觉到威胁,会采取措施限制对发展中国家的知识溢出效应。

4.3.2 FDI渠道国际知识溢出对制造业参与全球价值链分工的影响机制

高质量外资通过技术进步效应和资源优化重组效应两种途径提升全球价值链分工地位。首先,进入东道国的外资企业成为经济发展的重要组成部分,更高质量的外资带来的高端产业领域的技术进步,能够促使竞争力提升。其次,高质量FDI带来的资金、技术、管理、信息和营销等一系列高端生产要素,产生了要素重组和资源优化配置的效应。而东道国企业在对高端产业外资企业的模仿,以及与其竞争的过程中,吸收了这些无形的知识溢出,进而进一步实现资源优化重组。基于市场型产业联动机制,本土企业不断与上下游高质量外资企业建立业务关系,FDI溢出对东道国通过前后向关联效应产生正外部性,促进东道国上下游市场规模的扩大,以及增强产品的生产能力,提高自身技术水平和管理水平,使得高端产业的技术进步更为明显,高端产业的要素集聚更为剧烈。通过模仿效应、竞争效应和关联效应机制,水平和垂直FDI渠道国际知识溢出,促进全球价值链分工地位的晋升和参与分工位置的改变。

Kee和Tang[188]认为影响一国出口中本国增加值率的主要因素之一是进口中间产品与本国中间产品的相对价格,外资是通过溢出效应改变了东道国中间产品与本国产品的相对价格。首先,外商直接投资的溢出促进国内企业的研发,能够增加市场上本国中间产品的种类和数量,降低本国中间产品的价格,使得本国生产的出口产品的成本下降,进而提升一国出口中的本国增加值率。其次,外商直接投资通过模仿效应、竞争效应和关联效应提高了本国企业生产中间产品的技术水平和生产效率,降低了本国中间产品的价格,进而提升了出口产品中本地企业的增加值空间。同时,外商直接投资的溢出促进本国企业技术水平的提高,以及本地市场上本土企业生产的中间产品的数量,增强了本地企业产品的竞争能力,使得下游厂商选择购买上游本地供应商的中间产品,减少了上游中间产品进口,降低了本国出口中外国增加值。因此,外商直接投资的溢出效应通过增强出口国内增加值率提升本国在高端环节的参与程度,通过降低出口的外国增加值率,降低东道国在低端环节的参与程度,摆脱低端锁定。

但值得注意的是,受到 FDI 动机和东道国自身吸收能力的限制,FDI 溢出效应也会抑制东道国高端环节参与程度(国内增加值率)或全球价值链分工地位,或者加深东道国在低端环节的参与程度(国外增加值率),形成低端锁定。首先,垂直型 FDI 的目的就是利用东道国的要素以提高跨国公司在全球的生产效率[189],并且由于发展中国家和发达国家的要素禀赋不对称,使得垂直型跨国公司有动机通过 FDI 将东道国锁定在低端环节,抑制东道国高端参与的能力。其次,东道国自身人力资本、研发投入和技术水平的门限效应使得 FDI 溢出效应不确定。

4.4 本章小结

综合上述,基于模仿效应、竞争效应、关联效应,以及吸收能力对知识溢出的影响,本书构建了 FDI 渠道和进口贸易渠道国际知识溢出对中国制造业参与全球价值链分工的影响机制,如图 4-7 所示。

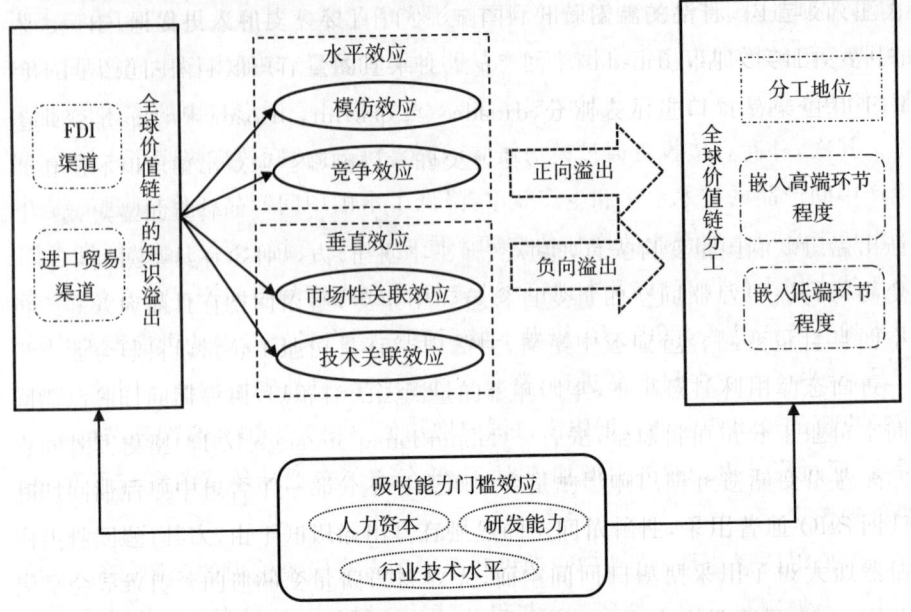

图 4-7　全球价值链上的知识溢出对中国制造业全球价值链升级影响机制

贸易商品流动过程中,通过模仿作用,发展中国家可以将固化于商品上的技术和知识转化为自身可用的知识,因此,进口贸易也能够带来溢出效应。溢出效应能够通过提高发展中国家技术水平,降低生产中间产品时可变成本,进而降低市场价格。当发展中国家中间产品的技术和市场价格达到一定水平时,发展中国家中间产品供应商能够参与到全球价值链体系中,从而获得更多的知识溢出。当发展中国家自身研发水平和溢出效应共同作用于技术进步,协同高级要素禀赋积累,促使中间产品实现技术赶超时,这样,发展中国家和发达国家就完成了在中间产品比较优势的转换,提升了发展中国家出口的全球价值链分工地位。

当发达国家向发展中国家进行对外投资时,除了能够弥补发展中国家的资本不足,还能够带来溢出效应。FDI 对东道国通过前后向关联效应产生正外部性,促进东道国上下游市场规模的扩大,以及增强产品的生产能力。基于市场型产业联动机制,本土企业不断与上下游高质量外资企业建立业务关系,提高自身技术水平和管理水平,使得高端产业的技术进步更为明显,高端产业的要素集聚更为剧烈。

第二部分　中国实践

第5章 中国制造业参与全球价值链分工现状分析

对于发展中国家来说,嵌入发达国家控制的国际分工体系以实现经济快速增长,是在当前世界经济环境下必须选择的一种发展路径,然而发展中国家参与全球价值链分工获得利益分配的同时,也面临发达国家制约导致"锁定"风险。中国制造业凭借劳动力丰裕的优势,以专业化从事组装与加工的方式参与全球价值链分工,却面临着增值能力不强和控制能力不足的被动局面。党的十九大明确提出"迈向全球价值链中高端,培育世界级先进制造业集群"的产业发展战略,《中国制造2025》计划明确提出:通过产业升级与产业结构调整,促进传统产业发展方式的改变和新兴产业技术的突破,改变中国制造业"大而不强"的局面,提升中国在国际分工中的话语权。本章通过分析中国制造业参与全球价值链分工地位与不同分工模式下的参与程度,找出中国制造业参与全球价值链分工的现状。

5.1 全球价值链地位与嵌入位置的测算

5.1.1 增加值贸易核算体系

随着中间产品成为国际贸易的主流,产品的增加值被分散在不同的国家,以最终产品为基础的贸易总值核算体系已无法反映国际专业化分工背景下国际贸易的真实情况,贸易总值核算体系一方面会高估一个国家出口贸易的国内价值,另一方面会忽略中间产品全球流动带来的"出口复进口"的可能[33]。因此,Koopman等[11,35],Wang等[36]提出的KWW多国多部门增加值贸易核算框架,通过对各个层面产品贸易的分解,说明了进口价值的来源方和出口价值的吸收方,完善了国际贸易核算体系,为国际分工的研究提供了更为准确的依据。

增加值贸易核算的关键在于分别追踪最终产品和中间产品的增加值,并将其按产品来源地和增加值吸收地一一分解。应用KWW方法可以对任何层级的出口进行分解,可以从国家汇总层面、部门汇总层面、双边汇总层面和双边部门层面对一国的贸易流量进行细致分解和分析。本章在一个 m 个国家 n 个部门投入产出模型下,诠释双面部门层面的贸易流量的分解。

如表5-1所示,在多国多部门投入产出模型中,Z 表示中间投入,Y 表示最终使用,VA 表示增加值,X 表示产出,如 z_{ij}^{GsGr} 代表的是 s 国 i 部门产出作为中间投入出口 r 国 j 部门的价值。

表5-1 多国投入产出模型

			中间使用						最终需求			总产出
		G1	Gs		Gr			Gm	G1	Gs	Gr	Gm	X
			1 2 … n		1 2 … n								
投入	G1	$Z_{n \times n}^{G1G1}$	$Z_{n \times n}^{G1S}$		$Z_{n \times n}^{G1R}$			$Z_{n \times n}^{G1Gm}$	$Y_{n \times 1}^{G1G1}$	$Y_{n \times 1}^{G1Gs}$	$Y_{n \times 1}^{G1Gr}$	$Y_{n \times 1}^{G1Gm}$	$X_{n \times 1}^{G1}$
中间投入	Gs 1 2 … n	$Z_{n \times n}^{GsGs}$	$z_{11}^{GsGs} z_{12}^{GsGs}$ $z_{21}^{GsGs} z_{22}^{GsGs}$ … $z_{n1}^{GsGs} z_{n2}^{GsGs}$	z_{1n}^{GsGs} z_{2n}^{GsGs} z_{nn}^{GsGs}	$z_{11}^{GsGr} z_{12}^{GsGr}$ $z_{21}^{GsGr} z_{22}^{GsGr}$ … $z_{n1}^{GsGr} z_{n2}^{GsGr}$	z_{1n}^{GsGr} z_{2n}^{GsGr} z_{nn}^{GsGr}		$Z_{n \times n}^{GsGm}$	$Y_{n \times 1}^{GsG1}$	$Y_1^{GsGs} Y_2^{GsGs}$ … Y_n^{GsGs}	$Y_1^{GsGr} Y_2^{GsGr}$ … Y_n^{GsGr}	$Y_{n \times 1}^{GsGm}$	$X_1^{Gs} X_2^{Gs}$ … X_n^{Gs}
	Gr 1 2 … n	$Z_{n \times n}^{RG1}$	$z_{11}^{GrGs} z_{12}^{GrGs}$ $z_{21}^{GrGs} z_{22}^{GrGs}$ … $z_{n1}^{GrGs} z_{n2}^{GrGs}$	z_{1n}^{GrGs} z_{2n}^{GrGs} z_{nn}^{GrGs}	$z_{11}^{GrGr} z_{12}^{GrGr}$ $z_{21}^{GrGr} z_{22}^{GrGr}$ … $z_{n1}^{GrGr} z_{n2}^{GrGr}$	z_{1n}^{GrGr} z_{2n}^{GrGr} z_{nn}^{GrGr}		$Z_{n \times n}^{GrGm}$	$Y_{n \times 1}^{GrG1}$	$Y_1^{GrGs} Y_2^{GrGs}$ … Y_n^{GrGs}	$Y_1^{GrGr} Y_2^{GrGr}$ … Y_n^{GrGr}	$Y_{n \times 1}^{GrGm}$	$X_1^{Gr} X_2^{Gr}$ … X_n^{Gr}
	Gm	$Z_{n \times n}^{GmG1}$	$Z_{n \times n}^{GmGs}$		$Z_{n \times n}^{GmGr}$				$Y_{n \times 1}^{GmG1}$	$Y_{n \times 1}^{GmGs}$	$Y_{n \times 1}^{GmGr}$	$Y_{n \times 1}^{GmGm}$	$X_{n \times 1}^{Gm}$
增加值	VA	$VA_{1 \times n}^{G1}$	$VA_1^{Gs} VA_2^{Gs} … VA_n^{Gs}$		$VA_1^{Gr} VA_2^{Gr} … VA_n^{Gr}$			$VA_{1 \times n}^{Gm}$					

首先,根据投入产出表产出方向的平衡关系,总产出是中间使用和最终需求之和,即:

$$\begin{bmatrix} Z^{G1G1} & \cdots & Z^{G1Gm} \\ \vdots & \ddots & \vdots \\ Z^{GmG1} & \cdots & Z^{GmGm} \end{bmatrix} + \begin{bmatrix} Y^{G1G1} & \cdots & Y^{G1Gm} \\ \vdots & \ddots & \vdots \\ Y^{GmG1} & \cdots & Y^{GmGm} \end{bmatrix} = \begin{bmatrix} X^{G1} \\ \vdots \\ X^{Gm} \end{bmatrix}$$

定义消耗系数 $A^{GsGr} \equiv Z^{GsGr}/X^{Gr}$,则:

$$\begin{bmatrix} Y^{G1G1} & \cdots & Y^{G1Gm} \\ \vdots & \ddots & \vdots \\ Y^{GmG1} & \cdots & Y^{GmGm} \end{bmatrix} = \begin{bmatrix} X^{G1} \\ \vdots \\ X^{Gm} \end{bmatrix} - \begin{bmatrix} A^{G1G1} & \cdots & A^{G1Gm} \\ \vdots & \ddots & \vdots \\ A^{GmG1} & \cdots & A^{GmGm} \end{bmatrix} \begin{bmatrix} X^{G1} \\ \vdots \\ X^{Gm} \end{bmatrix}$$

令

$$\begin{bmatrix} B^{G1G1} & \cdots & B^{G1Gm} \\ \vdots & \ddots & \vdots \\ B^{GmG1} & \cdots & B^{GmGm} \end{bmatrix} = \begin{bmatrix} I-A^{G1G1} & \cdots & -A^{G1Gm} \\ \vdots & \ddots & \vdots \\ -A^{GmG1} & \cdots & I-A^{GmGm} \end{bmatrix}^{-1}$$

矩阵 **B** 反映了国家间的 Leontief 逆矩阵，则：

$$\begin{bmatrix} X^{G1} \\ \vdots \\ X^{Gm} \end{bmatrix} = \begin{bmatrix} B^{G1G1} & \cdots & B^{G1Gm} \\ \vdots & \ddots & \vdots \\ B^{GmG1} & \cdots & B^{GmGm} \end{bmatrix} \begin{bmatrix} Y^{G1G1} & \cdots & Y^{G1Gm} \\ \vdots & \ddots & \vdots \\ Y^{GmG1} & \cdots & Y^{GmGm} \end{bmatrix}$$

那么，国家 s 出口国家 r 的中间产品则可以分解为：

$$Z^{GsGr} = A^{GsGr} X^{Gs} = A^{GsGr} B^{GrGs} Y^{GsGs} + A^{GsGr} B^{GrGs} Y^{GsGr} + A^{GsGr} B^{GrGr} \sum_C^m Y^{GrC}$$
$$+ A^{GsGr} B^{GrGr} Y^{GrGs} + A^{GsGr} B^{GrGr} Y^{GrGr} + A^{GsGr} B^{GrGr} \sum_C^m Y^{GrC}$$
$$+ A^{GsGr} \sum_C B^{GrC} Y^{GrGs} + A^{GsGr} \sum_C^m B^{GrC} Y^{CGr} + A^{GsGr} \sum_C^m B^{GrC} Y^{CC}, (C \neq s)$$
(5.1)

其次，总产出还是本国使用和出口之和，即：

$$\begin{bmatrix} A^{G1G1} & \cdots & 0 \\ \vdots & \ddots & \vdots \\ 0 & \cdots & A^{GmGm} \end{bmatrix} \begin{bmatrix} X^{G1} \\ \vdots \\ X^{Gm} \end{bmatrix} + \begin{bmatrix} Y^{G1G1} \\ \vdots \\ Y^{GmGm} \end{bmatrix} + \begin{bmatrix} E^{G1} \\ \vdots \\ E^{Gm} \end{bmatrix} = \begin{bmatrix} X^{G1} \\ \vdots \\ X^{Gm} \end{bmatrix} \quad (5.2)$$

公式(5.2)中，$E^{Gi}(i=1,2,\cdots,m)$ 为出口，且

$$E^{G1} = \sum_C^m E^{G1C}, (C \neq G1)$$

而双边贸易流量又可以分为中间产品出口和最终产品出口，即：

$$E^{G1C} = Y^{G1C} + A^{G1C} X^C \quad (5.3)$$

令 $L^{G1G1} = (I-A^{G1G1})^{-1}$，$L$ 是一国国内 Leontief 逆矩阵，则：

$$\begin{bmatrix} X^{G1} \\ \vdots \\ X^{Gm} \end{bmatrix} = \begin{bmatrix} L^{G1G1} Y^{G1G1} + L^{G1G1} E^{G1G1} \\ \vdots \\ L^{GmGm} Y^{GmGm} + L^{GmGm} E^{GmGm} \end{bmatrix}$$

国家 s 对国家 r 的中间产品出口价值可以按价值最终吸收地分为两部分，一部分中间产品被 r 国生产为最终产品并在 r 国国内消耗，另一部分中间产品经过加工后继续出口其他国家，并被其他国家吸收：

$$Z^{GsGr} = A^{GsGr} X^{Gr} = A^{GsGr} L^{GrGr} Y^{GrGr} + A^{GsGr} L^{GrGr} E^{Gr} \quad (5.4)$$

前两步对一国总产出和跨国转移进行了分解，最后，定义增加值系数 $V^{Gs} \equiv VA^{Gs}/X^{Gs}$，则完全增加值系数 **VB** 为：

$$\begin{aligned}
\mathbf{VB} &= [V^{G1} \cdots V^{Gm}] \begin{bmatrix} B^{G1G1} & \cdots & B^{G1Gm} \\ \vdots & \ddots & \vdots \\ B^{GmG1} & \cdots & B^{GmGm} \end{bmatrix} \\
&= [V^{G1} B^{G1G1} + \cdots + V^{Gm} B^{GmG1}, \cdots, V^{G1} B^{G1Gm} + \cdots + V^{Gm} B^{GmGm}] \\
&= [1, \cdots, 1] \quad (5.5)
\end{aligned}$$

VB 也可以称为总价值乘子矩阵，式中每一个元素都为 1，表示一单位产出所含的直接或间接增加值之和。以完全增加值系数为权重分解单位最终产品产出，可以按照价值来源方向将最终产品分解到不同国家和不同部门。

结合公式(5.1)(5.4)和(5.5)，Koopman 等[35]将一国出口根据价值来源地和价值吸收地分为 4 个部分：国内增加值部分(DVA)、返回国内增加值部分(RDV)、外国增加值部分(FVA)和重复计算部分(PDC)，其中重复计算部分又可以分为国内账户的重复计算(DDC)和国外账户的重复计算(FDC)即：

$$E^{GsGr} = DVA^{GsGr} + RDV^{GsGr} + DDC^{GsGr} + FVA^{GsGr} + FDC^{GsGr} \quad (5.6)$$

Wang 等[36]进一步将双边部门层面贸易流量分解十六个部分①，如图 5-1 所示：

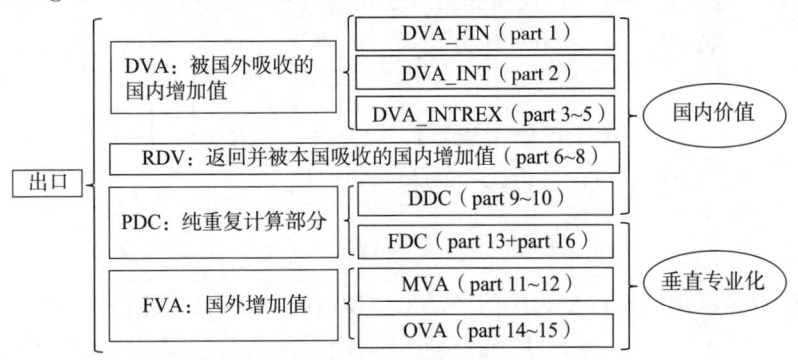

图 5-1 双边部门层面贸易流量分解

---

① 具体分解方法参考 Wang et al. (2013) "Quantifying International Production Sharing at the Bilateral and Sector Levels" 附录。

DVA(part 1~5)[①],RDV(part 6~8),DDC(part 9~10)之和是 s 国对 r 国出口中 s 国国内价值部分。其中,国内增加值(DVA)又可以分为最终产品出口的国内增加值部分(DVA_FIN,part 1),被直接进口国国内最终需求吸收的中间产品的增加值(DVA_INT,part 2)和被直接进口国生产向其他国家再出口吸收的增加值部分(DVA_INTREX,part 3~5)。

出口的外国增加值部分,即垂直专业化(VS,part 11~16)部分是 FVA(part 11~12 与 part 14-15)与 FDC(part 13 与 part 16)之和。FVA 又可以被分解为四个部分:隐含于本国最终产品出口的直接进口国增加值(part 11)和其他国家增加值(part 14),二者之和被记为 FVA_FIN;以及隐含于本国中间产品出口被进口国最终需求吸收的直接进口国增加值(part 12)和其他国家增加值(part 14),二者之和被记为 FVA_INT。隐含在出口国最终产品和中间产品出口的直接进口国增加值记为 MVA(part 11~12),其他国家增加值为 OVA(part 14~15)。

5.1.2 全球价值链地位与嵌入位置的指标测度

一国以两种分工模式参与全球价值链分工:高端参与模式与低端参与模式。

其中,高端参与模式以中间产品供应商的角色参与全球价值链分工,一国出口中间产品用于其他国家生产出口产品,生产制造并出口的产品处于"微笑曲线"的中上游高端环节。以中间产品供应商形式参与全球价值链分工的高端环节所获得的贸易增加值被定义为 VS1。从增加值层面理解其含义是"被投入进口国出口生产的一国中间产品出口中包含的本国增加值"。因此可以定义全球价值链高端环节的程度指数(VSS_F)为:参与全球价值链分工的高端环节所获得的贸易增加值与出口比例。VSS_F 指数是反映一国出口产品上游度的指标,计算方式如下:

$$VSS\_F = VS1/E = (DVA\_INTREX + RDV + DDC) \tag{5.7}$$

低端参与模式下,一国进口其他国家的中间产品用于本国生产出口产品,生产制造国际分工低端环节的产品。嵌入全球价值链低端环节获得的增加值,可以理解为本国出口中隐含的进口其他国家中间产品的价值。因此,可以

---

① 括号中的数字为 Wang et al.(2013)对总出口分解的 16 部分中对应的部分,下同。

定义全球价值链低端环节程度指数(VSS_B)为：参与全球价值链分工中被其他国家中间产品获得的价值与出口的比值。国际分工低端环节参与程度指数反映了一国出口的对外依存度。出口对外依存度越高，被外国企业控制在低端环节的可能性越大，被价值链控制者捕获的可能性越大，因此，也可用来表示一国制造业低端锁定程度。VSS_B 计算方式如下：

$$\text{VSS\_B} = \text{VS}/E = (\text{FVA} + \text{FDC})/E \tag{5.8}$$

一国根据自身比较优势，可以通过参与一个或多个环节的生产或者供应参与全球价值链分工体系。将高端环节参与程度和低端环节参与程度两者结合起来表示一国从价值链两端参与全球价值链分工的程度，是整体性描述一国参与全球价值链分工深度的指标。

$$\text{GVC\_Participation} = \text{VSS\_F} + \text{VSS\_B} \tag{5.9}$$

参与全球价值链分工程度反映的是一国融入全球价值链深度的指标。而在全球价值链分工地位则是一国获利能力的体现。比较一国某部门在中间品出口和中间品进口中的相对角色，即比较上游高端环节和下游低端环节参与全球价值链分工的程度，反映一国参与全球价值链分工的主要角色。一国在产品上游环节的比例越高，说明其在国际分工的上游高端环节获利能力越强，全球价值链分工地位越高：

$$\text{GVC\_Position} = \ln(1 + \text{VSS\_F}/E) - \ln(1 + \text{VSS\_B}/E) \tag{5.10}$$

当 GVC_Position 指数大于 0 时，高端环节参与度将大于低端环节参与度，说明一国在国际分工体系中主要以高端参与模式为主，相对处于全球价值链中高端位置，出口中本国增加值留存能力较强。反之，低端环节参与度大于高端环节参与度，则说明一国主要从事加工组装中间产品的低端环节，陷入全球价值链低端环节存在比较优势的"陷阱"，参与程度越深，提升制造业全球价值链分工地位越困难。

5.2 中国制造业嵌入全球价值链现状分析

5.2.1 数据来源与处理

2016 年 11 月份 WIOD 数据库重新发布了 2000—2014 年的国际投入产

出表,涵盖包括欧盟组织成员国、美国、中国、加拿大、巴西等主要国家(地区)以及其他国家(地区)在内的44个经济体的56个行业,其中制造业有18个[①]。本书利用WIOD数据库中2000—2014年间国际投入产出表,使用Matlab语言编程实现大型矩阵运算,分解多国多层面贸易流量,计算2000—2014年中国制造业全球价值链分工地位和参与程度。由于该数据库发布的国际投入产出表仅包含2000—2014年的数据,因此本书数据也截止至2014年。

5.2.2 中国制造业嵌入全球价值链高端环节的动态变化

1. 中国制造业嵌入全球价值链高端环节的总体水平分析

高端环节参与程度指数是一国出口产品深度的体现:以中间产品供应者的角度参与全球价值链分工的比例越高,一国中间品出口的国内价值的比例越高,制造业在高端环节的获利能力越强。因此,从国内价值角度分析一国参与全球价值链分工,关注的是一国出口的国内福利水平。出口的国内增加值主要分为三部分:DVA、RDV和DDC。DVA表示直接或者间接包含在另一国最终消费中的一国的附加值,又称为国内附加值,是一国出口国内福利的主要来源;RDV是"出口复进口"情形下一国进口产品中包含的国内价值;DDC是重复计算部分。对国内价值的分析可以体现出中国嵌入全球价值链高端环节的程度。

如表5-2所示,2000年中国制造业出口的国内增加值为16.18万亿美元,约占出口的81.8%,而2014年出口的国内增加值增长至162.05万亿美元,约占出口的82.5%,2000—2014年期间出口的国内价值的年平均增长率为18%。2002—2007年,中国出口产品中国内价值比重呈下降趋势,但与此相反的是,中国出口规模的快速增长,反映了出口规模与获利"错配",体现在中国

---

① 18个制造业行业分别为:1.食品制造、饮料及烟草加工业(D10T12/C5/13-16);2.纺织、纺织服装和服饰业及皮质物品制造业(D13T15/C6/17-19);3.木材加工和木、竹、藤、棕、草制品业(D16/C7/20);4.造纸和纸制品业(D17/C8/22);5.印刷和记录媒介复印业(D18/C9/23);6.石油加工、炼焦和核燃料加工业(D19/C10/25);7.化学原料、化学用品制造业(D20/C10/26,28);8.医药制造业(D21/C12/27);9.橡胶和塑料制品业(D22/C13/29);10.非金属矿物制品业(D23/C14/30);11.黑色及有色金属冶炼压延加工业(D24/C15/21-32);12.金属制品业(D25/C16/33);13.计算机、通信和其他电子设备制造业(D26/C17/39-40);14.电气机械和器材制造业(D27/C18/38);15.通用机专用设备制造业(D28/C19/34-35);16.汽车制造业(D29/C20/36);17.铁路、船舶、航空航天器及其他交通设备制造业(D30/C21/37)18.家具、文教、美工、体育和娱乐用品及其他制造业(D31T32/C22/21,24,41)。括号中分别为ISIC Rev.4、CPA以及GB/T 4754-2011行业代码。

快速融入国际分工体系与增值能力受限之间的矛盾。加入 WTO 后中国出口迅速扩张,但国内价值走低,其原因在于出口产品中加工贸易所占比重高于一般贸易所占比重[①],因而导致产品获利能力不高。2008 年以后,国内增加值比率回升与中间产品出口发生变化有关,出口的高端环节参与程度呈上升趋势,导致制造业出口产品国内价值留存能力在提升。

表 5-2 中国制造业整体国内增加值水平动态变化

年份	2000	2001	2002	2003	2004	2005	2006	2007	2008	2009	2010	2011	2012	2013	2014
国内增加值/万亿元	16.18	17.27	20.72	27.85	37.50	49.14	63.29	79.23	93.91	82.69	105.8	126.9	136.5	149.3	162.05
在出口中的比例															
国内增加值	0.82	0.83	0.81	0.77	0.75	0.75	0.75	0.75	0.77	0.81	0.78	0.79	0.80	0.81	0.83
DVA	0.81	0.81	0.79	0.76	0.73	0.73	0.73	0.73	0.74	0.78	0.76	0.76	0.77	0.77	0.79
RDV	0.01	0.01	0.01	0.01	0.01	0.01	0.01	0.01	0.01	0.02	0.02	0.02	0.02	0.02	0.02
DDC	0.00	0.00	0.00	0.01	0.01	0.01	0.01	0.01	0.01	0.01	0.01	0.01	0.01	0.01	0.01
VSS_F	0.12	0.12	0.12	0.12	0.12	0.12	0.13	0.12	0.12	0.13	0.14	0.14	0.14	0.14	0.15
在 VSS_F 中的比例															
DVA_INTREX	0.91	0.90	0.88	0.85	0.84	0.83	0.83	0.83	0.83	0.82	0.80	0.79	0.78	0.77	0.78
RDV	0.07	0.08	0.09	0.10	0.11	0.11	0.10	0.10	0.10	0.12	0.14	0.14	0.15	0.16	0.16
DDC	0.02	0.02	0.03	0.04	0.06	0.06	0.07	0.07	0.07	0.06	0.07	0.07	0.07	0.07	0.07

从表 5-2 中可以发现,2014 年国内增加值比重相对于 2007 年,增加了 10.2%,但相对于 2000 年却只增加了 0.8%。虽然国内价值在出口中的比重与 21 世纪初期水平持平,但内部结构却发生了很大的变化。与研究期初相比,2014 年中国制造业出口国内价值中 RDV 部分和 DDC 部分比重增加,而 DVA 部分比重减少。其中,DDC 比重在 2007 年以前呈增长趋势,而 RDV 一直处于持续增长的状态,说明中国不再局限于出口的"一次性"获利,增值能力提高,能够参与到一个产品价值链的多个环节中,在不同的环节多次获利的能力增强。

---

① 根据《中国对外贸易统计年鉴》计算而出。

进一步分析中国制造业出口中产品所获得的增加值（VSS_F）发现，2000—2014年中国制造业在高端环节参与程度呈上升趋势，说明中国制造业高端参与全球价值链分工的高端环节程度有所上升。分析其内部结构发现，DVA_INTREX的比例下降，而RDV和DDC比例上升，说明中国中间产品被不断重复投入到国际分工不同环节中，从不同生产环节中获得本国增加值。

2.中国制造业嵌入全球价值链高端环节的行业水平分析

分析行业水平可以发现，2000—2014年期间，计算机、通信和其他电子设备制造业及仪器仪表制造业（r17，以下简称电子通信及光学制造业）[①]、纺织和服装制造业（r6）、电气机械制造业（r18）是中国出口贸易额排名前三的行业；交通运输设备制造业（r20，以下简称交通运输制造业）、通用专用设备制造业（r19）以及铁路、船舶、航空航天和其他运输设备制造业（r21，以下简称其他运输设备制造业）属于出口增速较快的产业。中国出口规模的快速扩张，一些高技术产业的迅速成长引起了国际贸易摩擦，这些行业都属于贸易保护主义者攻击中国的主要目标。但值得注意的是，出口的贸易总值的核算掩盖了国家的真实获利。本部分通过对代表性行业出口增加值的分解，分析国内价值内部结构变化的趋势，发现中国不同技术水平的制造业融入全球价值链路径的差异性。

纺织和服装制造业是中国改革开放初期比较具有代表性的出口行业，属于劳动密集型产业，技术水平较低。中国依靠劳动力融入该产业的国际分工中，既符合中国比较优势，也符合行业生产环节的劳动密集度较高的要求。如表5-3所示，2000—2014年期间，中国纺织和服装制造业出口国内价值的中间产品比重略有上升，体现出中国正在通过成为中间产品提供者不断转变纺织和服装制造业的参与全球价值链分工方式。

电子通信及光学制造业（r17）是中国参与全球价值链分工体系中的主要产业，如图5-2所示，出口贸易额最大，但是，国内附加值比较少。如表5-3所示，通过国内价值结构的变动能够发现RDV和DDC部分增加，中间产品经由直接进口国生产并最终被第三国消化吸收的部分（DVA_INTRE）比重在2009年以后表现为快速上升，意味着中国逐步具备参与了国际分工多环节生产的能力。

---

① 括号中表示的是WIOD数据库对应行业代码。行业名称对应WIOD数据库英文名称结合中国2017版本国民经济行业代码（GB/T 4754-2017）进行翻译，下同。

表 5-3 2000—2014 年中国代表性行业国内价值内部结构变化

行业		2000	2001	2002	2003	2004	2005	2006	2007	2008	2009	2010	2011	2012	2013	2014
		在 DVA 中的比例														
纺织和服装制造业	DVA_FIN	0.83	0.84	0.83	0.83	0.81	0.82	0.82	0.84	0.83	0.83	0.82	0.80	0.81	0.83	0.84
	DVA_INT	0.10	0.09	0.09	0.09	0.10	0.11	0.11	0.10	0.10	0.11	0.11	0.12	0.12	0.10	0.09
	DVA_INTREX	0.07	0.07	0.08	0.08	0.08	0.08	0.08	0.07	0.07	0.06	0.07	0.08	0.07	0.07	0.07
电子通信及光学制造业	DVA_FIN	0.67	0.66	0.67	0.68	0.72	0.71	0.70	0.71	0.70	0.69	0.67	0.67	0.69	0.64	0.63
	DVA_INT	0.16	0.16	0.16	0.15	0.12	0.14	0.13	0.13	0.14	0.16	0.17	0.16	0.16	0.16	0.16
	DVA_INTREX	0.17	0.18	0.18	0.17	0.16	0.15	0.16	0.16	0.16	0.17	0.17	0.15	0.17	0.18	
基础金属制造业	DVA_FIN	0.01	0.01	0.01	0.03	0.04	0.05	0.03	0.04	0.07	0.10	0.11	0.11	0.12	0.01	0.01
	DVA_INT	0.62	0.64	0.65	0.61	0.60	0.63	0.61	0.60	0.60	0.57	0.60	0.59	0.58	0.59	0.62	0.64
	DVA_INTREX	0.37	0.34	0.34	0.35	0.36	0.35	0.37	0.37	0.36	0.29	0.30	0.31	0.29	0.37	0.34
交通运输设备制造业	DVA_FIN	0.46	0.40	0.38	0.40	0.37	0.37	0.37	0.39	0.40	0.40	0.40	0.46	0.46	0.46	0.40
	DVA_INT	0.37	0.43	0.43	0.42	0.42	0.42	0.41	0.40	0.39	0.42	0.42	0.36	0.36	0.37	0.43
	DVA_INTREX	0.09	0.09	0.11	0.07	0.08	0.09	0.07	0.08	0.08	0.07	0.05	0.04	0.05	0.04	0.09	0.09
其他运输设备制造业	DVA_FIN	0.75	0.75	0.69	0.80	0.76	0.72	0.78	0.79	0.76	0.85	0.90	0.87	0.88	0.75	0.75
	DVA_INT	0.16	0.16	0.20	0.13	0.16	0.19	0.14	0.13	0.15	0.10	0.07	0.09	0.08	0.16	0.16
	DVA_INTREX	0.02	0.02	0.02	0.02	0.02	0.02	0.03	0.03	0.04	0.04	0.04	0.05	0.05	0.02	0.02

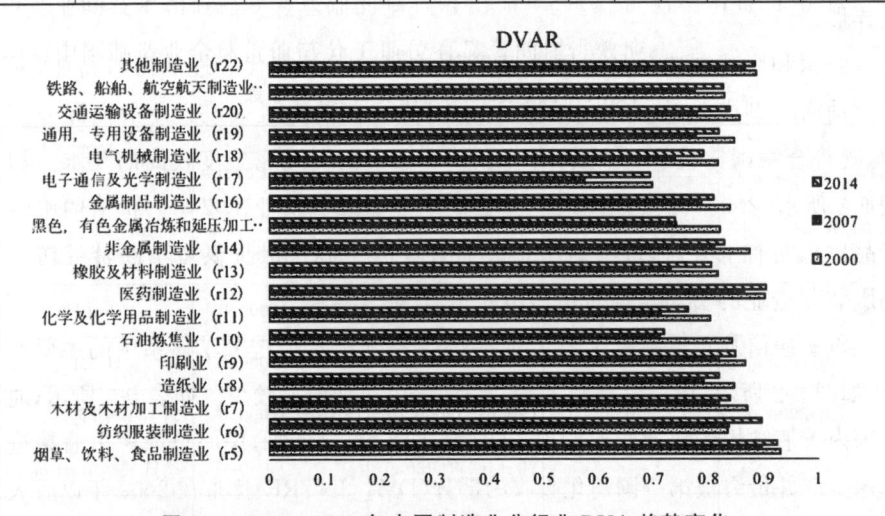

图 5-2 2000—2014 年中国制造业分行业 DVA 趋势变化

以钢铁产业为主的金属制造业,是资本密集型工业制成品和资源密集型的代表性行业,是国外对中国施行反倾销的主要对象。通过剖析这一类型工业制成品行业的出口贸易内部结构可以发现,最终产品出口价值比例相对较低,仅为10%,而中间产品出口价值在60%左右,说明中国作为最主要的铁矿石消费国和最大的粗钢出口国,通过进口原材料加工成初级工业制成品,以为其他国家高附加值产品提供中间产品的方式参与全球价值链分工。

中国装备制造业中,其他运输设备制造业(r21)、交通运输制造业(r20)以及电气机械制造业(r18)是出口中国外价值比例较高的产业,且都属于技术密集的制造业。这些产业技术流程相对复杂、模块化生产水平较高,属于价值链分割程度较高的产业[48],存在大量的多国间往复中间产品贸易,因此如果一国的比较优势集中于最终产品的输出,并且包含了较高比例的国外价值,则意味着一国处于国际分工低端的地位。如表5-3所示,中国技术密集型产业的出口中包含了较多的进口中间投入,并且出口中DVA_INTRE的比例都比较小,参与中间产品在多国往复贸易的程度较低,说明中国参与全球价值链分工的主要方式为承接加工其他国家最终消耗的较为靠后的下游生产,没有形成其他国家再出口,比较优势环节仍是劳动密集型的组装环节。

5.2.3 中国制造业嵌入全球价值链低端环节的动态变化

1. 中国制造业嵌入全球价值链低端环节总体水平分析

如表5-4所示,2000—2014年期间,中国制造业出口总值从19.77万亿美元上升至196.36万亿美元,平均年增长率为17.82%,制造业出口中包含的国外价值从3.59万亿美元上升至34.31万亿美元,平均年增长率为17.50%,VSS呈现前期快速增长后期缓慢下降的趋势。

表5-4 中国制造业整体出口国外价值水平动态变化　　单位(万亿美元)

	2000	2001	2002	2003	2004	2005	2006	2007	2008	2009	2010	2011	2012	2013	2014
出口总值(E)	19.77	20.92	25.65	35.96	50.21	65.63	84.31	105.8	122.6	102.5	135.0	161.2	170.4	185.2	196.36
国外价值(VS)	3.59	3.64	4.94	8.11	12.71	16.49	21.03	26.56	28.68	19.83	29.16	34.30	33.86	35.92	34.31
在出口中的比例															
VSS	0.18	0.17	0.19	0.23	0.25	0.25	0.25	0.25	0.23	0.19	0.22	0.21	0.2	0.19	0.18
在VS中的比例															
FVA_FIN	0.63	0.63	0.63	0.63	0.61	0.62	0.60	0.60	0.58	0.60	0.57	0.55	0.56	0.53	0.52
FVA_INT	0.22	0.22	0.22	0.21	0.21	0.22	0.22	0.22	0.24	0.24	0.24	0.26	0.26	0.26	0.29
FDC	0.15	0.15	0.16	0.16	0.18	0.17	0.18	0.18	0.19	0.16	0.18	0.19	0.19	0.19	0.20
Part15	0.19	0.19	0.19	0.19	0.19	0.19	0.19	0.19	0.20	0.21	0.21	0.22	0.23	0.23	0.19

2001年,中国加入世界贸易组织,促进了出口贸易的快速增长,国外价值比重出现了显著提高。2001—2004年期间,外国价值比重平均年增长率为13.27%。2004年以后,中国出口中国外价值比例增长的幅度放缓,2005—2007年期间维持在25%左右的水平,这一阶段是中国出口贸易的黄金期,充分利用中国劳动力比较优势发展加工贸易,促进出口快速增长。2008年全球金融危机爆发,国际市场紧缩,"出口导向型"产业出口受阻,导致2009年无论是出口还是出口中的国外价值都呈现大幅度下降。金融危机对中国对外贸易的转型升级造成了一定的阻碍[10],虽然全球贸易市场复苏,中国出口贸易也逐步恢复,但这一冲击一直持续到2012年。2012年以后中国制造业出口中的国外价值比例开始呈现下滑趋势,说明中国对外贸易结构开始向高附加值方向升级。

整体上,中国制造业参与全球价值链分工的程度比较深,出口贸易中隐含的属于其他国家的价值比例较高,其中隐含在中国制造业出口中,其他国家价值排名前三的国家为美国、日本和韩国,占比分别为15.8%,7.7%和4.8%。2000—2007年期间,中国制造业进口大量中间产品,经过国内加工后又大量出口到海外,借助这一过程中国迅速积累了生产能力,但也反映出中国依靠比较优势"被动"参与到全球价值链低端环节的程度较深。低端环节参与程度越高说明对国外中间产品的依赖度也越大,被"俘获"的可能性也越大。2008—2014年,受到内外部环境变化的影响,中国制造业整体低端参与程度有所减弱,VSS_B出现了先升后降的变化:一方面由于中国产业转型升级,参与全球价值链分工的方式出现变化,主动寻求高端参与方式的机会,减少了对中间产品进口的依赖;另一方面由于全球范围内的产业转移和发达国家再工业化导致全球分工体系出现变化,发达国家重新布局引发投资回流,中国一部分比较优势产业被分流,东南亚、印度以及墨西哥等地区逐渐成为重要的承接加工贸易的国家。

进一步分析出口国外价值的内部结构的动态变化过程,如表5-4所示,中国出口的国外价值中,最终产品的比例在逐年减少,而中间产品和重复计算的比例都有所上升,说明国际分工低端环节参与程度的降低主要是由于最终产品出口比重下降造成的。中间产品和重复计算部分比重,尤其是part15(中间产品出口中包含的进口第三国家中间产品的价值)比例的提高,说明中国制造业生产环节的复杂性增强,生产的中间产品能够经过多次跨国生产再出口,意味着中国从中间产品主要进口国向出口国地位转变。

2.中国制造业嵌入全球价值链低端环节程度的行业水平分析

2000—2014年期间,黑色及有色金属冶炼和延压加工业(r15)、烟草、饮料、食品制造业(r5)以及纺织、服装制造业(r6)是中国出口贸易额排名前三的行业[①]。黑色、有色金属冶炼和延压加工业(r15)、烟草、饮料、食品制造业(r5)以及化学及化学用品制造业(r11)是出口中包含国外价值排名前三的行业。出口中国外价值比例排名前三的产业则是其他交通运输设备制造业(r21)、计算机、通信和其他电子设备制造业及仪器仪表制造业(r17)、交通运输制造业(r20)。

纺织及服装制造业受到国际产业转移的影响比较明显,中间产品进口受阻(如图5-3所示)是唯一一个出口中国外价值比例在2007年呈现下降的行业。2014年纺织及服装制造业出口中仅有9%的国外价值。随着新一轮国际分工的调整和中国产业升级,中国纺织及服装制造业参与全球价值链分工的模式也在发生变化,如表5-5所示,2000—2014年期间,纺织及服装制造业出口的外国价值中最终产品比例持续下降,出口的国外价值的中间产品比重都略有上升,体现出中国纺织和服装制造业通过成为中间产品提供者,不断提升其在国际分工中的地位。

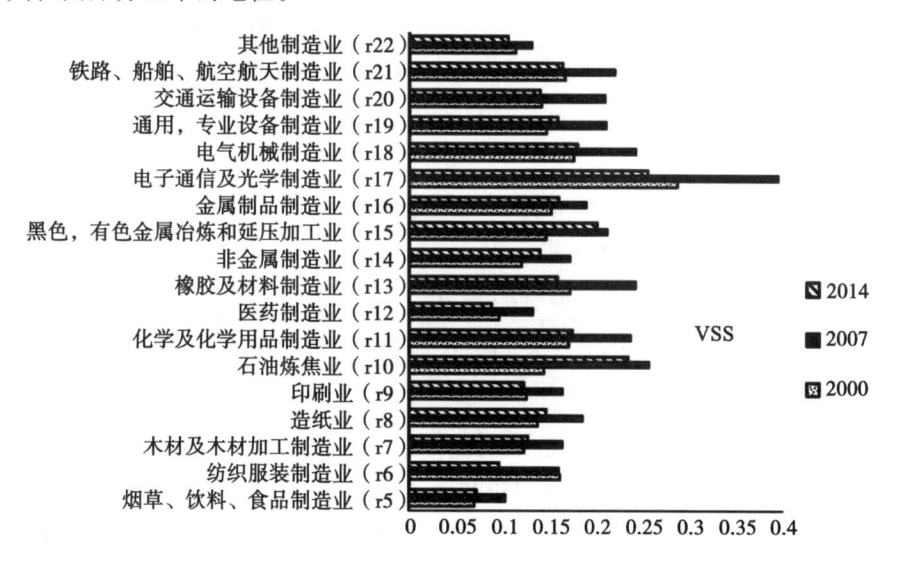

图5-3 2000—2014年中国制造业分行业VSS趋势变化

---

① 具体数据见附录表B。

如图 5-3 所示,电子通信及光学制造业是中国参与全球价值链分工体系中的主要产业,出口贸易额最大,但是获取的利益比较少。如表 5-5 所示,电子通信及光学制造业出口的国外价值比例波动幅度最大,且总体表现为下降趋势,其中 VSS 迅速下降的原因来自最终产品出口的国外价值骤减,同时中间产品出口的国外价值比例和重复计算部分比例相应的提高缓解了 VSS 下降的幅度。2000—2007 年期间 FDC 占比增加速度较快,而 FVA_INT 在 2007 年以后所占份额逐渐增加。中国电子通信及光学制造业出口中隐含的外国价值比例的减少说明中国企业经历了由快速融入全球分工体系向提高高端参与模式的转变。

表 5-5 2000—2014 中国代表性行业国外价值内部结构变化

行业	%	2000	2001	2002	2003	2004	2005	2006	2007	2008	2009	2010	2011	2012	2013	2014
							在 VSS 中的比例									
纺织和服装制造业	FVA_FIN	0.83	0.84	0.82	0.82	0.81	0.82	0.82	0.83	0.83	0.83	0.82	0.80	0.79	0.79	0.79
	FVA_INT	0.09	0.09	0.09	0.09	0.10	0.11	0.10	0.10	0.10	0.11	0.11	0.12	0.12	0.13	0.13
	FDC	0.08	0.08	0.08	0.08	0.09	0.08	0.08	0.07	0.07	0.06	0.07	0.08	0.08	0.08	0.08
电子通信及光学制造业	FVA_FIN	0.67	0.66	0.66	0.67	0.69	0.69	0.68	0.68	0.67	0.67	0.63	0.63	0.65	0.60	0.60
	FVA_INT	0.16	0.16	0.16	0.15	0.12	0.13	0.13	0.13	0.14	0.15	0.16	0.16	0.15	0.19	0.19
	FDC	0.17	0.18	0.18	0.18	0.20	0.18	0.19	0.19	0.19	0.20	0.18	0.20	0.20	0.20	0.21
基础金属制造业	FVA_FIN	0.01	0.01	0.01	0.03	0.04	0.05	0.03	0.04	0.07	0.10	0.10	0.10	0.12	0.11	0.09
	FVA_INT	0.62	0.64	0.63	0.60	0.55	0.57	0.57	0.57	0.54	0.59	0.55	0.54	0.55	0.55	0.57
	FDC	0.37	0.35	0.35	0.37	0.41	0.38	0.40	0.40	0.40	0.40	0.31	0.34	0.36	0.34	0.34
交通运输制造业	FVA_FIN	0.37	0.43	0.43	0.42	0.41	0.42	0.41	0.40	0.39	0.43	0.40	0.36	0.36	0.38	0.38
	FVA_INT	0.47	0.41	0.38	0.40	0.36	0.37	0.37	0.38	0.37	0.40	0.40	0.45	0.45	0.42	0.42
	FDC	0.16	0.16	0.18	0.18	0.22	0.22	0.22	0.22	0.22	0.17	0.21	0.19	0.19	0.20	0.20
其他运输设备制造业	FVA_FIN	0.76	0.76	0.69	0.80	0.75	0.72	0.78	0.79	0.76	0.85	0.89	0.86	0.87	0.84	0.77
	FVA_INT	0.16	0.16	0.20	0.13	0.15	0.19	0.14	0.13	0.15	0.10	0.07	0.10	0.08	0.10	0.15
	FDC	0.08	0.08	0.10	0.07	0.09	0.10	0.08	0.08	0.09	0.05	0.04	0.05	0.04	0.06	0.08

中国装备制造业中,其他运输设备制造业(r21)、交通运输制造业(r20)以及电气机械制造业(r18)是出口中国外价值比例较高的产业,且都属于技术密集的制造业。如果一国的比较优势集中于最终产品的输出,并包含了较高比例的国外价值,意味着一国处于国际分工低端环节。如表 5-5 所示,第一,中国技术密集型产业的出口中包含了较多的进口中间投入;第二,中国中高技术产业的出口中的 FDC 比

例比较小,参与中间产品在多国往复贸易的程度较低,说明中国参与全球价值链分工的主要方式,为承接加工其他国家最终消耗的较为靠后的下游生产,没有形成对其他国家再出口,比较优势环节仍是劳动密集型的组装环节。

通过对比其他运输设备制造业(r21)和交通运输制造业(r20)出口价值的内部结构能够发现:核心环节技术密集程度越高的产业,中国最终产品的出口价值比重越高。其他运输设备制造业(r21)最终产品的出口价值比重一直维持在70%~80%,而交通运输制造业(r20)在30%~40%之间,说明技术密集程度越高的行业,中国在参与全球价值链分工时的起点就越低,并且存在被锁定的风险。综上所述,各个行业由于行业性质不同,国外价值内部结构的动态变化也不相同。伴随着全球性的产业转移,纺织服装业等劳动密集型低技术产业出口的国外价值减少,国内价值增多;金融危机后,全球价值链分工体系的变动对中国电子信息相关产业从加工贸易组装环节造成了巨大的冲击。由此可见,加工贸易虽然对中国快速增长起到了支撑作用,但由于技术壁垒低,对外依存度高,受到国际市场风险波及的可能性较大。资本密集型的工业制成品,多以出口初级工业制成品为主,产业出口的外国增加值比例逐年增加,且中间产品隐含的外国增加值比例较高,产品附加值水平较低。以装备制造业为代表的中高技术密集型产业则面临被锁定在低端环节的风险,中国制造业低端参与程度明显高于高端参与程度,但两者差距逐渐缩小,最终产品的出口价值高于中间产品出口价值,说明中国制造业由于技术水平落后,只能凭借劳动的比较优势从事加工组装的生产环节,位于国际分工的下游位置。2012年以后,装备制造业中间产品出口价值比重,尤其是国内价值中,中间产品的出口价值比重上升,说明参与全球价值链分工的模式发生了明显的变化,中国产业升级的成果也逐渐体现在对外贸易当中。

5.2.3 中国制造业参与全球价值链分工地位与参与程度的动态变化

1. 中国制造业全球价值链分工地位和参与程度总体水平分析

如图5-4所示,2000—2014年间,中国制造业国际分工参与程度从0.301上升到0.323,提高了7.3个百分点;而全球价值链分工地位从-0.054上升到-0.022,提高了59.3个百分点。以2007年为转折点,中国制造业国际分工参与程度的变化曲线呈现为先升后降的倒"V"形,而全球价值链分工地位变化曲线则表现为先降后升的"V"字形。分析中国制造业国际分工参与程度的动力机制可以发现,国际分工参与程度与低端环节参与程度形状一致,两者相关系数为0.94,但与高端环节参与程度的相关系数仅为0.03,说明中国主要以低端环节参与模式参与全球价值链分工,依靠劳动比较优势从事加工组装进口中间产品。但以2009年为分界线,中国制造业高端环节参与程度上升。高端环节参与程度的上升具有向上拉动中国制造业国际分工参与程度的作用,但不足以弥补低端环节参与程度逐渐下降的幅度,导致中国参与全球价值链分工程度下降。全球金融危机的爆发对中国进出口贸易造成了巨大的冲击,但同时为中国制造业提供了转变参与模式的契机。通过产业升级增强中国产业技术密集环节的创新能力和产品增值能力,减少对进口中间产品的依赖,提高了中国出口中间产品的比重,促进从嵌入全球价值链低端环节向嵌入全球价值链高端环节的模式转变。

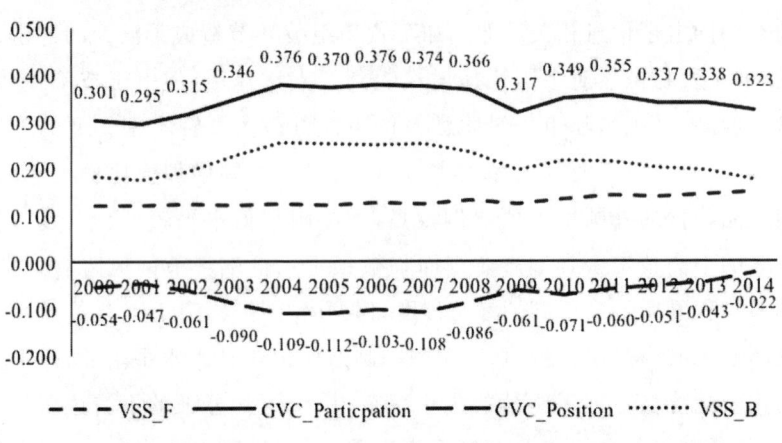

图 5-4 2000—2014 年中国制造业全球价值链嵌入地位变化

2000—2009年中国制造业全球价值链分工地位与国际分工参与程度指标的相关系数为-0.97,2010—2014年则为-0.90,说明以2008—2009年金融危机为拐点,中国国际分工参与程度与全球价值链分工地位之间的负相关性减弱,从初期以牺牲分工地位为代价,利用比较优势迅速并深入参与垂直专业化分工,获得要素的积累阶段,通过产业升级,逐步向高端参与全球价值链分工的方式转变。

2.中国制造业全球价值链分工地位和参与程度行业水平分析

综合分析2000—2014年期间中国制造业的全球价值链分工参与程度与分工地位两项指标动态变化水平发现,中国制造业全球价值链分工地位与参与程度的变动具有行业差异性:中国18个制造业行业中有13个行业的参与度和全球价值链分工地位均有所提高；纺织、服装制造业(r6)和电子通信及光学制造业(r17)只有全球价值链分工地位单一指标的提高；木材及木材加工制造业(r7)仅参与程度的单一指标提高；基础金属制造业(r15)和其他运输设备制造业(r21)的参与度和全球价值链分工地位都有所下降。如图5-5所示，本书选取了一些代表性行业，具体分析其融入全球价值链体系程度及地位变化趋势。

(1)纺织和服装业

2000—2014年期间，纺织和服装业(r6)的国际分工参与程度从0.227下降至0.173，下降了24.1%，落后于中国制造业平均水平；但国际地位上升了79.8%，2004年以后超过中国制造业全球价值链分工地位平均水平。纺织和服装业在全球价值链分工地位上升的动因在于，高端参与程度上升了14.9%，同时低端环节参与程度则下降了40.4%，两者差距逐渐缩小，说明中国的纺织服装业通过向国际分工核心环节的中间产品的转型方式，实现了分工地位的攀升。

(2)电子通信及光学制造业

中国电子通信及光学制造业(r17)的国际分工参与程度呈先升后降的趋势，而全球价值链分工地位则相反，呈现出先降后升的形状，上升了40.4个百分点。两者相关系数为-0.94，为显著的负相关关系，说明中国电子通信及光学制造业参与全球价值链分工的起点比较低，参与程度越深越容易被发达国家"俘获"在低端环节。2007年以后，国际分工参与程度逐渐下降，全球价值链分工地位显著上升，对比内部结构可以发现，高端参与程度上升了21.4%，提升了电子通信和光学制造业在全球价值链上的位置，而低端环节参与程度则下降了11.03%，降低了对国外中间产品的依赖性，逐渐转变"大进大出，两头在外"的行业发展现状。

(3)交通运输制造业

交通运输制造业(r20)和其他运输设备制造业(r21)都属于设备制造业类型的高技术产业，以生产者为驱动核心，高附加值环节为研发和设计环节，而生产制造则属于附加值相对较低的环节，但是两个行业的发展状况截然不同。首先，2000—2014年期间，交通运输制造业参与全球价值链分工程度平均水平为0.340，分工地位指标在0附近徘徊，属于中国制造业中较高的行业，而其他运输设备制造业虽然出口规模快速扩张，但国际分工参与程度和地位偏低，低于中国制造业整体水平；其次，交通运输制造业参与全球价值链分工的程度和地位都有所提高，而其他运输设备制造业的双项指标均有所下降。

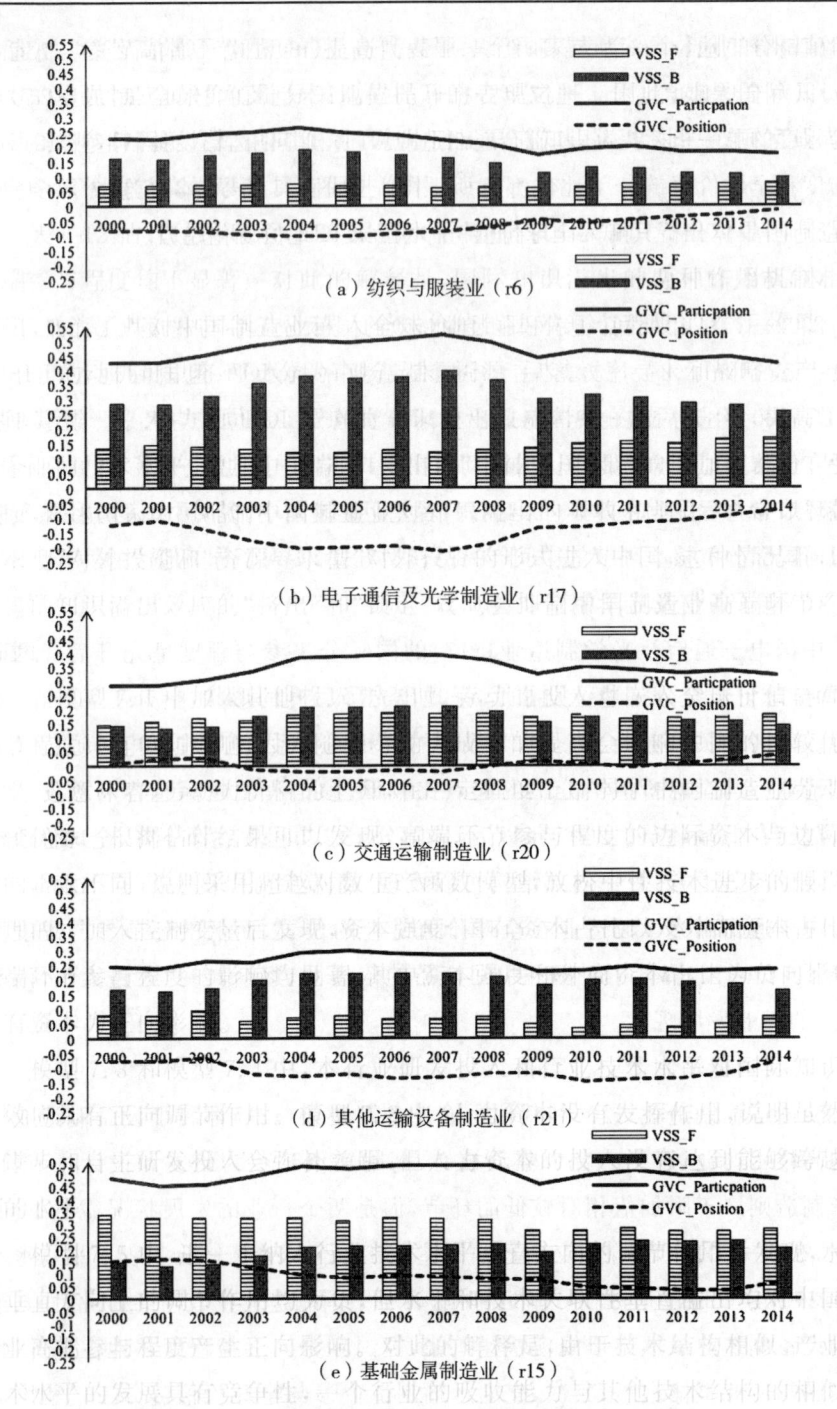

图 5-5　中国制造业代表性行业全球价值链分工地位

(a) 纺织与服装业 (r6)

(b) 电子通信及光学制造业 (r17)

(c) 交通运输制造业 (r20)

(d) 其他运输设备制造业 (r21)

(e) 基础金属制造业 (r15)

分析两者差异时可以发现,主要原因是两者的高端参与程度差距较大。交通运输制造业平均 VSS_F 水平是其他运输设备制造业的 2.7 倍,而平均 VSS_B 是其他运输设备制造业的 0.89 倍,说明中国交通运输制造业处于价值链中间位置,而其他运输设备制造业是以加工组装的低端参与全球价值链。2014 年中国交通运输制造业 FDI 企业固定资产投资为 1396 亿元,是跨国公司在亚太区域的生产中心,通过吸收 FDI 以及 FDI 技术溢出,行业的生产能力充分发展,但核心环节仍然缺乏竞争力。而其他运输设备制造业作为高技术新兴产业具有产业链条长、生产环节多的特点,中国虽然在高铁、船舶及航空航天器领域取得了突破,但与发达国家相比仍存在技术差距,因此,只能通过从事下游生产环节参与全球价值链分工。

(4)金属制造业

中国基础金属制造业(r15)一直以来都是以行业中间产品出口,国际分工参与程度略有下降,但全球价值链分工地位下降幅度较大,主要是因为高端参与程度的降低。由于世界范围内的钢铁产能过剩,以中国为目标的钢铁和铝制品的反倾销案例逐渐增多,上游环节的出口压力较大,高端参与程度降低。

5.3 本章小结

本书基于贸易增加值核算框架,利用 WIOD 数据库国际投入产出表分解了 2000—2014 年多国多部门贸易流量,测算中国制造业参与全球价值链分工程度和分工地位,真实反映中国制造业参与全球价值链分工的水平。研究发现,由于中国制造业没有掌握核心技术,主要依靠劳动比较优势生存于国际分工低端环节,出口获利能力有待提高。长期坚持推进制造业转型升级,中国制造业价值链升级效果逐步凸显。随着要素禀赋的动态变化,中国制造业参与全球价值链分工的广度和深度均有所提高,出口对外依存度降低,增值能力提升。劳动密集型产业转型升级效果较好,显示出获利能力增强以及全球价值链分工地位的攀升良好态势。但技术密集型产业升级效果甚微,与发达国家仍存在较大技术差距,生存空间较为狭窄,面临被锁定在低端环节的风险。

第6章　知识溢出对中国制造业全球价值链地位和参与程度的影响

中国凭借丰裕的劳动力要素融入了国际分工体系,吸引着FDI的进入以及跨国实物贸易的扩大。以知识溢出为影响机制,FDI和进口贸易通过促进中国制造业企业技术进步,提升了中国制造业企业全球价值链分工地位[190,191],然而中国制造业企业整体技术水平与生产能力提升速度并没有与之匹配,对资本、劳动以及资源的依赖还导致了资源短缺和环境恶化问题[192]。由于知识溢出的过程本身是一个非自主的过程[193],使得吸收能力成为中国利用国际知识溢出的先决条件[98]。纳入吸收能力这一影响因素,考察哪种国际知识溢出渠道和途径能够促进中国制造业全球价值链分工地位晋升。并进一步寻找国际知识溢出的有效机制,对应对贸易保护主义抬头和发达国家投资回流趋势,在国际贸易新形势下抓住国际分工格局变动的机遇,实现全球价值链分工地位晋升具有重要意义。

6.1　全球价值链上知识溢出的测度

6.1.1　全球价值链上知识溢出测度方法

一国在全球价值链上获得的知识溢出也可以叫作国际知识溢出。国际知识溢出的渠道可以以有形的商品为媒介,抑或是通过无形的人力资本的流动来实现[194]。流动的人力资本通过知识溢出方和吸收方劳动人员在生产经营环节中的互动活动,带来隐性知识的扩散,实现了知识溢出。但由于跨国人员的流动无法被准确测度,因此本书所研究的知识溢出不包括此部分,只研究以有形的商品为媒介。这种国际知识溢出的测度可以通过物态化的形式来衡量。输入型FDI、输出型FDI、进口、出口是国际知识溢出的主要来源渠道,而发展中国家通过外商直接投资(FDI)、进口装备和中间投入品的方式参与全球价值链分工,因此本书选择进口贸易和FDI渠道作为国际知识溢出的主要来源。

知识溢出是通过水平和垂直两个途径实现了溢出效应,因而对其研究分别用了4个指标(详见表6-1)来衡量,以便区分国际知识溢出的不同来源渠道和不同作用途径。

表6-1 国际知识溢出渠道与途径

溢出途径	来源渠道	
	进口贸易	FDI
水平溢出	$\text{intrasp}_i^{\text{trade}}$	$\text{intrasp}_i^{\text{FDI}}$
垂直溢出	$\text{intersp}_i^{\text{trade}}$	$\text{intersp}_i^{\text{FDI}}$

1. 不同渠道的国际知识溢出的测算方法

在测算国际知识溢出时,离不开对知识溢出来源国R&D存量的估算。目前主要有两种估算方法,一是Coe和Helpman的方法,另一个是Lichtenberg和Pottelsberghe的方法,两种方法的差异在于对权重组合的构建方式不同。本书借鉴Lichtenberg和Pottelsberghe方法采取的权重组合方式。

(1)进口贸易渠道

测算通过进口贸易渠道流入中国的国际知识溢出,以溢出国行业出口贸易额占分行业总产值的比例为权重,对贸易国R&D存量做加权和,最后得出中国获得的分行业的国际知识溢出,即:

$$\text{sp}_{it}^{\text{trade}} = \sum_{c=1}^{q} \frac{m_{ict}}{\text{output}_{ict}} \times R_{ict} \qquad (6.1)$$

式中,q表示贸易国的个数,i表示产业,c表示国家,t表示年份,$\text{sp}_{it}^{\text{trade}}$表示$t$年中国$i$产业通过进口贸易渠道获得的知识溢出;$m_{ict}$表示$t$年由$c$国$i$行业对中国的出口贸易额;$\text{output}_{ict}$表示$t$年$c$国$i$产业的行业总产值;$R_{ict}$表示$t$年$c$国$i$行业的R&D资本存量。

(2)FDI渠道

在测算通过FDI渠道流入中国的知识存量时,由于无法获取分行业分国别FDI数据,本书了借鉴蔡伟毅和陈学识[107]对国际知识溢出的分解方法,首先计算通过FDI渠道溢出的R&D资本存量总量(以对中国FDI投资在本国

国内总产值比例为权数),然后以各行业利用的 FDI 在全行业的占比为比例,将其分解到各个行业,即:

$$\text{sp}_{it}^{\text{FDI}} = \left(\sum_{c=1}^{q}\frac{\text{fdi}_{ct}}{\text{GDP}_{ct}}\times R_{ct}\right)\times\frac{\text{FDI}_{it}}{\text{TFDI}_{t}} \tag{6.2}$$

式中,$\text{sp}_{it}^{\text{FDI}}$ 表示 t 年中国 i 产业通过 FDI 渠道得到的国际知识溢出;fdi_{ct} 表示 t 年中国实际利用 c 国 FDI 投资额;GDP_{ct} 表示 c 国 t 年国内生产总值;R_{ct} 表示 c 国 t 年 R&D 资本存量;TFDI_{t} 为 t 年中国制造业全行业 FDI 企业固定资产投资总额;FDI_{it} 为 t 年中国 i 产业 FDI 企业固定资产投资额。

2.不同途径的国际知识溢出的测算方法

来源于进口贸易和 FDI 的国际知识溢出,其产生效应的途径分别也有两条,即水平溢出效应和垂直溢出效应,由于两种知识溢出途径的作用机制不同,测算方式也不同。

(1)水平测算方法

水平溢出行业内溢出也称。在测量水平溢出效应时,由于 FDI 和进口贸易渠道的溢出机制不同,因此测算方法也不一致。

①进口贸易渠道。我们都知道,进口贸易中的商品既包括参与本行业或其他行业生产的中间产品,也包括参与市场竞争的最终产品,所以只好用产业对投入的直接消耗系数来表征进口贸易产品中流入本产业的部分,并以此为权重度量通过进口贸易渠道流入本国的知识存量,即:

$$\text{intrasp}_{it}^{\text{trade}} = a_{ii}\times\text{sp}_{it}^{\text{trade}} \tag{6.3}$$

式中,$\text{intrasp}_{it}^{\text{trade}}$ 表示通过进口贸易渠道产生的水平溢出效应,a_{ii} 表示该产业的直接消耗系数。直接消耗系数 a_{ii} 是产业 i 生产过程中作为生产要素直接消耗本产业的产出(x_{ii})占本产业总投入(Y_i)的比例。

②FDI 渠道。同一产业的 FDI 企业可以以实物投资或者资本投资的形式直接进入吸收方,因此 FDI 水平知识溢出的知识存量为 $\text{sp}_{it}^{\text{FDI}}$,即:

$$\text{intrasp}_{it}^{\text{FDI}} = \text{sp}_{it}^{\text{FDI}} \tag{6.4}$$

(2)垂直溢出测算方法

测算产业吸收的产业间知识溢出,即垂直知识溢出时,大多数学者都采用 Terleckyj[195] 提出的"Borrowed R&D"的思想,以其他产业知识要素存量的加权和来表征一个产业获得的垂直知识溢出。但随着近年来空间计量经济学的发展,结合知识的空间性质,空间计量经济学在知识溢出研究上的应用为行业间知识溢出的测算提供了一个新的思路。吴玉鸣[196]是国内最早将空间计量经济学引入知识溢出效应测度的学者,他通过构建中国省域空间距离的模型,运用空间滞后模型和空间误差模型,对中国省域研发对创新的溢出效应进行验证。本书应用空间计量经济学的方法,通过构建不同的空间权重矩阵,测算和验证不同垂直溢出机制下的国际知识溢出。

产业的垂直溢出效应可以分为产业技术关联性溢出效应和市场性溢出(前向关联效应和后向关联效应),两者权重矩阵的构建方式是不同的。产业技术关联性溢出是投入产出结构相似的产业之间创新活动的相互影响,垂直溢出效应水平与产业间投入产出结构相似性程度相关,投入产出结构越相似,产业间技术流动的距离越小,产生垂直溢出效应的可能性就越大,因此,可以用产业间技术流动距离作为权重来衡量垂直溢出效应。而市场性溢出是以产业间前后关联为基础的,通过向上游产业购买产品或者向下游产业销售产品,依托产品的流动获得其他产业的知识溢出,因此,可以用产业间投入产出关系作为权重。具体的权重矩阵构建方法将在空间计量模型设置部分具体说明。

6.1.2 垂直溢出与空间权重矩阵

本部分用空间相关性表示行业间垂直溢出效应。Anselin[197]选择用空间权重矩阵方法表示空间相关性。空间权重矩阵有三种表示形式:一是以格网表示的连接矩阵;二是二进制连接矩阵;三是一般形式的空间权重矩阵。格网矩阵中,上下左右相邻的单元放在相邻的格网格中。二进制连接矩阵将空间网络转化为二进制表示的连接矩阵,矩阵元素为 1 表示两个单元相邻,0 表示不相邻。空间权重矩阵常被标准化为每行元素之和为 1。一般形式的空间权重矩阵中空间距离常用其倒数或其负指数形式。除此之外空间权重矩阵还可以表示经济距离、相邻边界的长度、空间单元面积、交通便利程度等。产业之间距离的不同,空间依赖性就会不同,所以在设置产业空间权重矩阵时,应选择能更好表达产业之间"距离感"的指标。

国际知识垂直溢出分为技术关联性溢出以及市场关联性溢出,市场关联性溢出又包含前向关联性和后向关联性溢出效应。如图 6-1 所示,本书定义知识溢出"前向关联效应"是上游行业企业作为前向关联企业的知识流动,对下游行业企业的拉动作用,$\omega_{n,ij}^{forward}$ 是知识溢出的前向关联效应的产业空间权重矩阵,着重衡量伴随上游外资企业或者进口企业产品的投入而产生的。知识溢出的"后向关联效应"体现的是下游行业流动的知识,对上游行业企业的推动作用,$\omega_{n,ij}^{backward}$是获得的知识溢出的后向关联效应的空间权重矩阵,重点表达内资企业为下游外资企业或者进口企业提供中间产品。$\omega_{n,ij}^{inter}$是测度产业间技术关联性知识溢出效应的技术相似度空间权重矩阵,是一种不具有"方向感"的垂直知识溢出,测度的是相似的产业之间创新活动的相互影响。

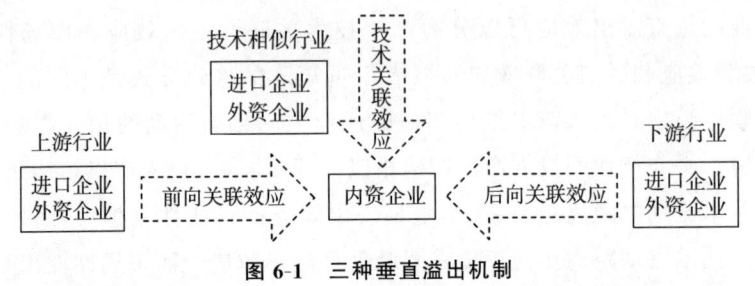

图 6-1 三种垂直溢出机制

1.前向关联效应和后向关联效应空间权重矩阵的设置

产业间存在着"非对称性技术溢出"这一现象,即由于跨国企业对本地企业的"需求锁定",使得前向关联产业知识溢出不明显,而后向知识溢出效应却十分显著[139]。鉴于此,本书将纵向产业链进一步细分为前向关联产业间的垂直知识溢出效应和后向关联产业间的垂直知识溢出效应,以便能够更加细致地描述国际知识溢出对产业升级的影响。

知识溢出的后向关联效应表示下游外资企业或者进口企业对上游内资企业产生的知识溢出效应。直接消耗系数、完全消耗系数和影响力系数则表示与上游产业的关联程度。知识溢出的前向关联效应表现上游外资企业或者进口企业对下游内资企业产生的知识溢出效应。通常表示与下游产业关联关系的系数有直接分配系数、完全分配系数和感应力系数。本书分别运用完全分配系数和完全消耗系数来表示内资企业作为前向关联产业和后向关联产业与下游外资企业(进口企业)和上游外资企业(进口企业)的关联程度,据此构造了后向关联效应空间权重矩阵和前向关联效应空间权重矩阵。

(1)前向关联效应空间权重矩阵的设置

完全消耗系数表示某部门一个单位的产出,直接或者间接地消耗其他部门的产出量,计算方法如下:

$$\boldsymbol{B}_{ij} = \begin{pmatrix} b_{11} & \cdots & b_{1m} \\ \vdots & & \vdots \\ b_{n1} & \cdots & b_{nm} \end{pmatrix} = [\boldsymbol{I} - \boldsymbol{A}_{ij}]^{-1} - \boldsymbol{I} \quad (6.5)$$

式中,矩阵 $\boldsymbol{B}_{ij}$ 是完全消耗系数矩阵,$\boldsymbol{A}_{ij}$ 是直接消耗系数矩阵,$\boldsymbol{I}$ 是单位阵。

在完全消耗系数矩阵的基础上,结合 Conley 和 Dupor[198] 构建行业间购买距离的方法,构造了前向关联产业空间权重矩阵 $\omega_{n,ij}^{\text{forward}}$:

$$\omega_{n,ij}^{\text{forward}} = \frac{1}{\sqrt{\sum_{k=1}^{n}(b_{ki}-b_{kj})^2}}, i \neq j \quad (6.6)$$

(2)后向关联效应空间权重矩阵

完全分配系数表示某部门一个单位的产出,直接或间接分配在其他部门的分配量,能够涵盖产品流动过程中以直接和间接方式产生通过下游外资企业(或者进口企业)产生的产业间国际知识溢出,其计算方法如下:

$$\boldsymbol{W}_{ij} = \begin{pmatrix} w_{11} & \cdots & w_{1m} \\ \vdots & & \vdots \\ w_{n1} & \cdots & w_{nm} \end{pmatrix} = [\boldsymbol{I} - \boldsymbol{H}_{ij}]^{-1} - \boldsymbol{I} \quad (6.7)$$

式中,矩阵 $\boldsymbol{W}_{ij}$ 是完全分配系数矩阵,$\boldsymbol{I}$ 是单位矩阵,$\boldsymbol{H}_{ij}$ 是直接分配系数矩阵,矩阵中的元素直接分配系数 h_{ij} 是产业 i 产品分配给产业 j 作为生产要素直接使用的产出(x_{ij})占总产出(X_i)的比例,是对投入产出表中数据纵向方向的操作。

构造产业空间权重矩阵,需要将部门间依赖程度以距离的形式表达出来,借鉴 Conley 和 Dupor[198] 表达产业间销售距离的形式,构造一个以对角线元素为 0 的后向关联空间权重矩阵 $\omega_{n,ij}^{\text{backward}}$:

$$\omega_{n,ij}^{\text{backward}} = \frac{1}{\sqrt{\sum_{k=1}^{n}(w_{ik}-w_{jk})^2}}, i \neq j \quad (6.8)$$

2.产业技术关联性溢出空间权重矩阵的设置

产业的知识创新活动还会受到相似技术结构的产业的"感染",因此需要设置一种权重矩阵表示产业的关联性溢出机制,有学者认为用产业相似度来表征产业间知识流动的距离更为恰当[199]。本书利用直接消耗系数矩阵中的结构向量计算向量角余弦来表征产业相似程度 ρ_{ij}:

$$\rho_{ijt} = \sum_{k=1}^{n} a_{kit} \times a_{kjt} / \sqrt{\sum_{k=1}^{n} a_{kit}^2 \times \sum_{k=1}^{n} a_{kjt}^2} \quad (6.9)$$

式中,a_{kit},a_{kjt} 分别表示 t 年 i 产业和 j 产业直接消耗系数矩阵中结构列向量的第 k 个元素。

以 ρ_{ij} 为基础构造主对角线为 0 元素的空间权重矩阵 $\omega_{n,ij}^{\text{inter}}$，用技术距离表征国际知识溢出产业间技术关联性溢出效应。

$$\omega_{n,ij}^{\text{inter}} = \begin{pmatrix} \rho_{11} & \cdots & \rho_{1m} \\ \vdots & & \vdots \\ \rho_{n1} & \cdots & \rho_{nm} \end{pmatrix} - \begin{pmatrix} 1 & \cdots & 0 \\ \vdots & & \vdots \\ 0 & \cdots & 1 \end{pmatrix} = \begin{pmatrix} 0 & \cdots & \rho_{1m} \\ \vdots & & \vdots \\ \rho_{n1} & \cdots & 0 \end{pmatrix} \quad (6.10)$$

3. 投入产出表的外推

在计算产业内和产业间知识溢出时，所涉及的直接消耗系数矩阵和技术流量矩阵等都是以投入产出表为基础计算出来的。中国投入产出表每五年公布一次，从 2000 年开始，现有年份的投入产出表为 2002 年，2007 年及 2012 年共三年的数据，无法得到连续年份的投入产出表，因此不能够反映溢出比例的动态变化。本书采用黑田法进行了外推。黑田（Masashiro KURODA）提出对加权二次目标函数取极小值时的估计方法，并引入拉格朗日未定乘数，在约束条件下建立存在唯一解的两联方程组[①]。根据上述原理，利用 Matlab 2014a 编程求解联立方程组的唯一解，外推其他年份投入产出表。

6.1.3 国际知识溢出数据的来源

构建外国研发存量指标时选择美国、日本、德国、英国、法国等五个与中国经贸往来较为紧密的国家和地区作为知识溢出的主要来源国。外国研发存量计算过程中涉及的外国 R&D 研发经费支出和 FDI 数据来自 OECD 数据库。由于 OECD 数据库仅涵盖分国别对中国 FDI 数据，无法获得分行业数据，因此本书首先计算中国制造业 FDI 渠道获得的外国 R&D 资本存量总量，然后按《中国工业经济统计年鉴》中各行业获得的 FDI 在全行业的占比分解到各个行业，将 FDI 渠道外国 R&D 资本存量进一步处理为分行业数据。进口贸易数据来自 UN Comtrade 数据库。

首先，虽然改革开放以来，中国开始逐步改用联合国 SNA 国民核算体系，但是由于国际标准与国内标准在部门分类、统计口径等方面仍存在不一致的现象，与此同时，联合国和中国分别于 2008 年和 2011 年对国际标准产业分类标准（ISIC）和国民经济行业分类标准（GB）进行了重新调整，从而造成了不同

[①] 本书参考马向前、任若恩(2004):《中国投入产出序列表外推方法研究》,《统计研究》第 4 期。利用黑田法外推投入产出表序列不在此叙述,具体步骤可见附录 A 可以

年份统计口径和范围的不一致。因此,本书需要将不同行业分类标准对行业进行归并。

其次,结合 WIOD 提供的国际投入产出表中的 18 个制造业行业是按 CPA 行业分类标准进行分类的,参照 ISIC Rev. 4,SITC4(国际贸易商品标准分类),CPA 与 GB/T 4754-2011,以不重复、不遗漏的行业归并原则,将国际与国内行业对应关系重新进行了调整。例如,中国在 2011 年将旧标准中属于行业代码 41 的工艺品和其他制造业中的美术工艺品,改属于新标准中代码为 24 的文教、工美、体育和娱乐用品制造业,因此,对照国际标准将家具制造业(代码 21)、与文体美及娱乐用品制造业和其他制造业合并为一个新的行业。剔除数据较少的电力、煤气及水的生产供应业、建筑业和服务业行业数据。最终本书的研究样本涵盖制造业部门的 18 个二位码行业,具体见表 6-2。

表 6-2 国际、国内部门两位数行业代码对照表

序号	ISIC	CPA	GB/T	工业分行业全称
1	D10T12	C5	13~16	食品制造、饮料及烟草加工业
2	D13T15	C6	17~19	纺织、纺织服装和服饰业及皮质物品制造业
3	D16	C7	20	木材加工和木、竹、藤、棕、草制品业
4	D17	C8	22	造纸和纸制品业
5	D18	C9	23	印刷和记录媒介复制业
6	D19	C10	25	石油加工、炼焦和核燃料加工业
7	D20	C11	26,28	化学原料、化学制品及化学纤维制造业
8	D21	C12	27	医药制造业
9	D22	C13	29	橡胶和塑料制品业
10	D22	C14	30	非金属矿物制品业
11	D23	C15	31,32	黑色及有色金属冶炼和压延加工业
12	D25	C16	33	金属制品业
13	D26	C17	39,40	计算机、通信和其他电子设备制造业及仪器仪表制造业
14	D27	C18	38	电气机械和器材制造业

(续表)

序号	ISIC	CPA	GB/T	工业分行业全称
15	D28	C19	34,35	通用及专用设备制造业
16	D29	C20	36	汽车制造业
17	D30	C21	37	铁路、船舶、航空航天及其他交通设备制造业
18	D31T32	C22	21,24,41	家具、文教、工美、体育和娱乐用品及其他制造业

注：ISIC 代码为 ISIC Rev.4 行业代码，GB/T 代码为 GB/T 4754—2011 行业代码。

6.2 空间计量模型设定

6.2.1 空间计量模型的选择

Paelinck 和 Klaassen[200]指出空间模型中的空间依赖性、空间关系的非对称性、其他空间解释因子的重要性、事先和事后相互作用的区别以及空间建模方法是空间计量经济学需要考虑的主要问题。Anselin[197]在 Paelinck 基础上，将空间计量经济学定义为"空间计量经济学是计量经济学的子研究领域，它分析处理含有空间自相关和空间异质等空间效应的截面数据或面板数据"。随着空间计量的应用，一些学者将行业间距离设置为空间权重矩阵，研究在"产业空间"范畴内行业间经济活动的联动。但利用空间计量模型研究关于行业之间的知识溢出效应的文献并不多，是由于对其测度方法还没形成一个统一的观点，对于不同行业间的"空间相关性"如何定义至今没有一个合适的标准。相比于应用时间序列或者面板计量模型研究知识溢出的作用，空间计量模型具有如下优势：首先，空间面板数据相对于时间序列数据和面板数据而言，能够更清晰地描绘单元之间溢出效应在时间上和空间上的变化特征；其次，通过恰当定义空间加权矩阵能够比传统测度方法更准确地把握溢出效应的作用途径和机理，而且还可以在同一个模型中比较多重维度溢出效应的作用效果；最后，空间面板数据允许对被解释变量空间滞后项的作用进行研究，被解释变量的空间自相关性是非常显著的。

空间计量经济学在发展之初是针对截面数据，产生的是空间自回归模型

(SAR)和空间误差模型(SEM),在此基础上延伸出含有解释变量空间滞后项的空间杜宾模型(SDM)和空间交互模型(SAC),并采用极大似然法(ML)进行参数估计,以避免普通最小二乘法(OLS)估计结果的有偏性。之后,为了考虑单元格经济活动的个体效应、时间效应以及空间效应,学者将空间计量方法扩展至面板模型,分别采用 ML 或者 GMM 估计方法[201~203]。一般的空间计量模型可以归纳为表 6-3 所示的形式。空间杜宾模型中纳入了被解释变量的时间滞后效应、被解释变量的空间自相关效应以及解释变量的空间效应。空间杜宾模型能够同时将中国制造业参与全球价值链分工的时间滞后效应、空间交互效应,以及水平和垂直两个方向上国际知识溢出纳入同一模型当中,因此本书选择空间杜宾模型检验国际知识溢出效应对中国制造业参与全球价值链分工的影响。

表 6-3 空间计量模型形式[①]

空间计量模型一般形式	空间计量模型特殊形式
$y_{it} = \tau y_{i,t-1} + \rho \sum_{j=1}^{n} \omega_{ij} y_{jt} + x_{it}\beta$ $+ \sum_{j=1}^{n} d_{ij} X_{jt}\delta + u_i + \gamma_t + \varepsilon_{it}$ $\varepsilon_{it} = \lambda \sum_{j=1}^{n} m_{ij} \varepsilon_{jt} + v_{it}$	若 $\tau=0$,则为静态空间面板模型; 若 $\lambda=0$ 且 $\delta=0$,则为空间自回归模型(SAR); 若 $\lambda=0$,则为空间杜宾模型(SDM); 若 $\rho=0$ 且 $\delta=0$,则为空间误差模型(SEM); 若 $\delta=0$,则为空间交互模型(SAC)。

6.2.2 模型设置

1. 吸收能力与国际知识溢出效应

本章将吸收能力作为影响国际知识溢出效应的影响因素引入到模型中,以反映国际知识溢出对中国制造业参与全球价值链分工的影响。

目前学者对影响行业知识溢出效应因素主要有人力资本、知识吸收方经济发展水平、技术水平、研发能力、行业资本强度、行业集中度和企业规模等因素[204,205]。而实证研究主要采用三种方法:第一种方法是按照影响因素特征进行分组回归,第二种方法是构造影响因素与知识存量的交互项,第三种方法是利用门限回归方法对影响因素的门限值进行验证。本书采用第二种方法,将

---

① 表 6-3 根据陈强(2014):《高级计量经济学及 stata 应用(第二版)》,北京:高等教育出版社,pp. 593-594 整理。

人力资本、研发投入和技术水平作为影响国际知识溢出的指标,构造吸收能力与不同渠道的国际知识存量的连乘变量$sp_{it}^{trade/FDI} \times absorb_{it}$,纳入实证模型中。连乘变量$sp_{it}^{trade} \times absorb_{it}$,$intrasp_{it}^{FDI} \times absorb_{it}$分别表示进口贸易渠道和FDI渠道国际知识溢出效应与影响因素的交互项。

2. 模型的选择

空间模型具有多种形式,根据本书研究对象,首先自变量国际知识溢出通过关联效应而具有空间依赖,模型中应包含自变量的空间滞后项;其次,因变量产业全球价值链分工地位具有结构黏性,模型中还应包含因变量自身的空间滞后和时间滞后项,以解释无法测量的影响因素,本书选择利用动态面板-空间杜宾模型(SDM-dynamic panel model)。首先,全球价值链分工地位空间和时间滞后项中包含了一部分不可观测的变量的影响以防止遗漏变量造成的内生性问题;其次,由于知识溢出具有强烈的空间依赖性,采用普通OLS回归模型会导致传统的遗漏变量偏误被放大,而空间回归模型采用了极大似然估计,降低了模型中存在遗漏变量而产生的估计偏误,即内生性问题[206]。因此利用动态面板-空间杜宾模型和极大似然估计能够降低了模型的内生性,使模型估计结果更趋近于因果分析结果,反映国际知识溢出对中国制造业在全球价值链地位与嵌入全球价值链位置的影响。

3. 动态面板-空间杜宾模型的构建

本章构建动态面板-空间杜宾模型,采用超越对数生产函数的形式,纳入吸收能力和国际知识存量的交互项,实证国际知识溢出对中国制造业嵌入全球价值链高端环节程度的影响,分析国际知识溢出对中国制造业对全球价值链分工地位以及全球价值链嵌入位置及深度的影响。

具体的动态空间面板-杜宾动态面板模型设置如下:

$$\begin{aligned}
GPos_{it} =& \tau GPos_{i,t-1} + \rho \sum_{j=1}^{n} \omega_{ij} GPos_{jt} + x_{it}\beta + intrasp_{it}^{trade/FDI}\theta \\
& + intrasp_{it}^{trade/FDI} \times absorb_{it}\eta + \sum_{j=1}^{n} \omega_{ij} intersp_{jt}^{trade/FDI}\delta \\
& + \sum_{j=1}^{n} \omega_{ij} intersp_{jt}^{trade/FDI} \times absorb_{it}\lambda + control_{it}\sigma \\
& + u_i + \gamma_t + \varepsilon_{it}
\end{aligned} \quad (6.11)$$

$$FPar_{it} = \tau FPar_{i,t-1} + x_{it}\beta + control_{it}\sigma + intrasp_{it}^{trade/FDI}\theta$$

第6章 知识溢出对中国制造业全球价值链地位和参与程度的影响

$$+ \text{intrasp}_{it}^{\text{trade/FDI}} \times \text{absorb}_{it}\eta + \rho \sum_{j=1}^{n} \omega_{ij} \text{FPar}_{jt}$$

$$+ \sum_{j=1}^{n} \omega_{ij} \text{intersp}_{jt}^{\text{trade/FDI}} \delta + \sum_{j=1}^{n} \omega_{ij} \text{intersp}_{jt}^{\text{trade/FDI}}$$

$$\times \text{absorb}_{it}\lambda + u_i + \gamma_t + \varepsilon_{it} \tag{6.12}$$

$$\text{BPar}_{it} = \tau \text{BGPar}_{i,t-1} + x_{it}\beta + \text{intrasp}_{it}^{\text{trade/FDI}}\theta + \text{intrasp}_{it}^{\text{trade/FDI}}$$

$$\times \text{absorb}_{it}\eta + \rho \sum_{j=1}^{n} \omega_{ij} \text{BGPar}_{jt} + \sum_{j=1}^{n} \omega_{ij} \text{intersp}_{jt}^{\text{trade/FDI}} \delta$$

$$+ \sum_{j=1}^{n} \omega_{ij} \text{intersp}_{jt}^{\text{trade/FDI}} \times \text{absorb}_{it}\lambda + \text{control}_{it}\sigma$$

$$+ u_i + \gamma_t + \varepsilon_{it} \tag{6.13}$$

其中,

$$x_{it} = [\ln L_{it}, \ln K_{it}, (\ln L_{it})^2/2, (\ln K_{it})^2/2, (\ln K_{it} \times \ln L_{it})] \tag{6.14}$$

$$\text{control}_{it} = [\text{CAPITAL}_{it}, \text{HOME}_{it}, \text{FOREIGN}_{it}] \tag{6.15}$$

$$\text{absorb}_{it} = [H_{it}, \text{RD}_{it}, \text{TFP}_{it}] \tag{6.16}$$

模型(6.11)(6.12)以及(6.13)中,i,j 为产业,$\text{intrasp}_{it}^{\text{trade/FDI}}$ 为水平方向进口贸易或 FDI 渠道获得的国际知识存量,x_{it} 为控制变量,absorb_{it} 表示东道国或进口国企业吸收能力,$\text{sp}_{jt}^{\text{trade/FDI}}$ 是行业获得的进口贸易或 FDI 渠道的国际知识存量,ω_n 是空间权重矩阵,空间计量模型用产业间交互作用大小表征垂直方向国际知识溢出效应。τ,ρ 分别表示中国制造业全球价值链分工地位的时间滞后效应和空间滞后效应,u_i 表示了不随时间变化的产业的异质性,γ_t 是不随个体变化的时间效应,ε_{it} 为误差项。模型(6.11)中 GPos_{it} 为全球价值链分工地位指标。模型(6.12)中,FPar_{it} 为嵌入全球价值链高端环节程度指数(VSS_F)。模型(6.13)中,BPar_{it} 为嵌入全球价值链低端环节程度指数,需要指出的是,在不同空间权重矩阵下模型的水平知识溢出效应的估计结果会出现差异,说明产业内知识溢出效应并不仅由产业自身特征决定,不同途径的产业间知识溢出会间接影响产业内知识溢出效应。

6.2.3 数据来源

1. 变量选取与数据来源

本章涉及的被解释变量是行业全球价值链分工地位和参与程度,均采用

KWW 增加值贸易流量分解模型,利用欧盟 WIOD 数据库中的世界投入产出表计算得出的。解释变量国际知识溢出采用 L-P 模型计算得出。吸收能力变量和控制变量具体数据来源说明详见表 6-4。

表 6-4 数据来源说明

变量	名称	数据来源	变量	名称	数据来源
$intrasp_{it}^{FDI}$	FDI 渠道获得的行业内国际知识存量	根据 OECD 数据库原始数据经分解后计算得出	$intrasp_{it}^{trade}$	进口贸易渠道获得的行业内国际知识存量	根据 UN Comtrade 数据库原始数据经分解后计算得出
$intersp_{it}^{FDI}$	FDI 渠道获得的行业间国际知识存量		$intersp_{it}^{trade}$	进口贸易渠道获得的行业间国际知识存量	
$GPos_{it}$	全球价值链地位	根据 WIOD 数据库原始数据经分解后计算得出	$BPar_{it}$	参与全球价值链分工低端环节程度(出口国国外附加值)	根据 WIOD 数据库原始数据经分解后计算得出
$FPar_{it}$	参与全球价值链分工高端环节程度(出口国内附加值)	根据 WIOD 数据库原始数据经分解后计算得出	$R\&D_{it}$	国内研发投入	《中国科技统计年鉴》分行业研究与开发经费支出整理计算
K_{it}	国内资本投入	《中国统计年鉴》分行业固定资产投资整理计算	L_{it}	国内劳动投入	《中国工业经济统计年鉴》分行业全部从业人员年平均数
$Human_{it}$	人力资本;每万名从业人员中研发人员占比	《中国科技统计年鉴》分行业 R&D 人员折合全时当量	TFP_{it}	全要素生产率	根据各行业投入产出,利用 DEAP1.2 软件计算
$CAPITAL_{it}$	资本强度;固定资产净值/行业员工数	《中国工业经济统计年鉴》	$HOME_{it}$	行业所有制性质;国有资本占比	《中国工业经济统计年鉴》
$FOREIGN_{it}$	行业开放度;外商资本占比	《中国工业经济统计年鉴》			

国内企业资本投入 K_{it} 选择《中国统计年鉴》中分行业固定资产投资数据，劳动投入 L_{it} 选择《中国工业经济统计年鉴》分行业全部从业人员年平均数。控制变量资本强度、行业所有制性质、行业开放程度分别选择人均固定资产净值、国有资本占比和外商资本占比。吸收能力用国内研发投入、人力资本和行业技术水平表征，其中国内研发投入和人力资本分别选择《中国科技统计年鉴》中分行业研究与开发经费支出和分行业 R&D 人员折合全时当量代表。行业技术发展水平用全要素生产率（TFP_{it}）表征，分行业 TFP_{it} 则根据各行业投入产出数据，利用 DEAP1.2 软件计算得出。

全球价值链地位、全球价值链嵌入位置及程度指标，均是使用欧盟 WIOD 数据库中的世界投入产出表计算得出的，其行业按照 CPA 标准分类。FDI 数据和行业进口贸易数据分别来自 OECD 数据库和 UN Comtrade 数据库，其行业按照 ISIC Rev.4 的行业分类标准进行分类。吸收能力和控制变量等指标数据来自《中国统计年鉴》《中国工业经济统计年鉴》及《中国科技统计年鉴》，其行业按照中国国民经济行业分类执行。因此，本书将 WIOD 数据库，OECD 数据库，UN Comtrade，以及中国国民经济行业分类中的行业，按照不重复、不遗漏的行业归并原则进行了匹配，最后构建了 2004—2014 年 18 个制造业行业的面板样本数据。

2. 数据处理

（1）货币单位的转换

由于一些数据使用本国货币作为计价单位，因此在进行研究时应首先对数据的货币单位进行调整。本书采用以 2003 年为基期的购买力平价水平为兑换比例，将各国以本国货币计价的数据调整为以美元为货币单位的数据。采用购买力平价可以消除汇率短期波动对各国实际价格水平的影响。

（2）价值量数据的价格平减

为了剔除价值量指标中不同年份价格变动的影响，对本书所涉及的价值量指标进行了价格平减处理，以 2003 年为基期，将指标统一折算为 2003 年的不变价格，以便于不同年份进行比较。

在处理产出值时，分别采用对应国家的 GDP 平减指数、生产者价格指数（PPI）缩减对应国家当年价格的 GDP 和分行业生产总值。出口数据则采用相应国家的货物和服务出口指数对各个国家出口中国贸易总额进行平减处理。缩减当年价的投资额，是利用中国全工业口径固定资产投资价格指数，对中国实际利用外商投资额、外商投资企业固定资产投资额平减为2003年不变价格,真实地反映新增投资的规模。对当年价格R&D内部经费支出进行平减时,对外国R&D经费内部支出直接采用OECD数据库中经费R&D内部支出价格指数;国内R&D经费内部支出将固定资产价格指数和工业品出厂价格指数按比例加权求和[207]。

(3)流量指标的存量处理

①R&D内部经费支出存量处理

本书涉及的原始数据R&D内部经费支出以及固定资产投资为流量指标,需要通过永续盘存法转化为存量指标,永续盘存法可以用如下公式进行计算:

$$K_t = I_t + (1-\delta) \times K_{t-1} \tag{6.17}$$

其中,K_t、K_{t-1}分别为指标t期和$t-1$期存量;I_t为t期可比价新增额;δ为折旧率。

采用永续盘存法估算R&D经费内部支出存量。首先,需要确定折旧率,本书采用15%的R&D内部经费支出折旧率。其次,还需确定基期的存量,本书采用如下公式计算基期R&D内部经费支出存量:

$$R_0 = I_0/(g+\delta) \tag{6.18}$$

其中,R_0为基期R&D经费内部支出存量;I_0为基期各来源国实际R&D经费内部支出;g表示2003—2014年R&D经费内部支出平均增长率。

②资本存量处理

对于分行业资本存量,《中国工业经济统计年鉴》提供了分行业相应年份的固定资产原值、固定资产净值或者累计折旧的数据,根据这些数据估算资本存量。首先,需要计算分行业折旧率、分行业实际新增投资额与初始资本存量,然后利用永续盘存法进行估算,具体步骤如下。

第一步,确定分行业折旧率:

折旧率$_{i,t}$ = (累计折旧$_{i,t}$ − 累计折旧$_{i,t-1}$)/ 固定资产原值$_{i,t}$

累计折旧$_{i,t}$ = 固定资产原值$_{i,t}$ − 固定资产净值$_{i,t}$

第二步,利用固定资产投资价格指数得到可比价格新增固定资产投资额:

实际新增固定资产投资额$_{i,t}$ = $\dfrac{\text{固定资产原值}_{i,t} - \text{固定资产原值}_{i,t-1}}{\text{固定资产投资价格指数}_t}$

第三步,确定基期资本存量:

$$基期资本存量_{i,0} = \frac{基年固定资产净值_{i,0}}{固定资产价格指数_0}$$

第四步,利用永续盘存法估算各期资本存量。

3.空间权重矩阵与投入产出表外推

构建空间权重矩阵时,利用中国投入产出表计算完全消耗系数和完全分配系数,但是中国投入产出表每五年发布一次,无法获得连续年份的投入产出表,因此,采用黑田法利用2002年、2007年和2012年的投入产出表外推其他年份的投入产出表,得到2004—2014年连续年份的投入产出数据。

6.3 知识溢出对中国制造业全球价值链分工地位的影响

6.3.1 空间相关性检验结果

考察国际知识溢出对中国制造业全球价值链分工地位的影响,首先需要验证中国制造业从不同来源渠道获得的国际知识溢出是否在产业空间中具有空间相关性。本章用Moran's I统计量作为检验变量空间相关性的指标,并设置分块对角矩阵 C,将Moran's I统计量扩展为面板可利用数据。由于经济距离的是随着时间动态变化的,采用分块对角矩阵 C 计算Moran's I的好处在于将动态变化经济距离矩阵纳入计算框架,使得变量空间相关性的计算更加准确。

根据表6-5所示的检验结果,解释变量和被解释变量均强烈拒绝"无空间自相关"的原假设,即中国制造业全球价值链分工地位、FDI和进口贸易渠道国际知识溢出以及国内研发投入均具有产业间的相互作用。行业全球价值链分工地位指标($GPos_{it}$)在三种权重矩阵下都为正向空间自相关,即由于产业间具有关联性,一个产业参与全球价值链分工的地位会受到其他产业参与全球价值链分工地位的正向影响。其中,前向关联效应矩阵下产业间相互依赖的程度最高;后向关联效应矩阵次之产业关联性溢出空间权重矩阵下,产业相关性系数最小。

表 6-5 全局 Moran's I 指数检验结果

	产业关联性溢出空间权重矩阵	产业后向关联效应空间权重矩阵	产业前向关联效应空间权重矩阵
被解释变量			
$GPos_{it}$	0.642*** (28.680)	0.650*** (28.046)	0.665*** (27.990)
解释变量			
sp_{it}^{FDI}	0.490*** (22.088)	0.472*** (20.570)	0.487*** (20.664)
sp_{it}^{trade}	0.348*** (16.604)	0.390*** (17.907)	0.401*** (17.979)
$R\&D_{it}$	0.356*** (16.348)	0.377*** (16.706)	0.386*** (16.969)

注：括号内为 z 值，***、**、* 表示在 1%、5%、10% 的统计水平上通过显著性检验，下同。

6.3.2 FDI 渠道知识溢出对中国制造业全球价值链分工地位的影响

本小节将三种空间关联权重矩阵引入动态面板-空间杜宾模型，分别考察产业技术关联矩阵、产业前向关联矩阵以及产业后向关联矩阵下，FDI 渠道国际知识溢出对中国制造业全球价值链分工地位的影响。产业关联关系的差异意味着产业间互动机制不同，会导致产业间知识溢出效应具有很大差别。纳入多种空间权重矩阵，区分在不同依托的产业关联关系下，国际知识溢出对中国制造业全球价值链分工地位的影响，分析多种溢出渠道下国际知识溢出对中国制造业全球价值链分工地位影响的异质性，有利于中国挖掘最有效的溢出机制。

经豪斯曼检验，本部分的模型均采用固定效应模型。事实上，当样本随机取自总体时，选择随机效应模型比较合理，而当回归分析局限于一些特定的个体时，则应该选择固定效应模型[208]。对于本章来说，按照制造业划分的行业的回归分析，选择固定效应模型是合理的。利用动态面板-空间杜宾模型和极大似然估计能够降低模型的内生性，使模型估计结果更趋近于因果分析结果，反映 FDI 国际知识溢出对中国全球价值链分工地位的影响。

1. FDI 技术关联性知识溢出对中国制造业全球价值链分工地位影响分析

表 6-6 所示了产业技术关联矩阵下，FDI 渠道国际知识溢出对中国制造业全球价值链分工地位影响的估计结果。在时间维度上，上期的全球价值链分工地位会影响这一期制造业的全球价值链分工地位，说明中国制造业在全球价值链中的获利能力在时间上具有延续性，存在结构黏性。根据 $\omega GPos$ 的估

第6章 知识溢出对中国制造业全球价值链地位和参与程度的影响

计结果显示,中国制造业全球价值链分工地位指标在空间上具有正向相互作用。引起一个产业全球价值链分工地位的变动的因素,如技术进步,是可以通过技术相似的产业间的相互关联关系建立起的产业网络相互传递的,进而引领其他产业效率的提升。因此利用产业间的交互作用,一个产业的技术进步会带动整体制造业全球价值链分工地位的提高。

表 6-6 FDI 渠道技术效应估计结果

变量	模型 1.1	模型 1.2	模型 1.3	模型 1.4	模型 1.5	模型 1.6	模型 1.7
GPos(−1)	0.751*** (8.10)	0.783*** (14.76)	0.813*** (15.28)	0.837*** (13.24)	0.863*** (15.76)	0.794*** (15.49)	0.797*** (15.47)
$intrasp^{FDI}$	0.027** (2.38)	0.029** (2.08)	0.037** (2.58)	0.035*** (2.85)	0.027** (2.10)	0.027 (1.50)	0.102** (2.43)
Human		0.0004 (0.26)	0.0001 (0.09)				
R&D				0.006** (2.44)	0.006** (2.43)		
TFP						−0.003 (−0.24)	−0.007 (−0.06)
$intrasp^{FDI} \times H$		−0.003** (−2.04)	−0.004 (−1.39)				
$intrasp^{FDI} \times R\&D$				−0.006*** (−2.65)	−0.002 (−0.48)		
$intrasp^{FDI} \times TFP$						−0.003 (−0.22)	−0.066* (1.81)
ωsp^{FDI}	0.435** (2.20)	0.321* (1.74)	0.506** (2.31)	0.423** (2.33)	0.283 (1.48)	0.396** (2.71)	1.577** (2.48)
$\omega(sp^{FDI} \times H)$			−0.049 (−0.96)				

(续表)

变量	模型 1.1	模型 1.2	模型 1.3	模型 1.4	模型 1.5	模型 1.6	模型 1.7
$\omega(sp^{FDI} \times R\&D)$					0.080* (1.91)		
$\omega(sp^{FDI} \times TFP)$							−1.010* (−1.82)
$\omega GPos$	2.568** (2.54)	4.746*** (6.75)	3.437*** (4.76)	4.131*** (5.77)	4.302*** (6.00)	4.140*** (5.77)	3.186*** (4.27)
固定效应	Both	Both	Both	Both	Both	Both	Both
Adjust R^2	0.832	0.810	0.811	0.840	0.858	0.830	0.838
样本量	198						

注：模型中均包含但未列出中国制造业"资本投入""劳动投入""资本强度""行业性质"和"对外开放程度"等控制变量的估计结果，下表同。

从表 6-6 中模型 1.1 可以看出，FDI 技术关联性溢出对中国制造业全球价值链分工地位具有显著促进效应，表明以产业技术关联为机制，产业会受到其他行业国际知识溢出的"感染"。

进一步将知识溢出与吸收能力的交互项纳入模型中以考虑本国吸收能力的作用效果。表 6-6 中模型 1.2~1.7 估计结果表明，国内研发投入能够直接促进中国制造业全球价值链分工地位，说明自主创新的投入也是中国制造业全球价值链分工地位晋升的主要动力之一。但作为吸收能力时，模型 1.4 显示国内研发投入对知识溢出的影响效应为负。说明研发投入不足，会导致整体技术水平与发达国家差距较大，国际知识溢出产生"攫取"效应。模型 1.5 显示研发投入调节作用显著为正，说明技术相似行业研发能力的提升能够正向促进投入产出结构相似的行业吸收能力水平的提升。模型 1.2、1.3、1.6 和 1.7 均显示，行业人力资本和行业技术水平均负向调节 FDI 渠道国际知识溢出效应，有可能是因为技术相似的行业之间由于存在技术竞争的关系，人力资本的流动和行业技术水平的提升会吸收更多的国际知识溢出，挤占其他行业对 FDI 渠道流入中国的国际知识存量的吸收，因此行业技术水平调节作用为负。

综上所述，FDI 渠道技术关联效应促进中国制造业全球价值链分工地位晋升,但不能够忽视由于吸收能力不足导致的水平国际知识溢出的"攫取效应"。

2.FDI后相关联性知识溢出对中国制造业全球价值链分工地位影响分析

根据表6-7模型结果显示,FDI渠道后向关联性溢出对国际地位的提升具有负向溢出效应,说明通过向下游外资企业提供中间产品获取外资公司的知识溢出抑制中国国际地位晋升。这可能是由于下游外资企业在供应商的选择上会"排斥"中国内资企业,核心技术仍选择母公司国家或者其他发达国家进口,因此,中国企业不仅无法接收和吸取先进技术,还受到了外资企业的挤压。

表6-7 FDI后相关联效应影响估计结果

变量	模型2.1	模型2.2	模型2.3	模型2.4
$GPos(-1)$	0.971*** (17.38)	0.955*** (12.43)	1.021*** (14.17)	0.961*** (13.06)
$intrasp^{FDI}$	0.0002(−0.07)	0.009** (2.02)	0.011*** (2.87)	0.017(1.23)
Human		−0.001(−0.77)	−0.004*** (−3.02)	−0.003** (−2.50)
R&D		0.002** (2.10)	0.010*** (5.42)	0.002** (2.06)
TFP		−0.006(−0.71)	−0.006(−0.60)	−0.005(−0.41)
$intrasp^{FDI} \times H$		−0.003*** (−3.29)		
$intrasp^{FDI} \times R\&D$			−0.010*** (−4.33)	
$intrasp^{FDI} \times TFP$				0.015(1.06)
ωsp^{FDI}	0.032(0.68)	0.008(0.14)	0.026(0.53)	−0.509*** (−3.31)
$\omega(sp^{FDI} \times H)$		−0.014(−0.65)		
$\omega(sp^{FDI} \times R\&D)$			−0.012(−0.64)	
$\omega(sp^{FDI} \times TFP)$				0.502*** (3.88)
$\omega GPos$	1.386*** (2.56)	2.539*** (6.71)	2.387*** (6.34)	2.740*** (7.57)
固定效应	Both	Both	Both	Both
Adjust R^2	0.919	0.822	0.794	0.795
样本量	198			

观察表6-7模型2.2和模型2.3发现,垂直方向上吸收能力影响作用不显著,说明研发投入和人力资本投入存在门限效应,只有在一定水平上的研发和

人力资本投入才能够促进内资企业更加充分吸收外资企业的知识溢出效应，但是如果研发投入不足，将造成中国制造业在引入外资时陷入"引进—落后—再引进—再落后"的恶性循环中，技术进步被发达国家"锁定"。

表6-7模型2.4估计结果显示，FDI渠道后向关联效应显著为负，行业技术水平交互项后向关联效应显著为正，说明行业技术水平在垂直方向上调节作用为正。对此的解释是内资企业全要素生产率的提高促进了上游行业对下游行业外资企业知识溢出的吸收，促进了知识溢出关联效应的发挥，但是下游外资企业核心技术仍选择母公司国家或者其他发达国家进口，因此，中国内资企业的全球价值链分工地位晋升受到一些限定。

3. FDI前向关联性知识溢出对中国制造业全球价值链分工地位影响分析

根据表6-8模型3.2~3.6报告的结果，FDI渠道的前向关联效应为负，说明在与上游外资企业的互动中，下游内资企业希望通过购买使用外资企业提供的中间产品提高产业的质量和技术，但是需要警惕的是效率寻求型和资源寻求型FDI的进入会带来国际知识溢出的"锁定效应"。

表6-8 FDI前向关联效应影响估计结果

变量	模型3.1	模型3.2	模型3.3	模型3.4	模型3.5	模型3.6
GPos(−1)	1.004*** (10.03)	0.994*** (18.06)	1.057*** (19.19)	0.947*** (17.53)	1.007*** (19.67)	1.146*** (12.94)
$intrasp^{FDI}$	−0.008 (−1.31)	0.003 (0.32)	0.007 (1.08)	−0.023 (−1.48)	0.005 (0.42)	−0.0003 (−0.02)
Human	−0.002* (−1.71)	−0.0002 (−0.18)				−0.003* (−1.95)
R&D	0.001 (1.13)	0.002** (2.22)	0.009*** (4.76)			0.010*** (3.14)
TFP	−0.006 (−0.59)	−0.009 (−0.88)		−0.004 (−0.28)		−0.0005 (−0.04)
$intrasp^{FDI} \times H$		−0.003*** (−4.86)			−0.002** (−2.58)	0.001 (0.53)

(续表)

变量	模型3.1	模型3.2	模型3.3	模型3.4	模型3.5	模型3.6
intrasp^{FDI}×R&D			−0.010*** (−5.05)		0.001 (0.87)	−0.012*** (−3.57)
intrasp^{FDI}×TFP				0.014 (0.83)	−0.008 (−0.63)	0.006 (0.37)
ωsp^{FDI}	−0.128 (−1.59)	−0.148* (−1.74)	−0.148* (−1.81)	−0.439*** (−2.74)	−0.093 (−1.11)	−0.483** (−2.11)
ω(sp^{FDI}×H)		0.012 (0.94)				0.036* (1.68)
ω(sp^{FDI}×R&D)			−0.018 (−1.32)			−0.041** (−2.24)
ω(sp^{FDI}×TFP)				0.273* (1.80)		0.306* (1.86)
ωGPos	1.277*** (3.17)	1.419*** (2.84)	1.298** (2.59)	1.502*** (2.97)	1.538*** (3.27)	1.363*** (3.54)
固定效应	Both	Both	Both	Both	Both	Both
Adjust R^2	0.901	0.916	0.922	0.906	0.919	0.859
样本量	198					

模型3.2中人力资本水平调节作用为负,模型3.6中人力资本垂直调节作用为正,说明增加人力资本投入能够调节前向关联效应,促进中国制造业国际全球价值链分工地位晋升。模型3.3国内研发投入作用显著在为正,水平方向本国研发投入与知识溢出交互项影响系数为负,模型3.6中垂直方向本国研发投入与前向知识溢出的交互项影响系数也为负,说明本国研发投入可能由于投入不足,抑制国际知识溢出效应的发挥,导致了FDI渠道的国际知识溢出对中国制造业全球价值链分工地位攀升具有负向溢出效应。模型3.4和模型3.6显示,行业技术水平在水平方向上的调节作用不显著,而垂直方向上的调节作用为正,这意味上游行业中内资企业人力资本的投入和技术水平

的提高,能够促进下游行业内资企业减少对外资企业产品依赖,摆脱外资企业对中国比较优势的锁定,在这样的良性循环下,内资企业利用积累的国际知识存量能够促进国际知识溢出效应,从而促进中国制造业全球价值链分工地位提升。

4. FDI水平知识溢出对中国制造业全球价值链分工地位影响分析

综合分析表6-6,6-7和6-8,FDI水平方向上具有正向溢出效应,促进中国制造业全球价值链分工地位的提升,说明水平方向上FDI企业的示范效应的正向作用大于竞争效应的挤出作用,激励内资企业技术进步,促进产业全球价值链分工地位的提高。然而,人力资本、研发投入和技术水平等吸收能力的调节效应均为负,即随着人力资本、研发投入和技术水平的提升,FDI水平溢出阻碍中国制造业价值链分工地位的上升,说明吸收能力尚未跨越门限,抑制国际知识溢出的示范模仿效应的发挥。

6.3.3 进口贸易渠道知识溢出对中国制造业全球价值链分工地位影响

1. 进口贸易技术关联性溢出对中国制造业全球价值链分工地位影响分析

表6-9估计结果显示,进口贸易技术关联性垂直知识溢出效应为正,说明以产业间技术相似程度为基础的垂直溢出途径,进口贸易渠道垂直溢出效应均对中国制造业全球价值链分工地位有显著的促进效应。

表6-9 进口贸易技术关联效应估计结果

变量	模型4.1	模型4.2	模型4.3	模型4.4
GPos(−1)	0.787***(14.59)	0.766***(10.70)	0.652***(10.04)	0.807***(10.84)
intrasp^{trade}	0.020*(1.83)	0.195***(4.08)	0.043(1.51)	0.008(0.32)
Human	−0.0007(−0.52)	−0.0006(−0.64)	−0.001(−1.33)	−0.001(−1.20)
R&D	0.0007(0.62)	0.0008(1.22)	0.001(1.37)	0.0004(0.59)
TFP	−0.0007(−0.08)	−0.0006(−0.08)	−0.0003(−0.04)	0.0005(0.05)
intrasp^{trade}×H		−0.039***(−4.32)		
intrasp^{trade}×R&D			−0.004(−1.15)	
intrasp^{trade}×TFP				0.007(0.31)
ωsp^{trade}	0.279**(2.53)	1.384***(3.54)	0.215(1.58)	0.280**(2.02)

(续表)

变量	模型 4.1	模型 4.2	模型 4.3	模型 4.4
$\omega(\mathrm{sp}^{\mathrm{trade}}\times H)$		−0.260*** (−3.20)		
$\omega(\mathrm{sp}^{\mathrm{trade}}\times \mathrm{R\&D})$			0.025(0.29)	
$\omega(\mathrm{sp}^{\mathrm{trade}}\times \mathrm{TFP})$				0.486(0.76)
$\omega \mathrm{GPos}$	4.793***(7.04)	4.476***(7.63)	3.816***(6.05)	5.439***(7.97)
固定效应	Both	Both	Both	Both
Adjust R^2	0.842	0.858	0.918	0.810
样本量	198			

模型 4.2～4.4 纳入了吸收能力的影响,加入人力资本的投入对制造业国际知识的吸收利用,进口贸易渠道技术关联性知识溢出对全球价值链分工地位呈现挤出效应,说明人力资本会抑制进口贸易渠道知识溢出效应发挥作用效果,说明人力资本对国际知识溢出具有负向调节作用。而研发投入和技术水平的调节作用不显著,说明中国研发投入和技术水平尚未到达吸收能力的门限。

2.进口贸易后向关联性溢出对中国制造业全球价值链分工地位影响分析

表 6-10 中模型 5.1 显示,进口贸易渠道后向关联性垂直溢出对中国制造业全球价值链分工地位晋升有显著促进效应,说明以向下游行业供给中间产品为垂直溢出机制,进口贸易渠道垂直国际知识溢出促进中国制造业全球价值链分工地位。上游企业进口会加剧本地竞争,因此本地企业为了获得竞争优势而具有强烈的研发动机,进口会促进上游本土企业技术水平的提高,产生正向溢出。

表 6-10 进口贸易后相关联效应估计结果

变量	模型 5.1	模型 5.2	模型 5.3	模型 5.4	模型 5.5	模型 5.6
GPos(−1)	0.995*** (12.97)	0.877*** (10.04)	0.735*** (11.08)	0.760*** (8.17)	0.810*** (10.50)	0.785*** (9.20)
intrasp^{trade}	0.002 (0.36)	0.065* (1.93)	0.038 (0.96)	0.015 (0.69)	−0.050* (−1.76)	−0.052 (−0.86)
Human		0.0008 (0.50)	0.0004 (0.28)	−0.0006 (−0.40)	−0.0008 (−0.56)	−0.0001 (−0.08)

(续表)

变量	模型 5.1	模型 5.2	模型 5.3	模型 5.4	模型 5.5	模型 5.6
R&D		0.002***	0.0002**	0.0002**	0.002***	0.002**
		(3.17)	(2.47)	(2.43)	(2.96)	(2.29)
TFP		−0.008	−0.007	−0.006	−0.009	−0.010
		(−0.81)	(−0.73)	(−0.64)	(−0.84)	(−0.87)
intrasp^{trade}×H		−0.011**	−0.006			−0.004
		(−1.88)	(−0.81)			(−0.53)
intrasp^{trade}×R&D				−0.0002		0.0002
				(−0.39)		(0.05)
intrasp^{trade}×TFP					0.054**	0.071**
					(1.91)	(2.14)
ωsp^{trade}	0.167***	0.120***	0.149*	0.135***	0.589***	1.855***
	(2.82)	(3.06)	(4.94)	(4.11)	(3.61)	(3.37)
ω(sp^{trade}×H)			0.137**			0.159***
			(2.38)			(3.39)
ω(sp^{trade}×R&D)						0.0003
						(0.01)
ω(sp^{trade}×TFP)					0.713***	1.024***
					(4.67)	(3.92)
ωGPos	2.467***	2.420***	2.747***	2.462***	2.733***	2.601***
	(5.13)	(7.15)	(9.37)	(6.53)	(6.71)	(6.86)
固定效应	Both	Both	Both	Both	Both	Both
Adjust R^2	0.914	0.883	0.849	0.895	0.868	0.833
样本量	198					

模型 5.2 估计结果显示，人力资本水平对进口贸易渠道国际知识溢出效应的调节作用显著为负，这可能是由于人力资本作为吸收能力具有门限效应。但加入人力资本的调节作用后，国际贸易渠道水平知识溢出对中国制造业全球价值链分工地位的晋升具有促进作用。模型 5.3 和模型 5.6 显示，人力资本投入对国际知识溢出的吸收的作用具有空间交互性，人力资本垂直方向上对后向关联效应的调节作用为正，下游产业的进口会促进上游进口贸易渠道的国际溢出对中国制造业全球价值链分工地位攀升的促进效应。模型 5.5 和模型 5.6 显示，行业技术水平对进口贸易后向关联效应具有正向调节作用。

第6章 知识溢出对中国制造业全球价值链地位和参与程度的影响

技术水平进步和人力资本的投入能够促进上游行业对下游行业知识溢出的吸收,促进中国制造业全球价值链分工地位晋升。

3.进口贸易前向关联溢出对中国制造业全球价值链分工地位影响分析

表6-10中模型6.1结果显示,进口贸易渠道前向关联性溢出对中国制造业全球价值链分工地位的变动影响不显著。在以需求关系为基础的垂直溢出机制下,进口贸易渠道溢出效应对中国制造业垂直专业化地位没有影响。以加工贸易为主的进口贸易,上游FDI企业或者内资企业大量进口并没有形成前向关联溢出,仅在加工组装环节对中国技术水平的提高提供了助力,但这对中国制造业分工地位的晋升作用不显著。

表6-10 进口贸易前向关联效应估计结果

变量	模型6.1	模型6.2	模型6.3
GPos(−1)	1.046***(10.94)	1.011***(11.28)	1.003***(8.45)
intrasp^{trade}	−0.009(−0.94)	0.078*(1.83)	0.006(0.06)
Human	−0.003(−1.19)		0.0006(0.43)
R&D	0.002(1.26)		0.0005(0.31)
TFP	−0.005(−0.47)		−0.006(−0.57)
intrasp^{trade}×H		−0.016**(−2.36)	−0.013*(−1.67)
intrasp^{trade}×R&D			0.001(0.21)
intrasp^{trade}×TFP			0.050(0.80)
ωsp^{trade}	0.068(0.56)	0.040(0.42)	−0.878(−1.24)
ω(sp^{trade}×H)		0.086(1.60)	0.148**(2.28)
ω(sp^{trade}×R&D)			−0.043(−1.50)
ω(sp^{trade}×TFP)			0.396(0.90)
ωGPos	1.216***(3.11)	0.923***(2.66)	0.901***(2.77)
固定效应	Both	Both	Both
Adjust R^2	0.901	0.919	0.903
样本量		198	

模型6.3显示,从进口贸易渠道流入中国的国际知识存量,在人力资本的交互项的影响下,其垂直溢出前向关联效应对中国企业在全球价值链的位置之间具有正向促进作用。但受其他因素的影响,正负溢出效应相互博弈,结果显示行业间溢出效应不显著。随着人力资本投入的增加,中国制造业能够加强本行业模仿和学习上游行业中内资企业或者FDI企业进口的产品中的先进

技术,提高本行业产品质量和技术,促进下游行业内资企业减少进口产品依赖,摆脱发达国家对中国比较优势的锁定,在这样的良性循环下,中国制造业积累的国际知识存量能够促进国际知识溢出效应,从而促进中国制造业全球价值链分工地位的提升。

4.进口贸易水平溢出对中国制造业全球价值链分工地位影响分析

综合表 6-8,6-9 和 6-10 的估计结构,能够发现进口贸易渠道水平知识溢出对中国制造业全球价值链分工地位的变动影响系数均显著为正,说明基于模仿效应,中国制造业企业对本行业进口产品上物化的知识进行学习,能够促进中国制造业技术进步,提升行业全球价值链分工地位。吸收能力方面,人力资本具有负向调节作用,说明人力资本会抑制进口贸易渠道知识溢出效应发挥作用效果;行业技术水平对进口贸易渠道知识溢出的水平溢出效应具有正向调节作用,说明中国制造业行业技术水平的提升能够提升自身利用进口贸易水平知识溢出的作用。

6.4 知识溢出对中国制造业参与全球价值链高端环节的影响

在全球价值链分工体系中,不同环节的价值分布存在巨大差异,一国在进出口贸易中获利多少与其参与方式和程度直接相关。深化全球价值链高端环节参与程度,是一国参与全球价值链分工结构性变化的主要表现。借助各种形式的加工贸易,中国制造业融入了发达国家主导的国际分工中。随着融入程度的深化,中国制造业寻求了一条从组装加工的低附加值环节向生产高附加值的创造环节升级路径[209]。在当前以歧视性关税和双边主义为主要表现的贸易摩擦日益突出的背景下,关注中国制造业嵌入全球价值链高端环节程度,通过全球价值链嵌入位置的结构性调整,对增强中国制造业在国际分工自主性和获利能力具有重要意义。本节基于 FDI 和进口贸易渠道国际知识溢出对中国制造业参与高端环节程度的水平效应和垂直效应,挖掘国际知识溢出的有效途径,探索加快中国制造业参与全球价值链分工结构性调整的动力机制。

6.4.1 空间相关性检验结果

考察国际知识溢出对中国制造业嵌入全球价值链高端环节的影响,并考虑知识的垂直溢出效应,首先需要检验中国从不同来源渠道获得的国际知识存量是否在产业空间中具有空间相关性。本章仍沿用 Moran's I 统计量作为检验变量空间相关性的指标,设置分块对角矩阵 C,将 Moran's I 统计量扩展为面板可利用数据。

根据表 6-11 所示的检验结果,解释变量和被解释变量均强烈拒绝"无空间自相关"的原假设,即中国制造业嵌入全球价值链高端环节程度以及获得的国际知识存量均具有产业间的相互作用。

表 6-11 全局 Moran's I 指数检验结果

	产业关联性溢出空间权重矩阵($\omega_{ij}^{\text{inter}}$)	产业后向关联效应空间权重矩阵($\omega_{ij}^{\text{backward}}$)	产业前向关联效应空间权重矩阵($\omega_{ij}^{\text{forward}}$)
被解释变量				
FPar_{it}	0.528*** (23.582)	0.531*** (22.906)	0.551*** (23.161)
解释变量				
$\text{sp}_{it}^{\text{FDI}}$	0.490*** (22.088)	0.472*** (20.570)	0.487*** (20.664)
$\text{sp}_{it}^{\text{trade}}$	0.348*** (16.404)	0.390*** (17.907)	0.401*** (17.979)

注:括号内为 z 值,***、**、* 表示在 1%、5%、10% 的统计水平上通过显著性检验,下表同。

中国制造业"高端参与"指标(FPar_{it})在三种权重矩阵下都为正向空间自相关,即由于产业间具有关联性,一个产业参与全球价值链分工的方式会受到其他产业的影响。其中,前向关联效应矩阵下产业间相互依赖的程度最高;后向关联效应空间权重矩阵次之;在衡量产业间技术相似程度的产业关联性溢出空间权重矩阵下,产业参与全球价值链分工方式受其他产业影响最小。

解释变量中,由 FDI 渠道和进口贸易渠道流入中国的国际知识存量在产业空间中也具有正向空间溢出效应,中国接收的 FDI 渠道的国际知识溢出,产业间空间依赖性较高,尤其是在产业关联性溢出空间权重矩阵下,相似投入产出结构的产业间接收 FDI 渠道国际知识溢出的能力相互影响作用较大。与 FDI 渠道不同的是,进口贸易渠道流入中国的国际知识存量在前向关联效应矩阵下,相互作用最明显,这说明,不同溢出机制的两种渠道的国际知识溢出途径不同,FDI 渠道更主要受到相似技术结构产业的"感染",而进口贸易渠道更易受到上游产业的拉动作用。综上所述,通过对变量 Moran's I 统计量的计算分析,本章在实证验证国际知识溢出对制造业国际分工高端环节参与程度的影响时,采用空间计量模型考察知识溢出在产业间的相互影响作用是比较合理的。

6.4.2 FDI 渠道国际知识溢出对中国制造业参与高端环节的影响

1. FDI 技术关联溢出对中国制造业参与高端环节程度的影响

产业"技术关联性溢出"是指相似技术结构的产业之间,具有创新活动或者知识生产的"感染"效应。本节中,我们引入产业技术关联空间权重矩阵,考察 FDI 渠道的产业技术关联性溢出,对中国制造业参与高端环节的影响,着重体现产业空间中,基于产业间技术相似程度的空间联动是否具有产业间的空间交互作用。建立动态面板-杜宾模型目的是,考察中国制造业嵌入全球价值链高端环节程度的时间滞后和空间相关的双重影响。表 6-12 为 FDI 渠道国际知识溢出在产业技术关联矩阵下对制造业高端环节参与程度的影响回归结果。

表 6-12 FDI 技术关联溢出对中国制造业全球价值链高端环节参与程度影响估计结果

变量	模型 7.1	模型 7.2	模型 7.3	模型 7.4	模型 7.5
FPar(−1)	0.641*** (12.79)	0.624*** (11.82)	0.624*** (8.09)	0.611*** (8.28)	0.641*** (8.47)
intrasp^{FDI}	0.003 (0.25)	0.003 (0.26)	0.004 (0.43)	−0.001 (−0.08)	0.061* (1.41)
lnRD		0.003 (0.80)	−0.0001 (−0.02)	0.002 (0.46)	
lnK		0.028** (2.05)	0.032** (2.43)	0.012 (1.47)	
(lnK)²/2		−0.011** (−2.09)	−0.012** (−2.23)	−0.005*** (−2.74)	
lnL		−0.032** (−2.22)	−0.034** (−2.20)	−0.016 (−1.35)	
(lnL)²/2		−0.015 (−1.35)	−0.015 (−1.18)	−0.011 (−0.99)	

(续表)

变量	模型7.1	模型7.2	模型7.3	模型7.4	模型7.5
$\ln K \times \ln L$		0.014** (2.17)	0.024** (2.09)	0.008** (0.024)	
CAPITAL		0.0002 (0.75)	0.0002 (0.69)		
HOME		−0.014 (−1.02)	−0.015 (−1.15)		
FOREIGN		0.002 (0.14)	0.009 (0.47)		
$\mathrm{intrasp}^{\mathrm{FDI}} \times H$		0.0001 (0.04)			
$\mathrm{intrasp}^{\mathrm{FDI}} \times \mathrm{R\&D}$			0.004** (2.01)		
$\mathrm{intrasp}^{\mathrm{FDI}} \times \mathrm{TFP}$				0.003** (2.25)	−0.577* (−1.70)
$\omega \mathrm{sp}^{\mathrm{FDI}}$	0.010 (0.06)	0.074 (0.45)	0.008 (0.05)	0.045 (0.23)	1.106* (1.69)
$\omega(\mathrm{sp}^{\mathrm{FDI}} \times H)$		0.040 (0.87)			
$\omega(\mathrm{sp}^{\mathrm{FDI}} \times \mathrm{R\&D})$			0.044 (1.47)		
$\omega(\mathrm{sp}^{\mathrm{FDI}} \times \mathrm{TFP})$					−1.030* (−1.92)
$\omega \mathrm{FPar}$	4.13*** (7.29)	4.200*** (6.64)	4.200*** (4.44)	4.084*** (4.47)	3.848*** (4.43)
固定效应	Both	Both	Both	Both	Both
Adjust R^2	0.976	0.970	0.971	0.974	0.972
样本量	198				

高端环节参与程度衡量的是被投入进口国出口生产的一国中间产品出口中包含的本国增加值部分,反映的是"进口复出口"过程中被本国吸收的增加

值部分。参与高端环节程度的提高代表了一个国家或者一个行业的出口留存能力的增强,是全球价值链分工地位提升的表现之一。因此,如果国际知识溢出对高端参与程度发挥正向作用,说明 FDI 渠道知识溢出对一个国家或者行业向全球价值链高端攀升具有促进作用。

表 6-12 估计结果显示,FDI 渠道水平与垂直国际知识溢出对中国制造业高端参与程度均不显著。对此的解释是,国际知识溢出的两种作用机制相互作用,抵消了其对中国制造业嵌入全球价值链高端环节程度的作用效果。根据 FDI 的动机可以将 FDI 分为市场寻求、资源寻求、效率寻求和战略资产寻求四种类型[210]。一方面,FDI 渠道的知识溢出效应带来的技术进步,提高了中国企业的技术水平,增加中国"进口复出口"中被中国保留的增加值部分,另一方面,发达国家为了抑制中国制造业对知识溢出的吸收和消化,通常以"效率寻求型"对外投资和"资源寻求型"对外投资的形式进入中国,这种情况下,FDI 渠道的知识溢出效应的"挤出"和"锁定"效应会抑制中国制造业高端环节参与程度。

在模型 7.1 中加入其他投入要素时,劳动的投入对嵌入全球价值链高端环节程度具有负向影响,因为随着劳动力成本的提高会影响中国的比较优势水平,这意味着,劳动力价格的上升,在一定程度上削弱了中国制造业劳动力比较优势。根据估计结果可以发现,高端环节参与程度的边际资本与边际劳动的贡献不同,说明采用超越对数生产函数模型,放松中性技术进步的假设是合理的。加入控制变量后发现,资本强度、国有资本占比以及外商资本占比对高端环节参与程度的影响均显著,其中资本强度和外商资本占比为负向影响,国有资本为正向影响。

模型 7.3 和模型 7.4 中,本行业研发投入和行业技术水平对国际知识溢出效应具有正向调节作用。模型 7.2 中,人力资本没有发挥作用,说明虽然技术进步和自主研发投入会弥补差距,但人力资本的投入没有达到能够跨越门限的水平。

模型 7.5 中,进一步纳入行业技术水平垂直方向的调节作用后发现,水平和垂直方向上的调节作用均为负,但水平和技术关联性垂直溢出均对中国制造业高端参与程度产生正向影响。对此的解释是,由于技术结构相似,产业间技术水平的发展具有竞争性,一个行业的吸收能力与其他技术结构的相似产业间是相互"排斥"的,这种相互"排斥"的作用会抑制对水平知识溢出和垂直知识溢出的调节作用。还可能是因为吸收能力与溢出效应之间具有非线性关系,受到其他技术行业的影响,使得吸收能力跨越了门限值,导致吸收能力的调节作用出现了转变。

2. FDI 后向关联溢出对中国制造业参与高端环节程度的影响

知识溢出的"后向关联效应"是指产业作为供给端,在销售产品的过程中,吸收下游产业知识溢出效应,着重表现的是知识或技术,从下游产业向前流动对中国制造业产生内升级的作用。FDI 渠道后向关联性溢出主要通过以下机制:第一,从 FDI 企业到当地供应商的直接技术溢出;第二,FDI 对本地供应商产品标准要求的提高,有助于本地供应商对生产管理系统进行升级改造以及进行技术创新;第三,FDI 的进入加大了对中间投入品的需求,有助于本地供应商获取规模经济收益。本节中,我们引入后向关联空间权重矩阵考察 FDI 渠道的后向关联效应,着重体现产业空间中,基于产业投入产出关联的产业空间联动是否具有产业间的空间交互作用。首先建立动态面板-空间杜宾模型,其目的是考察中国制造业嵌入全球价值链高端环节程度的时间滞后和空间相关的双重影响。表 6-13 所示为 FDI 渠道国际知识溢出在后向关联矩阵下,对制造业高端环节参与程度影响的估计结果。

表 6-13　FDI 后向关联溢出对中国制造业全球价值链高端环节参与程度影响估计结果

变量	模型 8.1	模型 8.2	模型 8.3	模型 8.4	模型 8.5
FPar(−1)	0.695*** (6.50)	0.701*** (6.04)	0.702*** (6.00)	0.641*** (7.41)	0.606*** (13.29)
intrasp^{FDI}	−0.003 (−0.88)	−0.004 (−1.22)	−0.003 (−0.98)	−0.019*** (−3.32)	−0.030** (−2.52)
lnRD				−0.002 (−0.75)	−0.004 (−1.22)
lnK				0.006 (0.51)	0.010 (1.24)
(lnK)²/2				−0.006** (−2.14)	−0.006*** (−3.42)
lnL				−0.011 (−1.20)	−0.008 (−0.89)
(lnL)²/2				−0.010 (−1.08)	−0.015* (−1.83)

(续表)

变量	模型 8.1	模型 8.2	模型 8.3	模型 8.4	模型 8.5
$\ln K \times \ln L$				0.007** (2.56)	0.007** (2.56)
$\text{intrasp}^{FDI} \times H$		0.0007 (1.22)			−0.003 (−0.26)
$\text{intrasp}^{FDI} \times R\&D$			0.001** (2.13)		0.004** (2.06)
$\text{intrasp}^{FDI} \times TFP$				0.015** (2.10)	0.025** (2.32)
ωsp^{FDI}	0.011 (0.24)	−0.054 (−0.99)	−0.011 (−0.24)	−0.235* (−1.91)	−0.563*** (−3.26)
$\omega(\text{sp}^{FDI} \times H)$		0.028** (2.43)			0.008 (0.36)
$\omega(\text{sp}^{FDI} \times R\&D)$			0.032*** (3.26)		0.031 (1.28)
$\omega(\text{sp}^{FDI} \times TFP)$				0.228* (1.91)	0.490*** (3.19)
ωFPar	3.467*** (6.76)	3.546*** (6.49)	4.127*** (7.41)	4.520*** (9.68)	3.367*** (7.62)
固定效应	Both	Both	Both	Both	Both
Adjust R^2	0.960	0.961	0.943	0.889	0.939
样本量			198		

模型 8.1 显示,FDI 后向关联性溢出对高端环节参与程度影响不显著,说明在后向关联效应矩阵下,FDI 渠道国际知识溢出对提高中国制造业出口中本国价值比例作用不显著。对此的解释是,国际知识溢出的两种作用机制相互作用,抵消了其对中国制造业嵌入全球价值链高端环节程度的作用效果。FDI 渠道的知识溢出效应带来的技术进步,提高了中国企业的技术水平,增加中国"进口复出口"中被中国保留的增加值部分,但是 FDI 渠道的知识溢出效应的"挤出"和"锁定"效应会抑制中国制造业高端环节参与程度,两者相互博弈造成了知识溢出不显著。

模型 8.2~8.5 估计结果显示,人力资本和研发投入以及行业技术水平的调节作用均为正向调节,但是 FDI 后向关联溢出效应对中国制造业高端参与程度影响却显著为负,说明下游 FDI 企业会阻碍中国制造业在高端环节的融入程度。这可能是效率寻求型 FDI 以利用东道国本地市场和资源为目的,在进入中国劳动密集型行业时,获取中国劳动力资源,由于生产产品的技术含量不高,因此将中国制造业生产要素锁定,阻碍要素向高端环节流动,抑制中国制造业嵌入全球价值链高端环节的深度。但是,中国制造业吸收能力的提升能够扭转溢出的负向作用,促进中国本土企业将国际知识溢出内生化为中国制造业技术进步的主要动力,以弥补 FDI 企业带来的负向效应,最终表现为促进中国制造业继续深化在国际分工的高端环节的嵌入程度。

3. FDI 前向关联溢出对中国制造业参与高端环节程度的影响

表 6-14 显示,FDI 前向关联性溢出对中国制造业高端环节参与程度影响不显著,但滞后一期的前向关联性溢出的负向溢出效应显著,说明通过从上游产业购买中间产品获取其知识溢出的机制,对嵌入全球价值链高端环节程度效应具有迟滞性。从长期来看,FDI 渠道国际知识溢出对提高中国制造业出口中本国价值比例作用为负,阻碍中国制造业转变国际分工参与模式,加深参与高端环节的程度。

表 6-14　FDI 前向关联溢出对中国制造业全球价值链高端环节参与程度影响估计结果

变量	模型 9.1	模型 9.2	模型 9.3	模型 9.4
FPar(−1)	0.788***(8.68)	0.767***(7.92)	0.731***(8.48)	0.747***(7.93)
intrasp^{FDI}	−0.004(−0.82)	−0.006(−1.71)	−0.006(−1.00)	−0.042***(−3.73)
intrasp^{FDI}(−1)	−0.007**(−2.48)			
lnRD		0.001(0.25)	−0.0002(−0.03)	0.0003(0.06)
lnK		0.001(−0.06)	0.0004(0.03)	0.006(0.34)
(lnK)^2/2		−0.008(−1.32)	−0.007*(−1.82)	−0.009(−1.43)
lnL		−0.012(−0.66)	−0.008(−0.72)	−0.014(−0.87)
(lnL)^2/2		−0.024*(−1.66)	−0.023(−1.48)	−0.025(−1.79)
lnK * lnL		0.013**(2.17)	0.012*(1.94)	0.014**(2.18)
CAPITAL		0.0002(0.81)	0.0001(0.46)	0.0002(0.86)
HOME		0.006(0.41)	0.008(0.59)	0.002(0.10)
FOREIGN		0.006(0.37)	0.014(0.88)	0.004(0.30)

(续表)

变量	模型 9.1	模型 9.2	模型 9.3	模型 9.4
$intrasp^{FDI} \times H$		0.0006(1.21)		
$intrasp^{FDI} \times R\&D$			0.001*(1.90)	
$intrasp^{FDI} \times TFP$				0.035***(2.90)
ωsp^{FDI}	−0.025(−0.32)	−0.027(−0.35)	−0.019(−0.25)	−0.585***(−2.92)
$\omega sp^{FDI}(-1)$	−0.088**(−2.30)			
$\omega(sp^{FDI} \times H)$		−0.002(−0.16)		
$\omega(sp^{FDI} \times RD)$				
$\omega(sp^{FDI} \times TFP)$				0.517***(2.84)
$\omega FPar$	1.345***(2.91)	1.294***(2.91)	1.449***(3.18)	1.643***(4.14)
固定效应	Both	Both	Both	Both
Adjust R^2	0.976	0.977	0.957	0.947
样本量	198			

模型 9.2～9.4 为纳入人力资本、研发投入以及行业技术水平三种影响因素，发现 FDI 前向关联溢出对中国制造业高端参与程度的影响为负。通过 FDI 渠道流入中国的知识存量对提高中国制造业出口本国增加值比例具有抑制效用。但是吸收能力的调节作用为正，说明不断增强中国制造业的吸收能力，促进对国际知识存量的吸收，并转化为自身高级生产要素，挖掘国际知识溢出行业间正向前向关联效应，促进中国制造业技术进步，增强本土企业本国增加值留存能力。

4. FDI 水平溢出对中国制造业参与高端环节程度的影响

FDI 水平国际知识溢出对中国制造业高端参与程度均不显著，对此的解释是，国际知识溢出的两种作用机制相互作用，抵消了其对中国制造业嵌入全球价值链高端环节程度的作用效果。滞后一期的水平溢出的负向效应显著，说明长期的市场型 FDI 输入导致行业内 FDI 企业的竞争效应挤出本土企业，阻碍本地企业向全球价值链高端环节攀升。

吸收能力方面，人力资本和研发投入以及行业技术水平的调节作用均为正向调节。说明通过加大人力资本和研发的投入缩小本国企业与 FDI 企业的技术水平,能够拓宽FDI示范模仿作用机制,增强FDI水平溢出对中国制造业全球价值链升级效应。

6.4.3 进口贸易渠道国际知识溢出对中国制造业参与高端环节的影响

1. 进口贸易技术关联溢出对中国制造业参与高端环节程度的影响

表6-15中模型10.1显示,进口贸易技术关联性效应不显著,即进口贸易渠道流入中国的知识存量对中国制造业出口国内价值留存能力不产生影响。技术关联效应不显著,说明中国技术结构相似产业间的通用性知识的流动对中国制造业参与高端环节程度的影响比较微弱。对此的解释是,中国制造业吸收的进口贸易渠道的知识溢出技术含量不足以支撑中国制造业深化其高端环节参与程度,使得产业间获得的可利用通用性知识的溢出效应不显著。模型10.2~10.4中纳入了吸收能力与知识溢出的交互项,结果显示,人力资本、研发支出和行业技术水平作为吸收能力的调节作用不显著,这是受到吸收能力的门限作用的影响。

表6-15 进口贸易技术关联溢出对中国制造业全球价值链高端环节参与程度影响估计结果

变量	模型10.1	模型10.2	模型10.3	模型10.4
FPar(−1)	0.610***(9.20)	0.586***(7.00)	0.605***(8.96)	0.611***(9.33)
intrasp^{trade}	0.008(0.62)	0.086*(1.86)	0.003(0.11)	0.039(0.84)
lnRD		−0.002(−0.60)		
ln$K$		0.018(1.54)		
(ln$K$)²/2		−0.007(−1.29)		
ln$L$		−0.019(−1.59)		
(ln$L$)²/2		−0.014(−1.04)		
ln$K$×ln$L$		0.008(1.30)		
CAPITAL		−0.0004(−0.20)		
HOME		−0.017*(−1.85)		
FOREIGN		0.007(0.38)		
intrasp^{trade}×H		−0.016*(−1.81)		

(续表)

变量	模型 10.1	模型 10.2	模型 10.3	模型 10.4
$intrasp^{trade} \times R\&D$			0.001(0.26)	
$intrasp^{trade} \times TFP$				−0.029(−0.60)
ωsp^{trade}	0.027(0.32)	0.316(0.61)	−0.060(−0.27)	0.204(0.34)
$\omega sp^{trade} \times H$		−0.070(−0.70)		
$\omega sp^{trade} \times RD$			0.023(0.50)	
$\omega sp^{trade} \times TFP$				−0.170(−0.28)
$\omega FPar$	3.911***(4.88)	4.084***(4.26)	3.912***(4.82)	3.916***(4.98)
固定效应	Both	Both	Both	Both
Adjust R^2	0.979	0.949	0.979	0.979
样本量	198			

2. 进口贸易后向关联溢出对中国制造业参与高端环节程度的影响

表 6-16 中的模型 11.1 显示,进口贸易后向关联溢出对以高端方式参与全球价值链分工的参与程度具有促进效应,说明从下游行业进口渠道流入中国的知识存量,会提升中国制造业上游行业的出口国内价值留存能力。本行业和下游行业进口产品的技术水平越高,或者进口产品越多,对上游行业产生的"竞争效应"越强,会促进上游行业提高效率,增加了中国出口产品中的本国增加值。

表 6-16 进口贸易后向关联溢出对中国制造业全球价值链
高端环节参与程度影响估计结果

变量	模型 11.1	模型 11.2	模型 11.3	模型 11.4
FPar(−1)	0.653***(5.91)	0.588***(7.29)	0.574***(7.22)	0.619***(7.53)
$intrasp^{trade}$	0.017***(3.98)	−0.005(−0.23)	−0.014(−1.16)	0.009(0.47)
$intrasp^{trade}(-1)$	−0.013**(−1.99)			
CAPITAL		−0.0002**(−2.44)	−0.0002***(−3.08)	−0.0002**(−2.40)
HOME		−0.004(−0.37)	0.003(0.21)	−0.003(−0.30)
FOREIGN		−0.005(−0.36)	−0.005(−0.36)	−0.012(−1.03)

第6章 知识溢出对中国制造业全球价值链地位和参与程度的影响

(续表)

变量	模型 11.1	模型 11.2	模型 11.3	模型 11.4
intrasp^{trade}×H		0.003(0.68)		
intrasp^{trade}×R&D			0.005*(1.87)	
intrasp^{trade}×TFP				0.004(0.22)
ωsp^{trade}	0.094**(2.25)	−0.421(−1.50)	0.099***(2.86)	0.093***(2.67)
ωsp^{trade}(−1)	0.189(0.78)			
ωsp^{trade}×H		0.103*(1.94)		
ωsp^{trade}×RD			0.035(1.30)	
ωsp^{trade}×TFP				0.732***(4.73)
ωFPar	3.324***(6.33)	3.499***(6.18)	3.638***(7.12)	3.604***(6.84)
固定效应	Both	Both	Both	Both
Adjust R^2	0.963	0.946	0.950	0.948
样本量	198			

模型11.2显示,行业人力资本对国际知识溢出吸收的作用会有空间交互性,人力资源对前向关联效应具有正向调节作用。模型11.4显示,行业技术水平对进口贸易渠道国际知识溢出后向关联效应具有正向调节作用。技术水平进步和人力资本的投入能够促进上游行业对下游行业知识溢出的吸收,弥补了其他机制下进口贸易渠道知识溢出的负向作用。

综合上述,进口贸易渠道前向关联溢出效应对中国制造业高端环节参与程度具有促进作用。

3.进口贸易前向关联溢出对中国制造业参与高端环节程度的影响

表6-17中模型12.1显示,进口贸易渠道前向关联效应不显著。一方面,上游行业进口产品会产生正向和负向两种效应,这两种作用机制相互博弈,使得国际知识溢出效应不显著。另一方面,溢出效应有可能受到了吸收能力的影响。

模型12.2~12.5估计结果显示,前向关联效应从不显著变为显著为负,说明上游行业的大量进口不仅没有提升下游本土行业的技术水平和产品质量,反而会损害中国制造业出口的国内价值比例。这意味着中国依靠加工贸易参与全球价值链分工,行业依靠对上游行业进口产品的加工组装参与全球价值链分工,生产的技术含量较低,因此进口量越高,中国本土贸易增加值越低。

表 6-17 进口贸易前向关联溢出对中国制造业全球价值链高端环节参与程度影响估计结果

变量	模型 12.1	模型 12.2	模型 12.3	模型 12.4	模型 12.5
FPar(−1)	0.755*** (7.47)	0.714*** (9.26)	0.711*** (8.78)	0.707*** (8.53)	0.712*** (9.07)
intrasp^{trade}	0.010** (2.11)	0.042* (1.83)	0.026 (0.88)	0.001 (0.09)	0.032 (0.83)
intrasp^{trade}(−1)	−0.008 (−1.44)				
CAPITAL		−0.0003*** (−3.56)	−0.0002*** (−3.65)	−0.0003*** (−3.16)	−0.0002*** (−3.32)
HOME		−0.009 (−0.71)	−0.007 (−0.50)	−0.004 (−0.32)	−0.006 (−0.44)
FOREIGN		0.010 (0.69)	0.013 (0.91)	0.009 (0.55)	0.008 (0.48)
intrasp^{trade}×H		−0.008* (−1.87)			
intrasp^{trade}×R&D				0.0004 (0.14)	
intrasp^{trade}×TFP					0.034 (0.83)
ωsp^{trade}	−0.056 (−0.28)	−0.037 (−0.68)	−0.450* (−1.73)	−0.036 (−0.36)	−0.499* (−1.80)
ωsp^{trade}(−1)	0.055 (0.25)				
ωsp^{trade}×H			0.081* (1.85)		

(续表)

变量	模型 12.1	模型 12.2	模型 12.3	模型 12.4	模型 12.5
$\omega sp^{trade} \times RD$				0.0006	
				(0.03)	
$\omega sp^{trade} \times TFP$					0.454
					(1.55)
$\omega FPar$	1.225***	1.196***	1.217***	1.256***	1.275***
	(2.90)	(2.68)	(2.78)	(2.86)	(2.82)
固定效应	Both	Both	Both	Both	Both
Adjust R^2	0.978	0.960	0.955	0.967	0.967
样本量			198		

4.进口贸易水平溢出对中国制造业参与高端环节程度的影响

综合表 6-15,6-16 和 6-17 的估计结果,进口贸易渠道水平溢出对中国制造业嵌入全球价值链高端环节程度具有促进效应,说明通过示范模仿效应,本土企业学习消化了进口产品中的知识存量,强化了中国制造业国际分工高端环节参与深度,增加中国出口中本国增加值部分。

吸收能力方面,发现本行业人力资本对国际知识溢出的调节作用负向影响了国际知识溢出的水平效应,说明中国制造业与发达国家间技术差距导致了知识溢出产生了攫取效应。而行业内的国内研发投入对国际知识溢出效应的调节作用为正,说明加大行业研发投入能够促进本土企业对行业内进口贸易产品的学习和模仿,并进一步将先进的技术转化为本国知识存量,提升中国制造业高端嵌入程度,促进中国制造业价值链升级。

6.5 知识溢出对中国制造业参与全球价值链低端环节的影响

对于参与全球价值链分工的国家来说,参与模式的不同使其在全球价值链分工中的收益相差巨大,专业化分工完成"何种工序"逐渐比生产"何种商品"显得更为重要[42]。在全球价值链分工体系中,处于被动地位的发展中国家,仅仅作为丰富资源和廉价劳动力的供应基地,就会被锁定在国际分工低端环节。因此发展中国家就有必要寻找摆脱国际分工陷阱的动力机制。参与全球价值链分工,全球生产网络中的知识溢出是发展中国家技术进步的重要动力,那么融入全球价值链,中国是否有效利用全球生产网络中的知识溢出,通过消化吸收,使其成为中国制造业摆脱被分工地位的动力?还是被发达国家有限的知识溢出控制在国际分工的低端环节?本章通过分析FDI和进口贸易渠道的知识溢出,比较分析两种渠道国际知识溢出对中国制造业嵌入全球价值链低端环节的影响,挖掘有效拉动中国制造业走出低端锁定的国际知识溢出渠道和途径。

6.5.1 空间相关性检验结果

根据表6-18所示的检验结果,解释变量和被解释变量均强烈拒绝"无空间自相关"的原假设,即中国制造业嵌入全球价值链低端环节程度以及获得的国际知识存量均具有产业间的相互作用。中国制造业低端参与程度指标($BPar_{it}$)在三种权重矩阵下都为正向空间自相关,即由于产业间具有关联性,一个产业参与全球价值链分工的方式会受到其他产业的影响。其中,前向关联效应矩阵下产业间相互依赖的程度最高;后向关联效应空间权重矩阵次之;衡量产业间技术相似程度的产业关联性溢出空间权重矩阵下,产业参与全球价值链分工方式受其他产业影响最小。纵向对比发现,产业间低端环节程度的相互影响作用小于高端参与程度的影响,也就是说一旦特定行业陷入了"低端锁定陷阱"中,相关联的行业也会受到一定程度的波及。

表6-18 全局Moran's I指数检验结果

	产业关联性溢出空间权重矩阵(ω_{ij}^{inter})	产业后向关联效应空间权重矩阵($\omega_{ij}^{backward}$)	产业前向关联效应空间权重矩阵($\omega_{ij}^{forward}$)
被解释变量			
$BPar_{it}$	0.448***(20.130)	0.482***(20.913)	0.508***(21.493)
$FPar_{it}$	0.528***(23.582)	0.531***(22.906)	0.551***(23.161)
解释变量			
sp_{it}^{FDI}	0.490***(22.088)	0.472***(20.570)	0.487***(20.664)
sp_{it}^{trade}	0.348***(16.404)	0.390***(17.907)	0.401***(17.979)

注:括号内为z值,***、**、*表示在1%、5%、10%的统计水平上通过显著性检验,下表同。

第6章 知识溢出对中国制造业全球价值链地位和参与程度的影响

解释变量中,由 FDI 渠道和进口贸易渠道流入中国的国际知识存量在产业空间中也具有正向空间溢出效应。中国接收的 FDI 渠道的国际知识溢出,产业间空间依赖性较高,尤其是在产业关联性溢出空间权重矩阵下,相似投入产出结构的产业间接收 FDI 渠道国际知识溢出的能力相互影响作用较大。与 FDI 渠道不同的是,进口贸易渠道流入中国的国际知识存量在前向关联效应矩阵下,相互作用最明显,这说明,不同溢出机制的两种渠道的国际知识溢出途径不同,FDI 渠道更主要受到相似技术结构的产业的"感染",而进口贸易渠道更易受到上游产业的拉动作用。

6.5.2 FDI 渠道国际知识溢出对中国制造业参与低端环节的影响

1. FDI 技术关联溢出对中国制造业全球价值链低端环节参与程度影响

表 6-19 中模型 13.1 显示,FDI 技术关联性溢出效应不显著。模型 13.2~13.5 中纳入了吸收能力对 FDI 渠道国际知识溢出效应的影响,发现加入人力资本、本国研发投入和行业技术水平与知识溢出的交互项后,技术关联效应从不显著变为显著为负,这说明吸收能力调节作用显著,引导 FDI 国际知识溢出发挥抑制作用,抑制中国制造业"低端锁定"。本国吸收国际知识存量越多,国际知识溢出效应越显著。中国制造业对 FDI 水平途径溢出的知识存量越多,其对嵌入全球价值链低端环节程度的作用越明显,对促进中国制造业规避"低端锁定"风险的作用越大。FDI 渠道的国际知识溢出效应会通过技术相似间产业的相互作用,对其他产业参与全球价值链分工的方式产生影响。

表 6-19 FDI 技术关联溢出对中国制造业全球价值链低端环节参与程度影响估计结果

变量	模型 13.1	模型 13.2	模型 13.3	模型 13.4	模型 13.5
BPar(−1)	0.699*** (16.96)	0.797*** (14.87)	0.763*** (20.87)	0.733*** (20.32)	0.721*** (17.69)
intrasp^{FDI}	−0.015* (−1.92)	−0.030*** (−3.60)	−0.024*** (−4.14)	−0.027*** (−3.19)	0.010 (0.65)
lnRD		−0.004* (−1.68)	−0.005 (−1.36)	−0.002 (−0.61)	−0.003 (−0.87)
lnK		−0.017* (−1.79)	−0.020 (−1.56)	0.007 (1.02)	0.010 (1.39)

(续表)

变量	模型 13.1	模型 13.2	模型 13.3	模型 13.4	模型 13.5
$(\ln K)^2/2$		0.006 (1.51)	0.007 (1.37)	−0.005*** (−3.31)	−0.006*** (−3.79)
$\ln L$		0.012 (1.13)	0.016 (1.03)	−0.012 (−1.33)	−0.016* (−1.74)
$(\ln L)^2/2$		−0.009 (−1.11)	−0.007 (−1.90)	−0.020** (−2.10)	−0.022** (−2.32)
$\ln K \times \ln L$		−0.003 (−0.73)	−0.004 (−0.93)	0.008*** (2.99)	0.009*** (3.53)
CAPITAL		−0.001* (−1.92)	−0.0004** (−2.11)		
HOME		0.032*** (2.99)	0.024*** (3.21)		
FOREIGN		0.023* (1.69)	0.014 (1.07)		
$\text{intrasp}^{\text{FDI}} \times H$		0.002** (2.56)			
$\text{intrasp}^{\text{FDI}} \times \text{R\&D}$			0.005*** (4.72)		
$\text{intrasp}^{\text{FDI}} \times \text{TFP}$				0.010** (2.54)	−0.023* (−1.76)
$\omega \text{sp}^{\text{FDI}}$	−0.188 (−1.53)	−0.338*** (−2.72)	−0.303*** (−3.58)	−0.253*** (−2.87)	0.400 (1.62)
$\omega(\text{sp}^{\text{FDI}} \times H)$		0.042** (2.19)			
$\omega(\text{sp}^{\text{FDI}} \times \text{R\&D})$			−0.028*** (−2.63)		
$\omega(\text{sp}^{\text{FDI}} \times \text{TFP})$					−0.560*** (−2.87)

(续表)

变量	模型 13.1	模型 13.2	模型 13.3	模型 13.4	模型 13.5
ωBPar	6.514*** (7.91)	4.218*** (6.21)	4.480*** (9.63)	5.853*** (12.50)	5.942*** (12.95)
固定效应	Both	Both	Both	Both	Both
Adjust R^2	0.795	0.835	0.838	0.766	0.771
样本量	198				

2. FDI后向关联溢出对中国制造业全球价值链低端环节参与程度影响

表6-20估计显示,FDI渠道后向关联效应显著为负。伴随着FDI进入,中国嵌入全球价值链低端环节程度下降,制造业出口中国外价值比例下降,中国出口价值流失的局面有所改善,知识溢出效应抑制中国制造业低端参与全球价值链分工的趋势。

表6-20　FDI后向关联溢出对中国制造业全球价值链低端环节参与程度影响估计结果

变量	模型14.1	模型14.2	模型14.3	模型14.4
BPar(−1)	1.031***(22.20)	0.982***(25.41)	1.008***(26.82)	0.954***(26.27)
intrasp^{FDI}	−0.002(−0.69)	−0.005(−1.61)	−0.002(−0.90)	−0.020***(−2.71)
lnRD	−0.001(−0.24)			
lnK	0.010(1.18)			
$(\ln K)^2/2$	−0.007***(−2.76)			
lnL	−0.028**(−2.20)			
$(\ln L)^2/2$	−0.033***(−2.74)			
lnK×lnL	0.014***(3.54)			
CAPITAL	−0.0003***(−2.64)			
HOME	0.054***(8.47)			
FOREIGN	0.030**(2.03)			
intrasp^{FDI}×H		0.001**(2.10)		
intrasp^{FDI}×R&D			0.0005(0.64)	
intrasp^{FDI}×TFP				0.016**(2.11)

(续表)

变量	模型 14.1	模型 14.2	模型 14.3	模型 14.4
ωsp^{FDI}	−0.062**(−1.98)	−0.010(−0.30)	−0.048(−1.62)	−0.193*(−1.79)
$\omega(sp^{FDI} \times H)$		−0.019**(−2.03)		
$\omega(sp^{FDI} \times RD)$			−0.033***(−3.29)	
$\omega(sp^{FDI} \times TFP)$				0.134(1.40)
$\omega BPar$	1.895***(3.59)	3.369***(5.37)	4.771***(7.70)	3.102***(5.05)
固定效应	Both	Both	Both	Both
Adjust R^2	0.845	0.839	0.722	0.848
样本量			198	

模型14.2~14.4继续纳入吸收能力,通过对比可以发现:人力资本投入和国际知识溢出交互项,水平方向影响显著为正,垂直方向影响显著为负;本国研发资本投入与国际知识溢出的交互项,水平方向上影响不显著,垂直方向显著为负;行业技术发展水平和国际知识溢出交互项,水平和垂直两个方向上的影响均显著为正。对比三种知识溢出影响因素可以发现,行业技术水平在水平方向上调节能力最强,对国际知识溢出效应促进作用最明显。下游本土行业对FDI企业吸收能力的提升能够促进上游内资企业吸收能力的提升,促进国际知识溢出,提高本国企业技术水平,抑制中国制造业继续以低端嵌入的方式参与全球价值链分工,有利于摆脱"低端锁定"的局面。

3. FDI前向关溢出对中国制造业全球价值链低端环节参与程度影响

表6-21估计结果显示,国际知识溢出前向关联溢出效应显著为正,并且滞后一期的溢出效应仍显著为正。说明伴随着FDI进入,在前向关联效应矩阵的影响下,从上游产业购买中间产品获取其知识溢出,都会加深中国制造业低端环节参与全球价值链分工的趋势,并且这种趋势具有时间持续性。中国制造业出口中国外价值比例会上升,低端环节参与程度上升将会导致中国出口价值流失的局面继续恶化。在与上游外资企业的互动中,下游内资企业希望通过购买使用外资企业提供的中间产品,提高产业的质量和技术,但是需要警惕的是效率寻求型和资源寻求型FDI的进入会带来国际知识溢出的"锁定效应"。发展中国家融入国际分工体系中,虽然为其技术进步提供了契机,但

第6章 知识溢出对中国制造业全球价值链地位和参与程度的影响

由于受制于发达国家对价值链的控制力,因此获得何种技术以及提升到何种水平都无法实现自主,这往往是一种被动过程[68,69],甚至融入全球价值链中的发展中国家,在价值链上的攀升过程中也会被"俘获"于价值链的低端环节。

表6-21 FDI前向关联溢出对中国制造业全球价值链低端环节参与程度影响估计结果

变量	模型15.1	模型15.2	模型15.3	模型15.4
BPar(−1)	0.968***(45.51)	1.352***(30.63)	1.170***(36.64)	1.068***(39.39)
intrasp^{FDI}	0.004(1.19)	−0.009*(−1.79)	−0.002(−0.45)	−0.022***(−3.21)
intrasp^{FDI}(−1)	0.004(1.37)			
lnRD		−0.003(−0.87)		
lnK		−0.008(−0.55)		
$(\ln K)^2/2$		0.002(0.30)		
lnL		−0.027(−1.53)		
$(\ln L)^2/2$		−0.031***(−2.92)		
lnK×lnL		0.006(1.14)		
CAPITAL		−0.0006***(−2.76)	−0.0002***(−2.93)	−0.0002***(−1.66)
HOME		0.070***(7.07)	0.062***(7.63)	0.037***(4.89)
FOREIGN		0.074***(3.77)	0.057***(2.87)	0.022(1.51)
intrasp^{FDI}×H		0.005***(5.59)		
intrasp^{FDI}×R&D			0.004***(3.28)	
intrasp^{FDI}×TFP				0.025***(3.20)
ωsp^{FDI}	0.116**(2.25)	0.167***(3.09)	0.112**(2.24)	−0.161(−1.19)
ωsp^{FDI}(−1)	0.061*(1.66)			
ω(sp^{FDI}×H)		−0.012(−0.88)		
ω(sp^{FDI}×RD)			0.004(0.55)	
ω(sp^{FDI}×TFP)				0.275***(2.74)
ωBPar	1.443***(2.90)	1.408***(3.83)	2.125***(4.40)	1.367***(2.79)
固定效应	Both	Both	Both	Both
Adjust R^2	0.914	0.825	0.895	0.937
样本量	198			

模型15.2~15.4中加入知识溢出效应影响因素的交互项,考虑本国吸收能力的作用发现,从FDI渠道流入中国的国际知识存量,在人力资本交互项的影响下,其垂直溢出前向关联效应对中国制造业嵌入全球价值链低端环节程度具有负向抑制作用,但并不显著。在其他影响因素下,正负溢出效应相互博弈结果显示行业间溢出效应为正。

从本国研发投入与行业技术水平角度分析吸收能力的调节作用,发现无论是该产业本国研发投入或技术水平的提高,还是上游关联产业本国研发投入或技术水平的提高都会促进该产业FDI渠道国际知识溢出的吸收效应,其中,行业技术水平的作用较为显著,而国内研发投入的作用不显著。这意味着科技水平的提高加强了本行业模仿和学习上游行业中内资企业或者FDI企业进口的产品中的先进技术,提高本行业产品质量和技术。虽然在知识溢出的作用下中国制造业存在一部分流程升级,但是在产品和功能升级的环节受到了外资企业的制约,因此,国际知识溢出的作用和渠道,溢出效应的方向和大小,以及中国企业在国际分工中参与模式转变的幅度,都被发达国家控制。

4. FDI水平溢出对中国制造业全球价值链低端环节参与程度影响

综合表6-19,6-20和6-21的估计结果,FDI渠道流入行业内的国际知识溢出对中国制造业嵌入全球价值链低端环节程度具有负向影响,说明行业内流入的FDI渠道的国际知识存量越多,中国制造业嵌入全球价值链低端环节程度会下降。对此的解释是,基于示范效应和竞争效应,FDI渠道的知识溢出效应带来的技术进步,降低了中国出口中的国外价值,同时FDI渠道的知识溢出效应促进了要素禀赋结构的变动,减少了对进口的依赖程度。

FDI渠道获得的水平知识溢出与人力资本、本国研发投入以及行业技术水平的交互项影响系数显著为正,说明人力资本的投入和行业技术水平的提高对吸收的部分国际知识溢出产生正向调节作用,但是在将国际知识溢出本地化进程中,由于本地企业和外资企业之间存在的竞争关系,外资企业的垄断因素抑制了示范效应下国际知识溢出对内资企业技术水平和要素禀赋结构变动促进作用的发挥,导致了中国一部分行业在同一价值链中挣扎于低端环节。

6.5.3 进口贸易渠道国际知识溢出对中国制造业参与低端环节的影响

1. 进口贸易技术关联溢出对中国制造业全球价值链低端环节参与程度影响

表6-22所示为技术关联矩阵下进口贸易渠道国际知识溢出对中国制造

业全球价值链低端环节参与程度影响的估计结果。

表6-22 进口贸易技术关联溢出对中国制造业参与全球价值链低端环节的影响估计结果

变量	模型16.1	模型16.2	模型16.3	模型16.4
BPar(−1)	0.590*** (16.24)	0.708*** (15.69)	0.710*** (17.75)	0.758*** (14.10)
intrasp^{trade}	−0.003(−0.25)	0.108*** (2.61)	−0.003(−0.15)	0.108** (2.52)
intrasp^{trade}(−1)	−0.022** (−2.07)			
R&D				−0.003(−0.83)
ln$K$				0.013(1.64)
(ln$K$)²/2				−0.006*** (−3.18)
ln$L$				−0.020** (−2.14)
(ln$L$)²/2				−0.026** (−2.69)
ln$K$×ln$L$				0.010*** (3.11)
CAPITAL		−0.00007(−1.29)	−0.0001** (−2.09)	
HOME		0.017*** (2.63)	0.013** (2.01)	
FOREIGN		−0.006(−0.36)	0.002(0.13)	
intrasp^{trade}×H		0.022*** (3.24)		
intrasp^{trade}×R&D			−0.002(−0.30)	
intrasp^{trade}×TFP				−0.106** (−2.00)
ωsp^{trade}	0.135(0.69)	−0.851* (−1.77)	0.188(0.50)	−1.018* (−1.70)
ωsp^{trade}(−1)	−0.290** (−2.07)			
ωsp^{trade}×H		0.174** (2.14)		
ωsp^{trade}×RD			−0.089(−0.61)	
ωsp^{trade}×TFP				−1.051(−1.57)
ωBPar	5.677*** (12.03)	5.120*** (11.21)	5.165*** (10.01)	5.673*** (12.29)
固定效应	Both	Both	Both	Both
Adjust R²	0.812	0.828	0.839	0.817
样本量	198			

模型16.1显示,进口贸易渠道技术关联性溢出效应不显著,但滞后一期对中国制造业嵌入全球价值链低端环节程度产生显著的负向影响,即进口贸易渠道流入短期上不存在溢出效应,但从长期来看,中国的知识存量对中国制造业嵌入全球价值链低端环节程度具有抑制作用。

模型16.2将人力资本作为吸收能力纳入模型中,考察进口贸易渠道知识溢出的作用效果,发现本行业人力资本投入对吸收国际知识溢出具有正向调节作用,能够进一步增强技术关联溢出对中国制造业在低端环节的过度嵌入的抑制作用。

模型16.3将本国研发投入作为影响溢出效应的因素引入模型,发现虽然产业内研发投入发挥了其作为吸收能力的调节作用,但是进口贸易渠道知识溢出效应对嵌入全球价值链低端环节程度影响仍不显著。

模型16.4考察行业技术水平的调节作用,在技术关联空间矩阵和行业技术发展水平的双重影响下,技术关联产业间行业技术发展水平的提高,会通过产业关联相互"感染",带动国际知识溢出在垂直方向上,抑制中国制造业低端环节的过度参与,但这种相互关联效应不显著。

2.进口贸易后向关联溢出对中国制造业全球价值链低端环节参与程度影响

表6-23显示了进口贸易渠道在后向关联矩阵下对中国制造业嵌入全球价值链低端环节程度的影响结果,通过对估计结果的分析发现:

模型17.1显示,进口贸易渠道后向关联溢出对中国制造业嵌入全球价值链低端环节程度影响显著为负,说明以下游行业为进口渠道流入中国的知识存量,对中国制造业上游行业低端参与全球价值链分工的深度具有阻碍作用,意味着下游行业进口产品的技术水平越高,或者进口产品越多,对上游行业产生的"竞争效应"越强。因此会促进上游行业提高效率,减少进口的依赖,减少本国出口产品中的外国增加值。

模型17.2显示,人力资本对进口贸易渠道水平溢出效应调节作用显著为正,对后向关联效应调节作用显著为负。由于进口贸易水平溢出效应增加了中国制造业出口产品的国外增加值比例,人力资本投入抑制了国际知识溢出的"负向"效应,这意味着,增强人力资本投入,能够弱化进口贸易水平溢出对中国制造业"低端锁定"的作用。

模型17.4结果显示,水平方向上进口贸易渠道知识溢出的水平溢出效应在行业技术水平的正向影响下,对中国制造业嵌入全球价值链低端环节促进效应显著为负。整体上进口贸易渠道知识溢出的水平溢出效应在后向关联矩阵下为正，会加深中国制造业嵌入全球价值链低端环节程度。

表6-23 进口贸易后向关联溢出对中国制造业全球价值链低端环节参与程度影响估计结果

变量	模型17.1	模型17.2	模型17.3	模型17.4
BPar(−1)	1.209***(26.16)	1.047***(23.35)	0.903***(11.87)	1.213***(26.71)
intrasp^{trade}	0.007(1.11)	−0.010(−0.35)	−0.005(−0.23)	0.088***(2.91)
R&D	0.002(0.49)	−0.001(−0.26)	−0.002(−0.43)	0.002(0.42)
ln$K$	0.033***(3.29)	0.017(1.95)	0.0004(0.04)	0.033***(3.26)
(ln$K$)²/2	−0.015***(−6.43)	−0.008***(−3.82)	−0.003(−0.83)	−0.015***(−6.83)
ln$L$	−0.087***(−7.17)	−0.042***(−3.90)	−0.009(−0.47)	−0.087***(−6.92)
(ln$L$)²/2	−0.069***(−5.55)	−0.038***(−3.06)	−0.027*(−2.07)	−0.068***(−5.50)
ln$K$×ln$L$	0.031***(7.68)	0.016***(4.06)	0.009*(2.08)	0.030***(7.60)
intrasp^{trade}×H		0.008*(1.73)		
intrasp^{trade}×R&D			0.001(0.30)	
intrasp^{trade}×TFP				−0.054**(−1.99)
ωsp^{trade}	−0.160***(−4.63)	−0.317*(−1.85)	0.087(0.71)	−0.437***(−3.04)
ωsp^{trade}(−1)				
ωsp^{trade}×H		−0.081**(−2.39)		
ωsp^{trade}×RD			−0.032(−1.34)	
ωsp^{trade}×TFP				0.272*(1.83)
ωBPar	5.720**(9.98)	2.246***(4.41)	1.838***(3.54)	5.612***(9.90)
固定效应	Both	Both	Both	Both
Adjust R²	0.537	0.838	0.885	0.555
样本量	198			

3.进口贸易前向关联溢出对中国制造业参与全球价值链低端环节的影响

表6-24中模型18.1显示，进口贸易渠道前向关联性溢出对中国制造业嵌入全球价值链低端环节程度作用显著为负，说明从上游行业进口渠道流入中国的知识存量，会弱化中国制造业下游嵌入全球价值链低端环节深度。

表 6-24 进口贸易前向关联溢出对中国制造业参与全球价值链低端环节的影响估计结果

变量	模型 18.1	模型 18.2	模型 18.3	模型 18.4
BGPar(−1)	1.231***(27.31)	1.107***(24.13)	0.969***(12.30)	1.262***(28.35)
intrasp^{trade}	0.005(0.82)	−0.046(−1.39)	−0.018(−0.68)	−0.005(−0.11)
intrasp^{trade}(−1)	0.020*(1.91)			
R&D	0.0003(0.06)	−0.0002−(0.04)	−0.001(−0.25)	0.001(0.07)
$\ln K$	0.043***(4.07)	0.028***(3.05)	0.014(1.04)	0.047***(4.46)
$(\ln K)^2/2$	−0.016***(−6.63)	−0.010***(−4.40)	−0.005(−1.59)	−0.017***(−7.93)
$\ln L$	−0.069***(−5.61)	−0.042***(−3.59)	−0.015(−0.78)	−0.077***(−5.96)
$(\ln L)^2/2$	−0.055***(−4.08)	−0.035***(−2.47)	−0.027*(−1.83)	−0.058***(−4.36)
$\ln K \times \ln L$	0.026***(6.66)	0.017***(4.00)	0.011**(2.06)	0.029***(7.21)
CAPITAL	−0.0002**(−2.15)			
HOME	0.038***(4.64)			
FOREIGN	0.029(1.31)			
intrasp^{trade}×H		0.009*(1.68)		
intrasp^{trade}×R&D			0.004(0.72)	
intrasp^{trade}×TFP				0.002(0.05)
ωsp^{trade}	−0.146***(−2.78)	0.194(1.32)	−0.127**(−2.14)	−0.598*(−1.85)
ωsp^{trade}(−1)	−0.254(−1.19)			
ωsp^{trade}×H		−0.065**(−2.34)		
ωsp^{trade}×RD			0.015(0.58)	
ωsp^{trade}×TFP				0.438(1.40)
ωBGPar	2.655***(6.13)	1.116***(2.84)	1.076***(2.85)	3.045***(6.86)
固定效应	Both	Both	Both	Both
Adjust R^2	0.803	0.899	0.914	0.775
样本量		198		

第6章 知识溢出对中国制造业全球价值链地位和参与程度的影响

模型18.2~18.4显示,吸收能力对溢出效应的影响结果如下:

首先,行业内人力资本投入的交互项的影响系数为正,说明水平人力资本投入能够帮助行业吸收进口贸易渠道知识溢出,但没有抑制中国制造业陷入"低端锁定"的陷阱。

其次,人力资本投入与国际知识溢出的前向关联的空间交互项系数显著为负,说明在以需求关系为基础的垂直溢出机制下,进口贸易渠道溢出效应对中国制造业嵌入全球价值链低端环节的深度影响显著为负。以加工贸易为主的进口贸易活动,上游FDI企业或者内资企业大量进口并形成前向关联效应,在加工组装环节为中国制造业流程升级提供了助力,但从长期来看,对中国制造业会产生低端锁定。

4. 进口贸易水平溢出对中国制造业参与全球价值链低端环节的影响

表6-22、表6-23和表6-24的估计结果,进水平溢出效应当期和滞后一期的影响作用不一致,对嵌入全球价值链低端环节来说,当期的溢出效应为负,但不显著,而滞后期的溢出效应为正向显著,进口贸易渠道溢出效应在长期和短期的作用效果不同。说明长期来看,从本行业流入的进口贸易渠道的知识存量会强化中国制造业嵌入全球价值链低端环节的深度,会增加中国出口对外国进口的依赖性,并且容易形成恶性循环。进口越多获取的知识溢出越多,知识溢出效应又会促进进口更多外国产品,没有改变中国"大进大出"的国际贸易现状。

分析吸收能力的影响,本行业人力资本投入对吸收国际知识溢出具有正向调节作用。并且在水平研发投入的调节作用下,进口贸易渠道的水平知识溢出对中国制造业嵌入全球价值链低端环节程度产生促进作用。在行业内技术水平影响作用下,水平方向上的行业技术水平,发挥了其对进口贸易渠道水平知识流量的吸收作用,进口贸易渠道的国际知识溢出对嵌入全球价值链低端环节程度影响显著为负,行业技术水平的整体提高能够有效抑制中国低端参与全球价值链分工的程度。

综上所述,产业技术关联矩阵下,水平方向的进口贸易渠道知识溢出会抑制中国制造业更加向纵深方向嵌入全球价值链低端环节程度。模仿效应是知识溢出的重要途径,模仿创新是发展中国家利用国际知识溢出实现知识积累的初级阶段,其主要包括三个阶段:简单复制、模仿创造以及改造创新,也就是"引进—消化吸收利用—再创造"的过程。但发展中国家要实现从简单模仿到再创新,需要具备两个前提:一个是能够从发达国家引进或者购买先进和核心技术,具备知识溢出的来源;二是发展中国家具有一定的技术吸收能力和足够的研发投入。但是,中国在利用国际知识溢出的模仿效应促进技术进步和产业升级的道路上仍然存在许多障碍:一方面,发达国家非常重视对核心技术和关键技术的控制,通过提高技术模仿的壁垒,采用专利申请和独自研发的手段削弱国际知识溢出的程度,避免为中国提供引进先进技术的通路;另一方面,中国与发达国家之间存在技术差距,本国存在研发和自主创新不足的现状,对知识溢出的吸收和消化能力不强。

6.6 本章小结

本章引入了三种空间权重矩阵,利用 2003—2014 年动态面板-空间杜宾模型,实证了 FDI 和进口贸易渠道国际知识溢出对中国制造业全球价值链分工地位、嵌入全球价值链位置及程度的影响。

第一,实证研究结果表明,FDI 渠道水平知识溢出效应和技术关联效应为正,但前向关联以及后向关联效应为负;进口贸易渠道国际知识溢出则主要表现为促进效应。值得注意的是,产业技术关联性垂直溢出对中国制造业的溢出效果最好,进口贸易和 FDI 渠道知识溢出不仅在垂直方向上提升了中国制造业全球价值链分工地位,并且会影响水平方向上的知识溢出效应。因此,进口高技术含量的中间产品是提升中国制造业全球价值链分工地位的有效途径。

第二,进口贸易渠道国际知识溢出对促进中国制造业嵌入全球价值链高端环节程度的作用大于 FDI 渠道。首先,进口贸易渠道水平国际知识溢出效应和后向关联效应,通过示范模仿机制以及后向关联机制,倒逼中国制造业提高技术能力,增加了中国制造业出口中本国附加值的比例,深化了中国制造业嵌入全球价值链高端环节的程度。其次,FDI 渠道水平溢出效应、前向关联效应和后向关联效应对中国制造业嵌入全球价值链高端环节程度产生负向影响,说明 FDI 渠道知识溢出主要阻碍中国制造业通过高端参与全球价值链分工的方式进行全球价值链结构性调整。最后,国际知识溢出通过吸收能力的调节作用不显著,说明中国行业自身发展对国际知识溢出吸收机制还不完备,没有越过吸收能力发挥作用的门限。

第三,进口贸易渠道和 FDI 渠道,获取的国际知识存量对中国制造业嵌入全球价值链低端环节程度的水平溢出效应、技术关联效应、前向关联效应以及后向关联效应,以及吸收能力的影响。研究结果显示从低端位置参与程度越深,则存在国际分工陷阱的可能性越大。中国从初期以牺牲分工地位为代价利用比较优势迅速并深入参与全球垂直专业化分工获得要素的积累阶段,逐步向主动通过产业升级优化比较优势更有效地参与全球价值链分工规避"产业低端化"风险的阶段发展。FDI 和进口贸易渠道的国际知识溢出通过部分溢出机制促进了这一转变的进程,抑制了中国制造业嵌入全球价值链低端环节的程度。但受到中国制造业自身吸收能力的影响,只有不断提升行业人力资本投入、研发投入和行业技术水平,才能有效利用国际知识溢出,发挥其正向引领作用,否则参与全球价值链分工网络对中国制造业可能带来"低端锁定陷阱"的风险。

第7章 全球价值链上的知识溢出对中国制造业比较优势演化的影响

由于不同层次价值链升级的外化表现不同,从跨链嵌入的角度理解价值链升级,其本质就是比较优势产业结构的演化,而产业显性比较优势的变动合理地表征了产业间比较优势结构的迁移。本章运用空间计量模型研究国际知识溢出对中国制造业显性比较优势的影响。一方面研究通过进口贸易和FDI流入中国制造业的外国知识存量,是否对中国制造业显性比较优势变动的影响;另一方面研究由于产业间生产制造活动的联系,外国知识存量如何在不同行业之间随着中间产品的转移而产生的行业间知识溢出。

7.1 中国制造业比较优势演化的特征性事实

7.1.1 比较优势迁移视角下全球价值链升级指标的测度

1. 比较优势演化与价值链升级

由 Hausmann 等[211]以及 Hidalgo 等[212]提出的产品空间理论通过比较优势的动态演化反映了一国生产或出口产品的生产能力。该方法的理论构建模式对中国制造业产业升级路径选择问题提供了依据。产品空间理论用邻近度来定义产品间的相似度,通过比较所有地区具有比较优势产品的相似程度来表示,产品间邻近度越高,两种产品间能力差越小,越容易从一种产品向另一种产品跃迁,形成跨链升级。但通常来讲,跨链升级的过程中会选择能力差较小的产业进行跨越。

一个产业是否具备升级能力的关键在于目前具有的生产能力能否满足生

产及销售新产品的要求,并且生产要素的重新配置的成本相对较低。产业生产能力不断积累,满足新产品的生产要求,则要素会在产品空间中重新配置,生产要素在产品空间内从一个节点转移向另一个节点的过程是地区产业升级的过程。但产品空间的分布是具有异质性的[211],产品节点之间的能力距离不相等,产业进行不同升级路径需要积累的能力也不相等。各个国家或地区在进行产业升级时由于受到自身能力的局限,会选择不同的道路,因此产业升级的效果也具有差异性。

为了嵌入价值链上附加值更多的环节,产业具有非线性升级的可能性,并不是沿着"流程—产品—功能—价值链"升级的单一路径进行升级的。当本土企业在主价值链上直接进行功能升级面临较大障碍时,可以从单一价值链嵌入转向多重价值链嵌入,寻找主价值链以外与之存在产品架构关联的子价值链,或与之存在产品相似度较大的价值链,一方面可以根据现有能力实现迂回形式的价值链攀升,另一方面可以通过跨链嵌入实现价值链重构,突破发达国家的封锁,在新的价值链寻求主导地位。通过跨链嵌入进行能力积累和升级,占据多条产业链的生产模块,既可以形成对原有价值链高端模块的"包抄"结构,又可以寻求在新的价值链条上的攀升。因此,参与全球价值链重构是发展中国家跨越低端锁定陷阱和生产刚性陷阱的产业升级路径。

2. 跨链升级的测度

只有当一国生产能力积累到一定程度后,一国才具备出口生产的能力,即跨入该产业链的国际分工中,参与全球价值链的重构。因此本书采用 Balassa[59] 提出的显性比较优势指标(RCA,revealed comparative advantage)来表征产业参与全球价值链重构的程度。显性比较优势衡量了一国产业生产能力与全球该产业平均生产能力之比,一个产业的显性比较优势越强,该产业国际竞争力越强,可以反映出一个国家的某产业在其全球价值链条上的地位,当一个国家在某产业上具有比较优势时,说明其能够占据该产业价值链的主导地位。

显性比较优势计算方式如下:

$$\text{RCA}_{ict} = \frac{x_{ict} / \sum^{i} x_{ict}}{\sum^{c} x_{ict} / \sum^{c} \sum^{i} x_{ict}} \quad (7.1)$$

式中,x_{ict} 是 c 国 i 产业 t 时间的出口国内增加值。

如果 RCA_{ict} 大于 1,说明 c 国 i 产业在全球范围内具有比较优势;小于 1 则

说明 c 国 i 产业并不具有比较优势。构建 RCA_{ict} 的逻辑值 rca_{ict}，rca_{ict} 为 1 表示在 t 年 c 国 i 产业是具有比较优势的产业，rca_{ict} 为 0 表示该产业不是比较优势产业。由上所述，可以将一国产业显性比较优势的动态变化视为产业参与全球价值链重构的四种状态：产业升级、产业未升级、产业保持和产业失势。其中产业升级和产业未升级类型产业的初始状态 $rca_{ic,t-1}$ 都为 0，区别在于，产业升级的产业在 t 时期状态（rca_{ict}）变为 1，未升级产业仍为 0。相反，产业保持和产业失势的产业初始状态都为具有比较优势，即 $rca_{ic,t-1}$ 为 1，在 t 时期持续保持显性比较优势的产业属于产业保持类型，失去比较优势的产业则为失势产业。

Felipe 等[213]根据产品空间理论构建了产品连通性（Path）和产品技术性（Prody）两个指标。产品连通性用来刻画一个产品在产品空间中与其他产品的能力差之和（$Path_i = \sum_j \varphi_{ij}$），连通性越高的产品未来演化的路径越多。

产业邻近度计算方法如下：

$$\varphi_{ij} = \text{Min}\{P(RCA_i \mid RCA_j), P(RCA_j \mid RCA_i)\}, 0 \leqslant \varphi_{ij} \leqslant 1 \quad (7.2)$$

其中，φ_{ij} 表示产品 i 和产品 j 的邻近度。

产业技术性计算方式如下：

$$\text{Prody}_i = \sum_l \left[\frac{x_{il} / \sum_i x_{il}}{\sum_l x_{il} / \sum_l \sum_i x_{il}} \right] \times \text{GDPpc}_l. \quad (7.3)$$

产品技术性则描述了产品技术复杂性，反映了一个地区所积累的能力的独特性[214]。

7.1.2 中国制造业比较优势演化与跨链升级特征性事实

1. 中国制造业比较优势演化的特征性事实

根据 2003—2016 年 21 个制造业显性比较优势演化情况将产业进行分类，具体见表 7-1。中国长期以来在国际贸易中保持比较优势的产业是以纺织业和服装业为代表的劳动密集型产业，在产品空间[212]中位于次核心区域①，属

---

① 产品空间图参考 Hidalogo, C., Klinger, B., Barabasi, A. L., Hausmann, R., 2007: "The product space conditions the development of nations", Science, 317, (7): 482—487.

于低技术-高连通性产业[①],具有技术程度不高但要素转化能力强的特点,在国际分工中,多为劳动丰裕的中低收入国家的比较优势产业。以计算机、通信和其他电子设备制造业及仪器仪表制造业为代表的"中国制造",在参与全球价值链体系的过程中发展和积累了丰富的组装加工技术,但这些产业仍属于机械设备类产业中整体技术性水平较低的产业类别。

表7-1 2003—2016年中国制造业显性比较优势动态变化

产业类型	产业
产业保持 (7个)	皮革、毛皮、羽毛及其制品业(17.79)/计算机、通信和其他电子设备制造业及仪器仪表制造业(2.73)/纺织服装、服饰业(2.65)/纺织业(2.35)/金属制品业(1.76)/家具、文教、工美、体育和娱乐用品及其他制造业(1.36)/木材加工和木、竹、藤、棕、草制品业(1.02)
产业升级 (4个)	橡胶和塑料制品业(1.16)/铁路、船舶、航空航天和其他运输设备制造业(1.14)/非金属矿物制品业(0.98)/电气机械制造业(0.97)
产业未升级 (10个)	黑色及有色金属冶炼和压延加工业(0.89)/化学原料、化学制品及化学纤维制造业(0.79)/通用及专用设备制造业(0.71)/造纸和纸制品业(0.55)/食品制造业(0.45)/汽车制造业(0.32)/医药制造业(0.24)/采掘业(0.18)/石油加工、炼焦和核燃料加工业(0.11)/印刷和记录媒介复制业(0.02)
产业失势	—

注:括号内为2003—2016年各产业的平均RCA。

"十一五"和"十二五"期间,中国成功实现跨链升级的4个产业则多聚集在产品空间核心区域外围,是中技术-高连通性的产业。相较于中国传统比较优势产业,这些产业技术附加值更高,并具备较强的产业升级转化能力。以橡胶和塑料制品业为代表的资本密集型产业,和以铁路、船舶、航空航天和其他运输设备制造业为代表的装备制造业的成功升级,说明中国产业升级的驱动力出现变化,正逐渐实现向资本丰裕型国家跨越,产业结构也逐步趋向高级化和合理化。

在产品空间最稠密的核心区域以化学材料、装备制造和道路交通设备为

[①] 参照 Felipe, J.; Kumar, U. and Abdon, A. "How rich countries became rich and why poor countries remain poor: It's the economic structure... duh!" Japan and The World Economy, 2014, 29(1), pp.46—58., 根据产业技术性和连通性的产业分类方法。

主要产业,这部分产业具有高技术的垄断特征,并且能够成为带动其他行业发展的产业,因此,也成为发达国家对发展中国家实行封锁和阻击的目标产业。但是目前中国在这些产业上正处于比较优势缺失的状态,来自自身发展局限和发达国家打击的双重压力下,核心区域产业的升级进程比较缓慢。

2. 跨链升级:中国制造业克服比较优势陷阱的全球价值链升级路径选择

将产品分别按产品连通性指标和产品技术性水平进行高、中、低各按三分之一进行分类,并建立一个横纵坐标分别为连通性和技术性的坐标系,可得到一个3×3的矩阵。本书利用2003—2016年中国37个工业行业为样本[①]对中国工业进行产业分类,分类结果如图7-1所示。用Path-Prody方法描述行业分类,矩阵充分描述了中国制造业未来产业未来发展路径和升级潜力。表7-2显示了Path-Prody组之间和内部的平均接近度。组间的平均邻近度计算了一个组与另一个组之间的距离,从而产品空间中的比较优势演化的过程。结合图7-1和表7-2的产业分类结果和组间平均邻近度,可以发现:

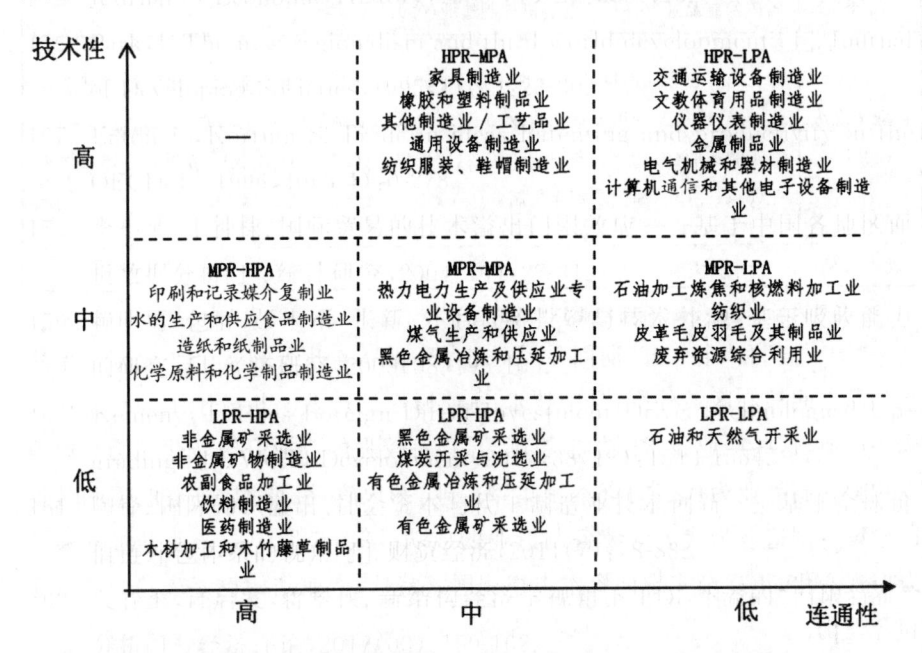

技术性	高	中	低	连通性
高	—	HPR-MPA 家具制造业 橡胶和塑料制品业 其他制造业/工艺品业 通用设备制造业 纺织服装、鞋帽制造业	HPR-LPA 交通运输设备制造业 文教体育用品制造业 仪器仪表制造业 金属制品业 电气机械和器材制造业 计算机通信和其他电子设备制造业	
中	MPR-HPA 印刷和记录媒介复制业 水的生产和供应食品制造业 造纸和纸制品业 化学原料和化学制品制造业	MPR-MPA 热力电力生产及供应专业设备制造业 煤气生产和供应业 黑色金属冶炼和压延加工业	MPR-LPA 石油加工炼焦和核燃料加工业 纺织业 皮革毛皮羽毛及其制品业 废弃资源综合利用业	
低	LPR-HPA 非金属矿采选业 非金属矿物制造业 农副食品加工业 饮料制造业 医药制造业 木材加工和木竹藤草制品业	LPR-HPA 黑色金属矿采选业 煤炭开采与洗选业 有色金属冶炼和压延加工业 有色金属矿采选业	LPR-LPA 石油和天然气开采业	

数据来源:作者整理。

图7-1 中国制造业Path-Prody产业分类矩阵

[①] 利用《中国工业企业统计年鉴》中个产业主营业务收入作为基础数据计算显性比较优势,进而计算联通性和技术性指标。

第7章 全球价值链上的知识溢出对中国制造业比较优势演化的影响

表7-2 中国制造业产业组内平均连通性

	HPR-MPA	HPR-LPA	MPR-HPA	MPR-MPA	MPR-LPA	LPR-HPA	LPR-MPA	LPR-LPA
HPR-MPA	0.608	0.391	0.302	0.215	0.331	0.239	0.146	0.121
HPR-LPA		0.479	0.241	0.194	0.298	0.166	0.106	0.117
MPR-HPA			0.546	0.376	0.283	0.462	0.389	0.181
MPR-MPA				0.511	0.234	0.401	0.449	0.290
MPR-LPA					0.394	0.226	0.210	0.163
LPR-HPA						0.646	0.490	0.254
LPR-MPA							0.629	0.332
LPR-MPA								-

数据来源：作者整理。

中国缺乏高技术-高联通的产业，因此缺少了一个能够连接大量中间产品，具有复杂产业网络的高技术产业。以交通运输制造业和计算机通行为代表的HPR-LPA在HPR产业中占比达到80%，低连通性意味着中国高技术产业生产要素转移的能力不强，实现跨链升级的机会较弱。高新技术产业对产业升级的贡献并没有发挥真正的作用。从表7-2中HPR-LPA与其他类型产业组间平均邻近度的对比发现，这些产业整合其他产业资源的能力也不强，目前该类型产业生产能力无法支撑其跃迁至全新价值链中，只能先进行链内升级。

中国产品空间的另一个特点是，19%的产业被划分为LPR-HPA产业，且这些产业主要是饮料、烟草、食品加工等传统产业，平均技术含量仅为14494。这些产业虽然技术复杂程度不高，但联通性较好，快速跨越能力差。因此具有很大的升级潜力，比较适合跨入更高的产业链上实现跨链嵌入。比较LPR-HPA类型产业的组内组间平均连通性可以发现，其与中技术产业的组间邻近度较高，说明这些产业能够跨越与中技术产业之间的能力距离，实现升级。

因此，中国制造业的产业升级具有"分岔"的特征，并不是沿着"流程—产品—功能—价值链"升级的单一路径进行升级的。根据自身能力积累和产业间能力距离优先选择符合自身能力的升级模式。总体来看，中国技术含量较低的产业借助比较优势积累比较适合进行跨链升级,向更高级的产业链进行跃迁,而技术复杂程度较高的产业受到自身能力的限制,更适合选择优先进行链内升级的模式,在链内攀升的过程中继续积累。

相较于链内攀升,跨链攀升所需跨越的能力距离更远,所需的能力积累更多,只有当发展中国家自身研发水平和溢出效应共同作用于技术进步,协同高级要素禀赋积累,使本国中间产品价格上升时,发展中国家才能实现跨链升级和全球价值链重构。因此,国际知识溢出影响重点考察的是外资与进口的质量的提升对中国制造业全球价值链跨链升级的影响机制。

7.2 模型设置与数据选择

7.2.1 空间计量模型的设置

本章采用超越对数生产函数模型,放松 C-D 生产函数中技术进步中性的约束,建立了一个考察国际知识溢出对中国制造业比较优势影响的模型:

$$\ln RCA_{it} = \alpha + \beta_1 \ln SP_{it}^{type} + \beta_2 \ln RD_{it} + \beta_3 \ln L_{it} + \beta_4 \ln K_{it} + \beta_5 (\ln L_{it})^2/2 \\ + \beta_5 (\ln K_{it})^2/2 + \beta_6 (\ln K_{it} \times \ln L_{it}) \tag{7.4}$$

式中,K_{it} 代表产业的资本投入,L_{it} 代表劳动投入,RD_{it} 代表国内研发投入,SP_{it}^{type} 代表不同维度的国际知识存量 $intersp_{it}^{trade}$,$intersp_{it}^{FDI}$,$intrasp_{it}^{trade}$,$intrasp_{it}^{FDI}$,i 代表产业,t 代表时间。

本书采用空间计量模型检验产业间知识溢出效应,首先构建能够表达产业间相互依存关系的空间权重矩阵,并将其引入模型 7.4 中,针对面板数据,构建了产业动态面板-空间杜宾模型(SDM-Panal)为:

$$\ln RCA_{it} = \tau RCA_{i,t-1} + \rho \sum_{j=1}^{n} \omega_{ij} \ln RCA_{jt} + x_{it}\beta + \ln intrasp_{it}^{trade/FDI}\theta \\ + \sum_{j=1}^{n} \omega_{ij} \ln intersp_{jt}^{trade/FDI}\delta + u_i + \gamma_t + \varepsilon_{it} \tag{7.5}$$

式中,i,j 都代表产业,τ,ρ 分别表示产业显性比较优势的时间滞后效应和产业空间滞后效应,θ 表示水平知识溢出效应,δ 反映了来自于有空间效应下进口贸易渠道和对 FDI 渠道的垂直知识溢出效应,u_i 表示了不随时间变化的产业的异质性,γ_t是不随个体变化的时间效应,ε_{it}为误差项,ω_n是空间权重矩阵,产业空间权重矩阵表达产业间的技术距离或产业间投入产出关系。需要指出的是,在不同空间权重矩阵下模型的水平知识溢出效应的估计结果会出现差异,说明产业内知识溢出对产业升级的作用效果并不仅由产业自身特征决定,不同途径的产业间知识溢出会间接影响产业内知识溢出效应。

7.2.2 数据来源与处理

虽然改革开放以来,中国开始逐步改用联合国 SNA 国民核算体系,但是由于国际标准与国内标准在部门分类、统计口径等方面仍存在不一致的现象。与此同时,联合国和中国分别于 2008 年和 2011 年对国际标准产业分类标准(ISIC)和国民经济行业分类标准(GB)进行了重新调整,从而造成了不同年份统计口径和范围的不一致。因此,本书参照 ISIC Rev. 4,SITC4(国际贸易商品标准分类)与 GB/T 4754-2011,以不重复、不遗漏的行业归并原则,将国际与国内行业对应关系重新进行了调整。例如,中国在 2011 年将旧标准中属于行业代码 41 的工艺品和其他制造业中的美术工艺品,改属于新标准中代码为 24 的文教、工美、体育和娱乐用品制造业,因此,对照国际标准将家具制造业(代码 21)、与文体美及娱乐用品制造业和其他制造业合并为一个新的行业。剔除数据较少的电力、煤气及水的生产供应业、建筑业和服务业行业数据,本章的研究样本涵盖工业部门的 21 个二位码行业,详见表 7-3。

表 7-3　国际、国内部门两位数行业代码对照表

序号	ISIC 代码	GB/T 代码	工业分行业全称
1	D05T09	06~11	采掘业
2	D10T12	13~16	食品制造、饮料及烟草加工业
3	D13	17	纺织业
4	D14	18	纺织服装、服饰业
5	D15	19	皮革、毛皮、羽毛及其制品业
6	D16	20	木材加工和木、竹、藤、棕、草制品业
7	D17	22	造纸和纸制品业
8	D18	23	印刷和记录媒介复制业
9	D19	25	石油加工、炼焦和核燃料加工业

(续表)

序号	ISIC 代码	GB/T 代码	工业分行业全称
10	D20	26,28	化学原料、化学制品及化学纤维制造业
11	D21	27	医药制造业
12	D22	29	橡胶和塑料制品业
13	D22	30	非金属矿物制品业
14	D23	31,32	黑色及有色金属冶炼和压延加工业
15	D25	33	金属制品业
16	D26	39,40	计算机、通信和其他电子设备制造业及仪器仪表制造业
17	D27	38	电气机械和器材制造业
18	D28	34,35	通用及专用设备制造业
19	D29	36	汽车制造业
20	D30	37	铁路、船舶、航空航天及其他交通设备制造业
21	D31T32	21,24,41	家具、文教、工美、体育和娱乐用品及其他制造业

注：ISIC 代码为 ISIC Rev.4 行业代码，GB/T 代码为 GB/T 4754-2011 行业代码。

  本章选取分行业固定资产投资、分行业全部从业人员年平均数和分行业 R&D 内部经费支出代表产业的资本投入、劳动投入和本国的 R&D 投入[①]。中国数据来源于《中国统计年鉴》，《中国工业经济统计年鉴》，《中国科技统计年鉴》。外国分行业、分国别数据来源于 OECD 数据库，出口数据来源于 UN Comtrade 数据库。数据处理方法与第 6 章方法一致。

7.3　FDI 渠道知识溢出对中国制造业比较优势的影响

7.3.1　知识溢出和制造业显性比较优势的空间相关性检验

  考察中国产业间知识溢出的空间效应首先需要验证产业空间相关性。

---

① 本书中制造业的数据的口径为规模以上工业企业。

Moran's I统计量作为空间相关性检验的指标是针对截面数据提出的,本章继续采用何江和张馨之[215]设置的分块对角矩阵 $C=I_T \cdot W, I_T$ 为 $T \times T$ 维度的单位矩阵,利用矩阵 C($NT \times NT$ 维矩阵)代替统计量计算过程中的空间权重矩阵 ω_n($N \times N$ 维矩阵),将 Moran's I 指数扩展为面板模型可应用数据。

表 7-4 所示为 Moran's I 指数检验结果表示强烈拒绝"无空间自相关"的原假设:①FDI 和进口贸易渠道流入中国的知识存量存在产业间的相互作用关系;②ln RCA$_{it}$ 在三种权重矩阵下的 Moran's I 指数都显著说明产业链的联动性使得产业的生产能力受到了其他产业的影响;③产业关联性垂直知识溢出以及前向和后向垂直溢出都显示出较强的空间溢出效应,其中前向关联的空间相关性要略强于后向关联。因此本章采用空间计量模型考虑产业间相互影响。

表 7-4 全局 Moran's I 指数检验结果

变量	$\omega_{ij}^{\text{inter}}$	$\omega_{ij}^{\text{forward}}$	$\omega_{ij}^{\text{backward}}$
lnsp$_{it}^{\text{FDI}}$	0.574***(21.839)	0.538***(23.464)	0.514***(21.772)
lnsp$_{it}^{\text{trade}}$	0.620***(23.562)	0.660***(28.741)	0.658***(30.017)
ln RCA$_{it}$	0.660***(25.172)	0.730***(31.865)	0.708***(27.825)

注:括号内为 z 值,***,**,* 表示在 1%,5%,10% 的统计水平上通过显著性检验。

7.3.2 FDI渠道知识溢出对中国制造业跨链升级的实证分析

引入三种空间权重矩阵考察产业比较优势的空间效应,首先建立静态空间面板模型,考察中国吸收的国际知识溢出对制造业价值链升级的影响,并在此基础之上建立动态面板考察时间滞后效应是否会对产业经济活动的相互作用产生影响。应用面板模型首先需要判断个体效应变量与随机项的相关性,豪斯曼检验结果显示,估计模型采用随机效应模型更为合理。表 7-5 的估计结果 Adjust R^2,Sigma^2 和 ln$L$ 等统计量及变量系数,显示超越对数生产函数的空间面板模型可以很好地拟合中国制造业价值链升级的演化路径,并且在统计上具有一致性和有效性。

表 7-5 FDI 渠道知识溢出对中国制造业跨链升级空间面板模型估计结果

模型	a. 静态空间面板			b. 动态空间面板		
	ω_{ij}^{inter}	$\omega_{ij}^{forward}$	$\omega_{ij}^{backward}$	ω_{ij}^{inter}	$\omega_{ij}^{forward}$	$\omega_{ij}^{backward}$
ln RCA(−1)	—	—	—	0.495*** (8.89)	0.465*** (8.33)	0.498*** (2.66)
ωln RCA	−0.370** (−2.05)	−0.908*** (−3.07)	−0.434*** (−2.73)	0.301* (1.69)	0.667** (2.33)	0.295* (1.58)
ln intrasp^{FDI}	−0.278*** (−5.66)	−0.262*** (−5.49)	−0.264** (−2.55)	−0.138*** (−2.67)	−0.149*** (−2.85)	−0.37** (−1.99)
ln RD	0.351*** (4.47)	0.356*** (4.71)	0.398*** (3.74)	0.224** (2.51)	0.206** (2.36)	0.231** (2.31)
ln intrasp^{FDI}×ln RD	−0.33 (−0.96)	−0.18 (−0.75)	−0.21 (−0.83)	0.097* (1.45)	0.021 (0.54)	0.032 (0.73)
ln K	1.582*** (5.15)	1.562*** (5.23)	1.525* (1.86)	0.874* (1.89)	1.011** (2.22)	0.912 (1.48)
ln intrasp^{FDI}×ln K	0.087* (1.75)	0.074* (1.86)	0.070* (1.69)	0.032 (1.34)	0.066 (2.73)	0.008 (0.19)
ln L	−1.197*** (−3.63)	−1.083*** (−3.42)	−1.106*** (−2.91)	−1.249 (−1.13)	−1.376 (−1.28)	−1.187 (−1.14)
ln intrasp^{FDI}×ln L	−0.035 (−0.67)	−0.019 (−0.37)	−0.026 (−0.25)	−0.100* (−1.96)	−0.086 (1.12)	−0.095* (−1.64)
空间效应							
ωln sp^{FDI}	0.332*** (3.54)	0.323*** (3.29)	0.291** (2.38)	0.146* (1.60)	0.190* (1.95)	0.143 (1.13)
ωln RD	−0.058 (−0.34)	−0.239 (−1.30)	−0.348* (−1.75)	−0.097 (−0.56)	−0.105 (−0.57)	−0.194 (−1.44)
ω(ln sp^{FDI}×ln RD)	0.097 (0.88)	0.066 (0.59)	0.077 (0.48)	0.467** (2.17)	0.138 (0.98)	0.209 (1.47)
Adjust R^2	0.2990	0.3169	0.3053	0.3985	0.4062	0.4004
logL	48.3745	52.1666	55.3697	52.6030	55.3697	51.9912
Sigma^2	0.051	0.048	0.051	0.039	0.038	0.040

注：括号内为 z 值，***，**，* 表示在 1%，5%，10% 的统计水平上通过显著性检验。

第 7 章 全球价值链上的知识溢出对中国制造业比较优势演化的影响

在表 7-5-a 静态空间面板模型中,产业间的相互作用对产业比较优势产生了负向作用,说明相似技术结构的产业间的要素流动会阻碍要素向高端产业跃迁,这与实际不符,正如 Hausmann 和 Klinger[211]认为的那样,潜在比较优势未来能够实现产业升级的可能性与目前地区比较优势产业的相似程度成正相关关系,生产结构越相似的产业具有能够接收更多源于优势产业的生产要素的倾向,因此,忽视升级的时间效应会导致估计结果的偏差。进一步分析表 7-5-b,估计结果显示在加入时间滞后因素的动态空间面板中,空间相关性和时间相关性都呈现显著的正相关关系,这与 Moran's I 指数计算出的空间自相关结果是一致的。相对于静态空间面板相关性估计结果的变化,动态空间面板模型不仅包含了产业显性比较优势的动态变化,而且还包含了很多对产业显性比较优势产生影响但无法观测到的重要信息,譬如政策、环境、文化等在时间上具有连续性的因素,因此后文中将选取动态面板模型的估计结果进行具体分析。时间效应的影响系数约为 0.5,说明产业比较优势是具有连贯性的,产业生产能力的提升是一个逐渐积累的过程。空间计量模型中空间自相关系数表示的是相邻产业是否对本产业产生了一种平均的外部性,及其程度的问题。空间效应影响系数在关联性溢出权重矩阵和前向关联权重矩阵模型下为 0.3,在后向关联权重矩阵模型下为 0.67。说明来自下游关联行业的溢出效应的外部性更加显著。

创新要素投入,相对于资本和劳动而言,在跨链升级中的作用更明显。国际知识溢出作为创新要素的重要来源之一,不同来源渠道和溢出途径对中国产业显性比较优势影响的实证结果比较复杂。

FDI 渠道吸收的知识存量对同一行业的本地企业产生挤出作用,这是由于本土企业在规模和技术上与跨国企业的差距较大,行业内知识溢出的负向竞争效应大于示范效应,致使产业内的 FDI 知识溢出对本行业的 RCA 为显著的负向影响。相反,FDI 行业间知识溢出与中国 RCA 具有空间正相关性,在产业关联性溢出矩阵(ω_{ij}^{inter})模型下,FDI 渠道的知识存量的影响系数为 0.15,说明 FDI 的示范效应也会促进相似投入产出结构产业生产能力的提升。创新机制是驱动国家主导产业在国际市场上形成竞争力的根本原因[56],和国际知识溢出的作用相反,国内 R&D 经费投入仅对促进本产业的升级作用显著(系数分别为 0.22,0.21 和 0.23),而且其推动作用强于国际知识溢出效应,但没产生有明显的外部性作用(空间交互项为负数但在统计上不显著)。说明中国自主创新在水平方向和垂直方向上的差异化可能来源于中国的创新强度较弱,不足以形成产业联动机制,反而可能由于同质性过强造成了竞争[139]。

进一步解析溢出效应的方向性发现,先进的知识会包含在产品中,向前或者向后流入与其具有市场性关联的产业,并被中国内资企业吸收应用,促进了价值链升级。一种方式是从上游 FDI 企业购买高质量或者高技术的中间产品,嵌入在产品中的知识改变了下游行业传统的技术模式,提高了生产效率,促进了下游产业升级;另一种方式,以供应商的角色参与到下游 FDI 企业的生产过程中,要求本地供应商以国际技术标准为参考,生产高质量的中间产品以满足跨国公司产品组装配件要求,知识溢出后向关联效应促进技术进步。从表 7-5-b 中产业间 FDI 溢出效应在后向关联矩阵和前向关联矩阵中的空间相关系数中发现,国际知识要素对下游产业的升级具有显著的正向的溢出效应,但后向关联的溢出效应对上游产业的升级影响不显著,说明中国获得产业间 FDI 知识溢出的主要方式是通过与上游 FDI 企业的经济联系产生的,呈现"非对称性"。其作用机制是:中国企业在使用外资和合资企业提供的产品的过程中,高质量和高技术的中间产品的投入,以及外商通过技术咨询或者提供设备的方式产生了前向关联,从而提高了下游本地厂商的产品质量和技术效率。

7.3.3 FDI 渠道知识溢出对不同产业类型跨链升级的影响

根据制造业的显性比较优势演化将产业分为产业保持、产业升级和产业未升级三种产业类型,表 7-6 讨论 FDI 渠道国际知识溢出对不同类型显性比较优势影响的差异化。

1. 产业保持类型产业

产业保持类型是中国积极参与到全球价值链体系中的产业,在国际市场上具有竞争力。劳动、资本和 R&D 经费投入对扩大产业显性优势水平作用不显著,但产业的比较优势在时间和空间两个维度都具有滞后效应,而 FDI 对这一部分的倾斜程度较小,但在后向关联权重矩阵下,通过产业间的联动作用,FDI 具有水平溢出效应。R&D 经费投入的垂直溢出效应显著为负,对这一类型的产业来说,由于产业的技术复杂程度较低,且创新投入的激励机制并不完善,产业间技术模仿壁垒较低,导致同质性产业间竞争的挤出效应大于互补效应。

2.产业升级类型产业

成功实现产业升级类型是以资本要素为主要驱动力,同时FDI两个渠道的知识溢出都发挥了促进作用,而劳动要素和R&D经费投入的作用不显著。由于显性比较优势发生了从0到1的变化,时间滞后项产生负向影响,产业间的技术相似程度不大,可能是造成产业空间滞后项不显著的原因。这一类型产业主要依靠包括FDI在内的大量的资本投入和上游外资企业的技术溢出效应,实现物质资本和技术资本的积累,完成了跨链嵌入。FDI渠道知识溢出效应虽然来自对上游企业的国际知识存量的转化,但由于FDI产业内知识溢出的负向挤出效应大于垂直的正向溢出效应,使得这些企业在与规模化的跨国公司的博弈中,处于相对被动的位置。

3.未升级产业

产业未升级类型在产品空间中大多位于核心区域,通常技术性更复杂些。本书的实证结果表明,除了连续时间因素和产业空间相关因素的影响外,资本投入、R&D经费投入和来自上下游产业FDI渠道流入的知识存量,都对这些产业的发展起推动作用。虽然FDI对本地企业仍存在挤出效应,但却小于垂直溢出效应的影响。由此可见,驱动核心区域产业升级不能只依靠某一种要素的大量投入,相较于其他类型产业,更需要多种途径的作用,才能实现潜在比较优势产业的转化。

表7-6 FDI渠道国际知识溢出对中国制造业不同升级状态的空间面板模型估计结果

模型	产业保持			产业升级			产业未升级		
	ω_{ij}^{inter}	$\omega_{ij}^{forward}$	$\omega_{ij}^{backward}$	ω_{ij}^{inter}	$\omega_{ij}^{forward}$	$\omega_{ij}^{backward}$	ω_{ij}^{inter}	$\omega_{ij}^{forward}$	$\omega_{ij}^{backward}$
ln RCA(−1)	0.315** (1.93)	0.322* (1,82)	0.294** (2.01)	−0.132*** (−2.09)	−0.127*** (−2.93)	−0.133*** (−3.37)	0.419*** (5.82)	0.374*** (5.02)	0.4449*** (6.11)
ωln RCA	0.344*** (2.96)	0.400*** (3.20)	0.595*** (3.73)	0.114** (2.4)	0.061 (0.78)	0.104 (−1.46)	0.291** (2.09)	0.528*** (2.25)	0.295* (1.58)
ln intrasp^{FDI}	0.058 (1.63)	0.476 (1.12)	0.0562* (1.78)	−0.298*** (−9.21)	−0.265*** (−10.21)	−0.333*** (−6.61)	−0.146** (−2.47)	−0.148*** (−2.53)	−0.121* (−1.98)
ωln sp^{FDI}	0.047 (0.61)	0.058 (0.62)	0.038 (0.65)	0.248*** (3.44)	0.219** (2.21)	0.157 (1.54)	0.272** (2.25)	0.376*** (3.11)	0.278** (2.38)

(续表)

模型	产业保持 ω_{ij}^{inter}	产业保持 $\omega_{ij}^{forward}$	产业保持 $\omega_{ij}^{backward}$	产业升级 ω_{ij}^{inter}	产业升级 $\omega_{ij}^{forward}$	产业升级 $\omega_{ij}^{backward}$	产业未升级 ω_{ij}^{inter}	产业未升级 $\omega_{ij}^{forward}$	产业未升级 $\omega_{ij}^{backward}$
ln RD	0.070 (0.69)	0.047 (0.669)	0.191 (1.34)	0.005 (0.06)	−0.029 (−0.75)	−0.056 (−1.44)	0.402*** (3.59)	0.387*** (3.56)	0.380*** (3.33)
ωln RD	−0.282*** (−3.41)	−0.283*** (−3.26)	−0.398*** (−2.91)	−0.277 (−0.57)	−0.270 (−0.73)	−0.371 (−1.00)	−0.209 (−0.84)	0.013 (0.05)	−0.094 (0.40)
ln K	0.066 (0.09)	0.116 (0.15)	−0.237 (−0.47)	2.375*** (11.13)	2.338*** (6.18)	1.901*** (5.34)	3.416*** (3.83)	3.303*** (3.78)	3.023*** (3.26)
$(\ln K)^2/2$	0.0118 (0.19)	−0.226 (0.22)	−0.044 (−0.45)	−0.086*** (−2.78)	−0.085** (−2.05)	−0.020 (−0.22)	−0.184 (−1.62)	−0.088 (−0.86)	−0.076 (−0.70)
ln L	−0.371 (−0.26)	0.090 (0.20)	−0.478 (−0.05)	0.080 (0.06)	0.220 (0.34)	0.791*** (2.73)	−6.108*** (−3.67)	−5.651*** (−3.52)	−5.301*** (−3.51)
$(\ln L)^2/2$	0.057 (0.14)	0.439 (3.76)	−0.194 (−0.65)	0.375 (1.55)	0.334** (2.46)	0.322*** (4.28)	1.691*** (3.39)	1.770*** (3.65)	1.700*** (3.33)
ln K×ln L	−0.024 (−0.14)	−0.042 (−0.22)	0.110 (0.71)	−0.251*** (−6.74)	−0.239*** (−5.74)	−0.304*** (−3.86)	−0.357** (−2.13)	−0.460*** (−2.91)	−0.441*** (−2.63)
Adjust R^2	0.2388	0.2357	0.2708	0.3877	0.3838	0.3884	0.6814	0.6832	0.6625
log L	66.4403	66.2220	68.9472	5.4866	5.4866	5.4866	37.2883	38.2343	34.1204
Sigma^2	0.011	0.011	0.010	0.042	0.043	0.042	0.031	0.031	0.033

注：括号内为 z 值，***，**，* 表示在 1%、5%、10% 的统计水平上通过显著性检验。

综上所述，在推动中国产业升级的过程中，国际知识溢出起到了不可或缺的作用，但由于不同类型产业的技术密集程度的不同，使得国际知识溢出对产业比较优势动态变化过程的作用方式也有所不同。低技术密集程度的产业，作为发达国家主要零部件供应商和外包产品承包国的角色参与国际分工，这些产业以国际标准进行生产，提高了产品质量和生产效率，促进了产业工艺上和技术上的进步，保持了显性比较优势的不失势，也形成了中国目前在国际分工中的格局。对于产业实现升级的这种类型而言，在贸易和投资双渠道的国际知识溢出作用下，升级能力得到了迅速积累，但对于一些技术门限低的产业,挤出效应还是很明显的。产业未升级类型,虽然目前比较优势还没显性,但贸易和投资、R&D经费投入都具有显著的推动作用,具备潜在升级能力。

7.4 进口贸易渠道知识溢出对中国制造业比较优势的影响

7.4.1 进口贸易渠道知识溢出对中国制造业跨链升级影响的实证分析

如表7-7所示,通过进口贸易渠道流入中国的外国知识存量,无论是直接进入本行业的行业内知识溢出,还是在中间品贸易过程中接收的行业间知识溢出,对中国本土行业显性比较优势的作用都不显著。

表7-7 进口贸易渠道知识溢出对中国制造业比较优势空间面板模型估计结果

模型	$\omega_{ij}^{\text{inter}}$	$\omega_{ij}^{\text{forward}}$	$\omega_{ij}^{\text{backward}}$
ln RCA(−1)	0.449*** (9.57)	0.543*** (10.27)	0.595*** (11.02)
ln intrasp^{trade}	0.003(0.66)	0.034(0.89)	0.086(1.27)
ln RD	0.166** (2.98)	0.144** (2.37)	0.125* (2.11)
ln intrade×ln RD	−0.002(−1.12)	0.024(1.00)	0.012(0.92)
ln K	0.836** (2.39)	−0.104(−0.77)	−0.122(−0.82)
ln intrade×ln K	0.006(0.29)	−0.009(−0.68)	−0.012(−0.88)
ln L	−1.176(−1.25)	0.136(0.56)	0.168(0.84)
ln intrade×ln L	0.007(1.00)	−0.004(−1.12)	−0.002(−1.09)
空间效应			
ωln sp^{trade}	0.090** (2.04)	0.024(0.89)	−0.039(−0.10)
ωln RD	−0.030(1.40)	−0.098(−0.67)	−0.184(−0.46)
ω(ln sp^{trade}×ln RD)	−0.059** (−2.33)	0.023(0.85)	0.012(0.29)
ωln RCA	0.669* (1.95)	0.642*** (2.56)	0.553*** (1.92)
Adjust R^2	0.9326	0.9156	0.9277
ln L	55.819	49.842	43.186
Sigma^2	0.038	0.045	0.043

注:括号内为z值,***,**,*表示在1%,5%,10%的统计水平上通过显著性检验。

7.4.2 进口贸易渠道知识溢出对不同产业类型跨链升级影响的分析

根据制造业的显性比较优势演化将产业分为产业保持、产业升级和产业未升级三种产业类型,表 7-8 讨论了进口贸易渠道国际知识溢出对不同类型显性比较优势影响的差异化。

表 7-8 进口贸易渠道国际知识溢出对不同类型制造业影响空间面板模型估计结果

模型	产业保持			产业升级			产业未升级		
	ω_{ij}^{inter}	$\omega_{ij}^{forward}$	$\omega_{ij}^{backward}$	ω_{ij}^{inter}	$\omega_{ij}^{forward}$	$\omega_{ij}^{backward}$	ω_{ij}^{inter}	$\omega_{ij}^{forward}$	$\omega_{ij}^{backward}$
ln RCA(−1)	0.315**	0.322*	0.294**	−0.132***	−0.127***	−0.133***	0.419***	0.374***	0.4449***
	(1.93)	(1,82)	(2.01)	(−2.09)	(−2.93)	(−3.37)	(5.82)	(5.02)	(6.11)
ωln RCA	0.344***	0.400***	0.595***	0.114**	0.061	0.104	0.291**	0.528***	0.295*
	(2.96)	(3.20)	(3.73)	(2.4)	(0.78)	(−1.46)	(2.09)	(2.25)	(1.58)
ln intrasp^{trade}	0.014	0.017	0.018	0.076***	0.071***	0.040	0.004	−0.012	−0.003
	(0.82)	(0.84)	(1.37)	(3.30)	(3.23)	(1.39)	(0.14)	(−0.45)	(−0.09)
ωln sp^{trade}	0.088***	0.102***	0.957***	−0.023	−0.027	0.267	−0.012	−0.177*	−0.111
	(5.19)	(5.19)	(3.95)	(−0.06)	(−0.07)	(1.01)	(−0.14)	(−1.69)	(−1.00)
ln RD	0.070	0.047	0.191	0.005	−0.029	−0.056	0.402***	0.387***	0.380***
	(0.69)	(0.669)	(1.34)	(0.06)	(−0.75)	(−1.44)	(3.59)	(3.56)	(3.33)
ωln RD	−0.282***	−0.283***	−0.398***	−0.277	−0.270	−0.371	−0.209	0.013	−0.094
	(−3.41)	(−3.26)	(−2.91)	(−0.57)	(−0.73)	(−1.00)	(−0.84)	(0.05)	(0.40)
ln K	0.066	0.116	−0.237	2.375***	2.338***	1.901***	3.416***	3.303***	3.023***
	(0.09)	(0.15)	(−0.47)	(11.13)	(6.18)	(5.34)	(3.83)	(3.78)	(3.26)
$(\ln K)^2/2$	0.0118	−0.226	−0.044	−0.086***	−0.085**	−0.020	−0.184	−0.088	−0.076
	(0.19)	(0.22)	(−0.45)	(−2.78)	(−2.05)	(−0.22)	(−1.62)	(−0.86)	(−0.70)
ln L	−0.371	0,090	−0.478	0.080	0.220	0.791***	−6.108***	−5.651***	−5.301***
	(−0.26)	(0.20)	(−0.05)	(0.06)	(0.34)	(2.73)	(−3.67)	(−3.52)	(−3.51)
$(\ln L)^2/2$	0.057	0.439	−0.194	0.375	0.334**	0.322**	1.691***	1.770***	1.700***
	(0.14)	(3.76)	(−0.65)	(1.55)	(2.46)	(4.28)	(3.39)	(3.65)	(3.33)
ln K × ln L	−0.024	−0.042	0.110	−0.251***	−0.239***	−0.304***	−0.357***	−0.460***	−0.441***
	(−0.14)	(−0.22)	(0.71)	(−6.74)	(−5,74)	(−3.86)	(−2.13)	(−2.91)	(−2.63)
Adjust R^2	0.2388	0.2357	0.2708	0.3877	0.3838	0.3884	0.6814	0.6832	0.6625
logL	66.4403	66.2220	68.9472	5.4866	5.4866	5.4866	37.2883	38.2343	34.1204
Sigma^2	0.011	0.011	0.010	0.042	0.043	0.042	0.031	0.031	0.033

注:括号内为 z 值,***,**,* 表示在 1%,5%,10% 的统计水平上通过显著性检验。

1. 产业保持类型产业

产业保持类型是中国积极参与到全球价值链体系中的产业,在国际市场上具有竞争力。产业的比较优势在时间和空间两个维度都具有滞后效应,除此之外,进口贸易渠道垂直知识溢出效应也对当期显性比较优势产生了积极作用,而且进口贸易渠道的后向关联知识溢出效应大于前向关联效应。下游企业进口外国产品,迫使上游本地供应商学习模仿嵌入外国产品中的技术,形成后相关联溢出。

2. 产业升级类型产业

成功实现产业升级类型是以资本要素为主要驱动力,进口贸易渠道的知识溢出发挥了促进作用,而劳动要素和 R&D 经费投入的作用不显著。由于显性比较优势发生了从 0 到 1 的变化,时间滞后项产生负向影响,产业间的技术相似程度不大,可能是造成产业空间滞后项不显著的原因。这一类型产业依靠进口产品的示范效应对本地企业的"感染"实现物质资本和技术资本的积累,完成了跨链嵌入。直接进口外国的产品,通过"逆向研发"的方式,附着于进口商品的产业内知识溢出发挥了促进产业升级的作用。

3. 未升级产业

产业未升级类型在产品空间中大多位于核心区域,通常技术性更复杂些。本书的实证结果表明,除了连续时间因素和产业空间相关因素的影响外,资本投入,R&D 经费投入都对这些产业的发展起推动作用。但是进口贸易渠道国际知识溢出对未升级的潜在优势产业提升国际竞争力的影响不显著。说明对于技术复杂的产业来说,受到国际知识溢出机制的限制,仅依靠"逆向研发"获取的知识溢出对产业技术进步作用甚微,驱动核心区域产业升级不能只依靠某一种要素的大量投入,相较于其他类型产业,更需要多种途径的作用,才能实现潜在比较优势产业的转化。

7.5 本章小结

本章对国际知识溢出的来源和途径进行了划分,并提出了相应的测算方法,引入三种空间权重矩阵,利用 2003—2016 年动态面板-空间杜宾模型,实证检验了国际知识溢出对中国产业升级的影响。研究表明,中国价值链升级在时间上具有连续性,累积效果显著。总体上,FDI 渠道的溢出效应大于进口贸易渠道;行业间知识溢出具有促进作用,而行业内知识溢出具有挤出效应;

垂直溢出的前向关联效应大于后向关联效应。分产业类型来看,进口贸易渠道的知识溢出对阻碍中国现有比较优势产业失势具有积极作用;进口和FDI双渠道的知识溢出对研究期内实现产业升级的产业都发挥了作用;国际投资渠道知识溢出的前向关联效应对中国发展潜在优势产业具有显著的促进作用。

第8章 中国制造业全球价值链升级路径

改革开放40年以来,对外开放的环境以及中国丰富的劳动力和资源,吸引了大量外资企业在华进行投资,并促进了以加工贸易为主的贸易模式高速发展。中国制造业出口额度的扩大、出口结构的优化以及出口产品技术含量的提升,均说明国际投资、贸易以及知识溢出提升了中国制造业全球价值链分工地位。但值得注意的是,中国制造业全球价值链分工地位的提升面临着发达国家的低端环节锁定控制和高端环节攀升阻碍的多重压力风险,过去粗放发展模式的负面影响已经显现,中国制造业正在寻求转型升级以谋求高质量发展的路径。现阶段中国对于外资的引入方式仍不完善,从区域上看存在着不平衡和不充分的问题,从质量上看,则存在着重复引资、集中引资现象,中国引入外资和进口贸易的红利并没有完全得到释放。国际知识溢出作为中国制造业发展的重要外生影响因素,是否仍能发挥其溢出效应,在新的发展阶段继续促进中国制造业参与全球价值链分工的结构性调整。因此,挖掘国家知识溢出的有利渠道对中国制造业实现全球价值链分工地位提升,以及参与全球价值链分工模式的转变具有重要意义。

参与全球价值链分工,中国制造业在全球价值链体系中的地位、参与环节及程度是衡量一国在全球价值链上获利能力及升级的内容。在国际分工新格局形成的背景下,本书基于对中国制造业全球价值链分工地位、参与全球价值链分工环节及参与程度的考察,研究了中国在全球生产网络中获取的不同渠道的国际知识溢出,对中国制造业参与全球价值链分工的影响机制和作用。

8.1 全球价值链上知识溢出效应的不确定性

全球价值链上知识溢出对中国制造业全球价值链升级影响具有渠道、途径以及影响方式的异质性。知识溢出渠道和途径的复杂导致全球价值链知识溢出效应的不确定性,正负溢出效应的叠加会造成国际知识溢出对中国制造业全球价值链升级影响结果的多样性。因此,本书甄别了国际知识溢出两种渠道和四种途径的真实效应,对中国制造业有效利用知识溢出效应促进全球价值链升级具有重要意义。本节通过梳理国际知识溢出的异质性,找到促进中国制造业全球价值链升级的有效知识溢出渠道和途径,以及产生负外部性的国际知识溢出渠道和途径,放大有效途径,调节无效效应甚至是负效应。

8.1.1 知识溢出对中国制造业在全球价值链获利能力影响的不确定性

表 8-1 综合两种渠道的国际知识溢出对中国制造业全球价值链分工地位的影响,通过比较两种渠道国际知识溢出的四种溢出途径影响中国制造业在全球价值链体系中的获利能力,发现知识溢出效应的异质性。

表 8-1 国际知识溢出影响中国制造业获利能力的比较

溢出效应	中国制造业全球价值链分工地位	
溢出渠道	FDI	进口贸易
水平效应	提升获利能力	提升获利能力
后向关联效应	阻碍获利能力提升	提升活力能力
前向关联效应	阻碍获利能力提升	提升获利能力
技术关联效应	提升获利能力	提升获利能力

资料来源:作者整理。

①FDI 国际知识溢出效应对中国制造业分工地位产生负向效应,阻碍中国制造业参与全球价值链分工地位的晋升。

FDI 渠道水平国际知识溢出通过竞争和示范效应,提升中国制造业全球价值链分工地位,垂直方向上技术关联效应促进全球价值链分工地位的提升,但是后向关联和前向关联效应均阻碍中国制造业全球价值链分工地位的提升。综上,FDI 渠道国际知识溢出对中国制造业获利能力的提升作用不足以弥补 FDI 对中国制造业的控制,导致中国上游企业很难获得外资企业核心技术溢出,下游企业则会被限制在组装加工环节。行业技术水平的提高和人力资本投入的增加,虽然能够调节国际知识溢出的效应,但由于 R&D 投入的不足限制了吸收能力的发挥,使得中国制造业在全球价值链上,升级的方向和幅度均被发达国家通过外资手段控制,说明通过引进外资提高产业全球价值链分工地位和高端嵌入的政策收效甚微。

FDI 渠道国际知识溢出对中国制造业全球价值链分工地位主要体现为负向溢出效应。一方面由于不同动机的外资企业进入，主要是以消耗中国劳动力和资源比较优势为目的的效率寻求型和资源寻求型 FDI 的进入，阻碍中国制造业提升全球价值链分工地位。另一方面是由于中国制造业本身吸收能力不强造成的。水平方向上人力资本、研发投入和技术水平的均表现为负向调节作用，说明中国吸收能力不仅不能促进中国制造业吸收国际知识溢出，并且还可能导致国际知识溢出对中国制造业产生挤出效应。垂直方向上，吸收能力的调节作用比较复杂，但整体表现为正向调节作用或者调节作用不显著，说明垂直方向上吸收能力的增强能够正向影响溢出效应的发挥，但存在门限效应。

②进口贸易渠道国际知识溢出效应提升了中国制造业全球价值链分工的地位。

进口贸易渠道水平国际知识溢出促进中国制造业全球价值链分工地位的提升。以劳动力比较优势融入全球价值链，能够通过模仿和"逆向研发"迅速获得进口产品中的技术，促进中国制造业技术水平的提升，但水平方向上人力资本、研发投入和行业技术水平的影响作用不显著，有可能是没有跨越门限。

进口贸易渠道垂直知识溢出能够从多种途径促进中国制造业全球价值链分工地位的提升，产业的后向关联性溢出、前向关联性溢出以及技术关联性溢出均对全球价值链分工地位的提升具有促进作用，具体表现为：下游行业的技术进口对上游行业企业技术进步形成"倒逼机制"，能减少行业的进口依赖程度；上游产业进口高技术含量的中间投入品，通过前向关联效应对中国形成整机生产能力的提升具有积极作用，促进中国制造业全球价值链分工地位晋升；技术关联效应则通过技术相近产业的竞争以及示范效应，带动技术结构相似产业的全球价值链分工地位的提升。

进口贸易渠道国际知识溢出则主要表现为正向促进效应，中间品、最终品和技术的进口方式会导致知识溢出效应的多样化。中国企业和外资企业间的管理方式和技术水平具有显著的差异，这种无意识地对中国企业的示范效应、竞争效应和人员流动的效应，更多地需要借助中国企业自身对国际知识溢出的吸收能力，才能够发挥其溢出效应。

综上所述，进口贸易渠道国际知识溢出通过多样化途径对中国制造业全球价值链分工地位的提升具有正向作用,是中国制造业国际分工获利能力增强的动力之一。

8.1.2 知识溢出对中国制造业全球价值链高端攀升影响的不确定性

表8-2报告了两种渠道国际知识溢出对中国制造业嵌入全球价值链高端环节程度的影响,通过对比两种国际知识溢出效应,本章发现不同渠道国际知识溢出对中国制造业嵌入全球价值链高端环节程度影响具有异质性。FDI渠道国际知识溢出效应表现为阻碍中国制造业高端环节参与程度深化。进口贸易渠道国际知识溢出效应表现为促进中国制造业高端环节参与程度深化,因此进口贸易渠道的国际知识溢出途径比较有利。

表8-2 国际知识溢出影响中国制造业高端环节嵌入程度的比较

溢出效应	中国制造业全球价值链高端环节参与程度	
溢出渠道	FDI	进口贸易
水平效应	阻碍向高端环节攀升	促进向高端环节攀升
后向关联效应	阻碍向高端环节攀升	促进向高端环节攀升
前向关联效应	阻碍向高端环节攀升	阻碍向高端环节攀升
技术关联效应	促进向高端环节攀升	无影响

资料来源:作者整理。

①FDI的水平溢出对中国制造业嵌入全球价值链高端环节程度的作用,主要表现为阻碍中国向制造业价值链高端环节攀升。

FDI渠道垂直溢出的后向关联效应和前向关联效应,对中国制造业深化嵌入全球价值链高端环节程度均产生阻碍作用。说明FDI企业在核心零部件和关键技术领域会选择对中国制造业溢出较少的途径,依靠进口,仅在中国完成技术密集度较低的生产环节,加深了中国制造业在组装加工环节的程度。上游FDI企业生产的高质量高水平的中间产品,能够一定程度上提高下游内资企业技术水平,促进中国制造业实现"工艺升级"或"产品升级",但是阻碍中国制造业实现"功能升级",为中国制造业向前端高附加值环节"研发设计"或者后端高附加值环节"销售"的过渡设置障碍。对上游行业FDI使用率越高的行业,越倾向于通过参与全球价值链分工的形式拉动其他行业国内产品的内需,因此,过度依赖外部技术,容易使工业化道路受制于人。在所有FDI溢出途径中技术关联途径最为有利,能够通过技术结构相似产业间的感染机制,促进产业技术进步,突破发达国家 FDI 企业对中国制造业本土企业的制约。

②进口贸易水平溢出对中国制造业嵌入全球价值链高端环节程度表现为促进作用,而市场性垂直溢出存在"非对称性"的特点。

产业的后向关联效应提升中国制造业高端参与程度,但前向关联则产生锁定效应,而技术关联性溢出不显著。对此的解释是,跨国公司主导的全球价值链,限制了核心环节关键技术对中国的进口,阻碍了中国主动通过进口上游高技术中间产品来提升整机生产能力,限制中国技术进步,表明发达国家试图通过贸易手段将中国控制在组装加工环节上的参与模式中。

8.1.3 知识溢出对中国制造业摆脱全球价值链低端锁定困境影响的不确定性

表 8-3 所示为两种渠道国际知识溢出对中国制造业嵌入全球价值链低端环节深度影响结果,国际知识溢出对中国制造业嵌入全球价值链低端环节影响主要表现为抑制中国制造业低端参与程度。

表 8-3 国际知识溢出影响中国制造业低端环节嵌入程度的比较

溢出效应	中国制造业全球价值链高端环节参与程度	
溢出渠道	FDI	进口贸易
水平效应	摆脱低端锁定困境	深化低端锁定困境
后向关联效应	摆脱低端锁定困境	摆脱低端锁定困境
前向关联效应	深化低端锁定困境	摆脱低端锁定困境
技术关联效应	摆脱低端锁定困境	摆脱低端锁定困境

资料来源:作者整理。

①FDI 的水平溢出效应表现为抑制中国制造业过度嵌入制造业低端环节。

FDI 渠道垂直溢出的后向关联效应为负,即下游环节 FDI 企业的进入增加了中国本土供应商的需求以及技术能力要求,提升了上游制造业整体的技术水平,因此能够通过后向关联机制减少中国制造业出口的对外依赖程度,减少出口中外国价值比例,对中国制造业参与全球价值链分工的价值留存能力产生促进作用。与后向关联效应相反的是,前向关联效应固化了中国制造业低端参与模式,这可能与中国引资质量有关,基于加工贸易模式效率寻求型 FDI 进入中国,效率寻求型 FDI 的目的在于获取中国丰富的廉价劳动力资源,提升跨国企业自身全球生产网络的效率，因此会加强对中国制造业在生产环节的控制。

②进口贸易水平溢出效应深化中国制造业低端参与程度，说明进口产品的技术水平不高，示范和模仿效应微弱，以加工贸易为主的贸易模式固化中国制造业低端参与全球价值链分工中的模式，造成低端锁定的困境。进口贸易渠道垂直溢出效应表现为抑制中国制造业嵌入全球价值链低端环节的程度，说明关联机制下国际知识溢出效应能够帮助中国制造业摆脱低端锁定的困境。

8.1.4 知识溢出对中国制造业比较优势跃迁影响的不确定性

表8-4报告了两种渠道国际知识溢出对中国制造业产业比较优势演化的影响结果，国际知识溢出对中国制造业比较优势影响主要表现为促进中国制造业显性比较优势向新的价值链条流动。

总体来看，中国制造业价值链跨链升级的动力，一方面来源于国内本行业的R&D投入，另一方面来源于国际知识溢出，但由于中国企业与FDI企业相比，技术水平较低，没有竞争能力，不仅抑制了水平溢出效应的发挥和吸收，在垂直溢出效应中，作用途径也是不对称的，只在FDI渠道中产生了产业关联性溢出效应和前向溢出。说明通过引进外资提高产业升级能力的政策收效甚微。

从不同产业类型来看，来自进口贸易的垂直溢出效应，以及下游企业进口上游行业的外国中间产品对内资的上游行业产生了水平溢出的竞争效应，是产业保持比较优势的主要动力；而对于在研究期内成功实现升级的产业而言，国际知识溢出是主要动力，FDI产生垂直溢出效应，尤其是前向关联效应，以及进口贸易产生的水平溢出效应都对中国部分产业实现产业升级产生了促进作用；还有一些产业，虽然还没有成功实现升级，但实证结果表明，这些产业升级的潜力还是很大的，资本、R&D经费投入和来自上下游产业FDI渠道流入的知识存量都起到了推动作用。

综合上述，中国在吸收国际知识溢出的各种途径中，FDI最为有利，产业会被相似技术结构的行业中外资企业知识活动的溢出效应而"感染"，而与上下游外资企业的市场交易吸收的知识溢出则呈现出方向性特征，即上游外资企业产生的后向知识溢出效应最好。说明中国企业的技术进步陷入了FDI的

"需求锁定"中,国际知识溢出的途径非常狭窄,中国上游企业很难获得外资企业的核心技术,只能从 FDI 不得不溢出的途径中,获得一些新技术。

表 8-4 国际知识溢出效应对中国制造业跨链升级的影响

溢出途径	显性比较优势	
	FDI	进口贸易
水平溢出	负向影响	不显著
后向关联	对未升级产业具有促进作用	对产业保持类型产业具有促进作用,促进效用最大
前向关联	1. 对未升级产业具有促进作用; 2. 对成功升级产业具有促进作用	1. 对产业保持类型产业具有促进作用; 2. 对未升级产业具有负向影响
技术关联	1. 对未升级产业具有促进作用; 2. 对成功升级产业具有促进作用	对产业保持类型产业具有促进作用

8.2 知识溢出视角下中国制造业全球价值链升级机遇与挑战

通过对中国制造业显性比较优势以及全球价值链融入深度和嵌入位置的现状分析发现,目前中国制造业正在经历分岔式产业升级,要素禀赋和技术能力的积累促使一部分产业成功实现跨链升级参与全球价值链重构,一部分产业实现链内升级。成功实现升级的制造业产业具有出口附加值更高,产业升级转化能力较强的特点。正处于从进口零部件生产组装阶段向大规模整机生产能力提升阶段过渡的时期。但高技术、高附加值产业正处于成长期,中国制造业全球价值链升级面临着自身发展动力持续性不足以及发达国家低端锁定的风险。对于中国制造业价值链升级来说,知识资本和技术进步的动力组合发挥了重要作用,其中来源于发达国家的知识溢出是中国知识资本积累和技术进步的重要来源,对中国制造业全球价值链跨链升级和链内攀升都有影响作用。

中国制造业产业升级在时间上具有连续性,累积效果显著;空间上具有依赖性,产业联动影响显著。中国出口显性比较优势指标,出口全球价值链嵌入位置指标以及前端、后端价值链参与程度指标的时间滞后效应和空间滞后效应均显著。研究表明,全球价值链升级是一个从量变到质变的过程,时间维度上的积累效果显著。基于技术相似和产业关联的机制,产业升级过程不是独立的,也会受到其他产业技术水平的影响,空间维度上价值链升级具有联动效应。

8.2.1 知识溢出视角下中国制造业全球价值链升级机遇

1. 技术进口促进跨国知识流动推动中国制造业价值链升级

相较自主研发新产品,发展中国家企业在吸收已有技术进行二次创新上更具比较优势,而进口品是技术溢出和扩散的重要载体,因而进口对企业技术创新的发展至关重要。进口对中国企业技术创新的影响效应比出口积极,一方面进口企业创新能力的提高可以辐射带动国内价值链上下游企业创新,另一方面通过进口学习效应,可以推动出口升级。产品内含的技术含量往往越高,有助于企业利用技术外溢效应并从中模仿、学习和再创新,提升其创新水平。这表明在国内自主创新能力不足的情况下,鼓励进口下游度较高的蕴含高科技含量的产品是提升技术创新水平的重要路径,一定程度上也从生产链角度印证了中国将企业进口高端设备与技术作为政策着力的主要方向的正确性。

进口贸易渠道国际知识溢出通过多样化途径对中国制造业全球价值链分工地位的提升具有正向作用,是中国制造业国际分工获利能力增强的主要动力。进口贸易水平溢出对中国制造业嵌入全球价值链高端环节程度表现为促进作用,而市场性垂直溢出存在"非对称性"的特点:产业的后向关联效应提升中国制造业高端参与程度,但前向关联则产生锁定效应,而技术关联性溢出不显著。对此的解释是,跨国公司主导的全球价值链,会限制核心环节关键技术对中国的出口,通过阻碍中国主动进口上游高技术中间产品来提升整机生产能力的途径,将中国限制在组装加工环节上的参与模式中。

2. FDI渠道知识溢出抑制中国制造业过度嵌入有助于摆脱低端锁定风险

FDI渠道水平国际知识溢出,通过竞争和示范效应,提升中国制造业全球价值链分工地位,垂直方向上技术关联效应促进全球价值链分工地位的提升,知识溢出的"前向关联效应"是指产业作为需求端,在购买产品的过程中,吸收上游产业知识溢出对东道国技术进步和要素禀赋结构变动产生的效应,着重表现的是知识或技术从上游产业向后流动,从而对中国制造业产生作用。通过前向关联,第一,内资企业可以直接获得FDI企业的技术溢出;第二,内资企业可以从处于FDI企业获得质量好、技术含量高且价格低廉的中间投入品,由此可以提高本地企业的生产效率;第三,由FDI企业销售的这些产品通常还附有相关的辅助售后服务,而这些服务,东道国国内企业原来通过进口中间投入品是无法获取的。

FDI的水平溢出效应表现为抑制中国制造业过度嵌入制造业低端环节。FDI渠道垂直溢出的后向关联效应为负,即下游环节FDI企业的进入增加了中国本土供应商的需求以及技术能力要求,提升了上游制造业整体的技术水平,因此能够通过后向关联机制减少中国制造业出口的对外依赖程度,减少出口中外国价值比例,对中国制造业参与全球价值链分工的价值留存能力产生促进作用。与后向关联效应相反的是,前向关联效应固化了中国制造业低端参与模式,这可能与中国引资质量有关,基于加工贸易模式效率寻求型FDI进入中国,效率寻求型FDI的目的在于获取中国丰富的廉价劳动力资源,提升跨国企业自身全球生产网络的效率,因此,会加强对中国制造业在生产环节的控制。

8.2.2 知识溢出视角下中国制造业全球价值链升级阻碍

1.进口贸易的"锁定效应"

进口贸易水平溢出效应深化中国制造业低端参与程度,说明进口产品的技术水平不高,示范和模仿效应微弱,以加工贸易为主的贸易模式固化中国制造业低端参与全球价值链分工中的模式,造成低端锁定的困境。进口贸易渠道垂直溢出效应,表现为抑制中国制造业嵌入全球价值链低端环节的程度,说明关联机制下国际知识溢出效应能够帮助中国制造业摆脱低端锁定的困境。改革开放后,中国抓住了经济全球化下发达国家在全球布局产业链的机遇,凭借中国的劳动成本、土地等优势,有效承接发达国家转移的制造环节,通过代工方式融入了全球价值链,发展成为全球重要的加工制造基地。然而中国企业主要采用来料加工方式,按照发达国家的委托进行原料加工或配件组装。进料加工成为加工贸易主要方式,且企业进行加工的产品附加值不断提升,由劳动密集型产品向资本、技术密集型产品升级,电子、机械产品的加工组装比重提升。近几年,中国实行积极的进口政策,已连续10年成为全球第二大进口国。然而,中国的技术创新水平与其贸易大国的地位并不相称,进口的创新效应没有得到充分发挥,背后的原因值得深入探讨。

2. FDI的"攫取效应"

FDI渠道知识溢出的后向关联和前向关联效应均阻碍中国制造业全球价值链分工地位的提升。中国高新技术产品出口规模占到全国出口总量的居世界第一,但高新技术产品出口的国内附加值率却很低,主要原因是中国高新技术产品生产所需的核心技术、核心部件主要依赖进口,国内价值链延伸较短,高新技术产业关联和外溢效应较弱。目前,随着劳动、土地、资源等要素成本上升的制约,进行简单加工装配的企业利润率不断被压缩,许多企业开始注重一般部件甚至关键部件的生产,进行自主研发创新、设计并创建品牌、拓展海外渠道,但由于核心技术缺乏、自主品牌知名度小、拓展海外市场困难等问题,加上与发达国家跨国公司相比,实力悬殊、竞争力弱,难以突破其核心技术封锁、市场垄断等方面的阻碍,向全球价值链的研发和品牌环节升级较困难。

FDI的水平溢出对中国制造业嵌入全球价值链高端环节程度的作用,主要表现为阻碍中国向制造业价值链高端环节晋升。FDI渠道垂直溢出的后向关联效应对中国制造业深化嵌入全球价值链高端环节程度产生阻碍作用,说明FDI企业在核心零部件和关键技术领域主要依靠进口,仅在中国完成技术密集度较低的生产环节,因此加深了中国制造业在组装加工环节的程度。FDI渠道前向关联效应也抑制中国制造业高端环节参与全球价值链分工程度的深化,说明上游FDI企业为中国制造业向前端高附加值环节"研发设计"或者后端高附加值环节"销售"的过渡设置障碍。对上游行业FDI使用率越高的行业,越倾向于通过参与全球价值链分工的形式拉动其他行业国内产品的内需,过度依赖外部技术,容易使工业化道路受制于人。在所有FDI溢出途径中技术关联途径最为有利,能够通过技术结构相似产业间的感染机制,促进产业技术进步,突破发达国家FDI企业对中国制造业本土企业的制约。

究其原因,一方面,源于中国行业自身发展的限制,技术水平不仅抑制了水平溢出效应的发挥和吸收,还会因为中国企业技术水平与产品质量尚未达到外资企业标准,而被下游企业"淘汰",过大的技术差距阻碍了知识溢出的吸收和利用。另一方面,中国在融入全球价值链中的初始地位相对较低,"大进大出,两头在外"的贸易模式,导致资源寻求型和效率寻求型FDI企业的进入,攫取了中国市场。以FDI渠道后向关联效应对中国制造业国际分工获利能力的影响为例,通过三个维度吸收能力对下游产业知识溢出的吸收,后向关联效应的作用均为正,但是整体上国际知识溢出的后向关联效应为负,这说明发达国家FDI进入中国市场的动机导致了溢出的负向效应。

综上所述,通过引进外资提高产业国际分工获利能力的政策收效甚微。国际知识溢出的途径非常狭窄,中国上游企业很难获得外资企业的核心技术,只能从FDI不得不溢出的途径中,获得一些新技术。从FDI渠道的产业间技术关联性垂直溢出途径角度来说,国际知识溢出对中国全球价值链分工地位的正向影响机制较为成熟,整体上行业内和行业间FDI渠道的国际知识溢出,对中国制造业全球价值链分工地位攀升具有正向溢出效应,但不能忽视自身发展水平不足导致的水平国际知识溢出的"攫取效应"。

3.本土企业吸收能力的"门限效应"

中国制造业吸收能力对国际知识溢出效应具有调节作用,但仍存在能力不足、无法跨越门限的问题。进口先进技术或设备并进行"逆向研发"是中国技术进步的原因之一,该渠道下的国际知识溢出通过获取、转化、同化和利用四个步骤发挥其作用,然而许多溢出途径下人力资本投入、研发投入和行业技术水平的影响作用不显著,说明中国制造业吸收能力没有跨越门限,发挥知识溢出的引领作用。同时,与外资企业相比,中国制造业技术水平较低,过大的技术差距阻碍了知识溢出的吸收和利用,因此,提高人力资本和研发投入以及中国制造业技术水平,增强中国制造业吸收能力,有利于提高中国制造业利用国际知识溢出的水平,对发挥国际知识溢出对中国制造业全球价值链分工地位的晋升作用的积极意义。

8.3 有效利用知识溢出促进中国制造业全球价值链升级路径

①坚持对外开放,完善引资政策,形成高质量对外开放新格局。

开放环境下的知识溢出实际上能够减少中国前沿技术开发的难度和时间,因此,要坚持对外开放的基本战略。鉴于中国R&D资本投入在产业间流动机制尚未形成这种现状,中国应继续坚持对外开放,积极引进外资,充分有效利用国际知识溢出的产业间溢出效应,形成中国产业知识资本的积累,弥补中国R&D资本的行业间溢出效应的不足。产业升级动力换档期为中国产业的国际市场竞争力的提升提供了重要契机,应发挥投资驱动和创新驱动协同作用。目前,中国产业升级仍离不开固定资产投资的拉动作用,投资的落脚点对中国产业升级路径具有指导作用,政府应加大对材料、交通运输设备和生物制药等高连通性-高技术性的核心区域产业投资,创造良好的市场环境,引导民间资本的流动。

②反对贸易保护主义和投资保护主义,充分利用国际贸易渠道,实现全球价值链升级。

从融入全球价值链视角实现中国制造业企业全球价值链升级,必须充分利用全球资源,继续扩大对外开放力度,反对贸易保护主义和投资保护主义。"引进-模仿"是中国制造业企业实现国际地位提升的重要渠道,进一步加大对《国家高新技术产品目录》中产品的进口,加强中国制造业企业在全球范围内的国际产能合作。作为针对美国挑起的贸易摩擦的反击措施,可以提高对中国制造业企业产生"锁定效应"的中间产品的进口关税,尤其是以加工贸易为主要贸易模式的行业的进口关税,同时鼓励对中国制造业企业产生"升级效应"的知识密集型产品和设备进口的税费优惠政策。不断挖掘和利用进口贸易渠道知识溢出,形成中国知识资本的积累,弥补本国自身发展的不足,构建"引进—消化吸收—再创新"的良性循环,实现对国内知识稀缺资源的自我开发。

③积极应对外商投资减资、撤资现象,调整引资政策,注重高质量外资。

近年来,跨国公司在华投资增速减缓,并存在减资和撤资的现象。跨国公司在华撤资主要集中于产业链低端部门的结构性转移、劳动密集型传统制造业的成本性转移和高污染高能耗行业的规避性外迁[216],且资源寻求型和效率寻求型FDI的引进导致中国制造业企业被发达国家捕获在低端环节。因此,应抓住跨国企业全球战略调整期,发挥《外商投资产业指导目录》的作用。一方面改善中国引资用资环境,吸引全球价值链中的各环节落地,对外商投资全面实行准入前国民待遇和负面清单的管理模式,警惕效率寻求型FDI和资源寻求型FDI的进入,化被动为主动,结合行业发展水平,有选择地引进适合自身发展的技术型外资,引导中国制造业企业外资结构趋向"合理化"和"高端化"。另一方面坚持"走出去"的对外投资战略,在全球市场配置资源,获取技术和知识资本,利用并转化国际市场中的技术和知识资本为己用,实现中国制造业企业价值链升级。

从加强与知识溢出方的联系入手,加深与外资企业在研发环节合作关系,发挥国际投资渠道知识溢出效应对新兴产业和高技术产业的助力作用,通过转化外国知识存量开发中国稀缺资源。转变过去"以技术换市场"的思想,防范外资研发的技术替代效应以及外资进入的垄断阻碍,引导外资企业和内资企业的良性竞争。有策略地吸引外国直接投资,引导外资企业和内资企业的良性竞争。积极引进高技术跨国企业在华投资建厂,在"干中学"的过程中吸收国际知识溢出。利用外资的垂直溢出效应构建中国知识资本在产业间流动的途径,促进中国R&D资本的行业间溢出效应和本国企业的吸收能力。积极应对其他发展中国家对外商在华投资的分流和发达国家"再工业化"引致的投资回流背景下,东南沿海地区的外商撤资的问题。中国广阔的市场对跨国公司仍然具有巨大的吸引力,一方面在"一带一路"倡议的指导下,发挥中西部地区的区位优势,引导外资转移;另一方面在引进外资时要抛弃过去以技术换市场的战略思想,甄别那些被发达国家淘汰的技术的进入。

④利用内外资源,采取复合式竞争手段,实现中国制造业企业独特竞争优势。

通过模仿国外的先进技术和自主创新技术以提高企业的竞争能力是发展中国家普遍采用的战略,利用技术溢出和技术购买等外部资源实现模仿手段,利用国内投入等内部研发资源实现自主创新。所谓复合式竞争指企业有效地整合多种竞争战略和资源,相较于竞争对手,它们能够提供更高综合性价比的产品或服务。对中国本土企业而言,质量、人才、研发、品牌或市场响应等方面分开看,均不具有优势,而低成本或价格优势会随着内外环境变化而逐步丧失[217]。利用和整合国际知识溢能够降低中国制造业企业创新成本、增加中国制造业企业创新要素的来源。从"巨人肩膀"起跳,复合式地利用自主创新和知识溢出,复合式地利用双元创新手段——"利用式"创新和"探索式"创新,平衡发展,有效组合使用,为中国制造业企业带来独特的优势,即低成本优势和产品创新优势,实现比竞争者更高的性价比。

⑤提高吸收能力,增强国际知识溢对中国制造业价值链升级的促进作用。

国际知识溢出通过获取、吸收以及本地化三个步骤,才能发挥对中国制造业企业国际分工地位晋升的促进作用。只有提高自身发展水平,才能够主动从众多溢出来源和途径中选择吸收更有利于中国工业化发展的国际知识溢出,并进一步将其本地化为中国内生知识资本,提高中国制造业企业在国际分工中的获利能力和话语权。

继续加大对人才队伍建设和创新能力培育的支持力度,缩小内外资企业之间的技术差距,提高中国企业应对高技术外资企业"市场攫取"的能力,提高自身的吸收能力,助力国际知识溢出转化和同化的过程,转变过去中国制造业企业"只引进不吸收"的被动局面。提高吸收能力对将价值链转化为学习链,学习链转化为创新链具有重要意义。加大力度吸引专业化和多样化的人才和留学人员的回流,发挥人力资源对知识溢出的支持作用,进一步形成知识溢出-吸收的良性循环,提高面对外资企业市场垄断的应对能力,推进技术进步和技术创新与产业升级的融合发展,形成开放新格局,实现产业升级的最终目标。

⑥坚持创新驱动,明确中国制造业从价值链升级到价值链重构产业升级路径。

实现从全球价值链"追赶者"到"重塑者"再到"领导者"角色的转变,是中国产业升级的最终目标,因此技术进步的范式也从"引进—吸收—模仿"转变为创新驱动。实现从"跟随创新"到"主动创新"的创新能力升级,而这种能力的升级主要需要依靠自身的创新投入。鼓励制造业企业自主创新投入,一方面缩小中国企业与外资企业之间的技术差距,提高对国际知识溢出的吸收能力;另一方面促进中国突破国外核心技术封锁的能力的提高,填补中国R&D循环链条的缺失部分,构建完整的创新价值链。

目前,中国拥有全世界最健全的产业体系,但这一体系需要进一步加以完善,并需要一个立体的创新体系作为支撑。建立一个基于创新的强大的制造网络,形成全球价值链和国内价值链的联动,围绕产业链部署创新链,围绕创新链部署资源配置,需要以企业为主体,与高校和科研院所形成流畅的科技研发链条,发挥政府的导向作用,建立政产学研相结合的制造业创新体系。保障切实可行的研发活动,及其成果的市场适应性,加速中国技术进步,提升产品的技术含量的质量,实现从价值链链内攀升和跨链嵌入的双向升级。

参考文献

[1] 项歌德.空间计量经济学理论及其方法应用:基于 R&D 溢出效应测度的视角[M].上海:复旦大学出版社,2013.

[2] 刘维林.产品架构与功能架构的双重嵌入——本土制造业突破 GVC 低端锁定的攀升途径[J].中国工业经济,2012(1):152-160.

[3] 刘仕国,吴海英,马涛.利用全球价值链促进产业升级[J].国际经济评论,2015(1):64-84.

[4] 苏杭,郑磊,牟逸飞.2017 要素禀赋与中国制造业产业升级[J].管理世界,2017(4):70-79.

[5] Keller, W. The Geography and Channels of Diffusion at the World's Technology Frontier [R]. NBER Working Paper 8150,2001.

[6] 范方志,李琪.国际技术溢出和中国资本配置效率研究——FDI 渠道和进口贸易渠道的比较[J].社会科学战线,2017(03):49-55.

[7] 刘志彪.中国贸易量增长与本土产业的升级——基于全球价值链的治理视角[J].学术月刊,2007(02):80-86.

[8] 沈能,周晶晶.参与全球生产网络能提高中国企业价值链地位吗:"网络馅饼"抑或"网络陷阱"[J].管理工程学报,2016(4):11-17.

[9] 李杨,黄艳希,谷玮.全球价值链视角下的中国产业供需匹配与升级研究[J].数量经济技术经济,2017(4):39-56.

[10] 文东伟.增加值贸易与中国比较优势的动态演变[J].数量经济技术经济研究,2017(1):58-75.

[11] Koopman, R., Wang, Z., Wei S. J. Tracing Value-added and Double Counting in Gross Exports [J]. American Economic Review,2014(2):459-494.

[12] Grossman, G. M., Rossi-Hansberg, E. Trading Tasks: A Simple Theory of Offshoring [J]. American Economic Review,2008,98(5):1978-1997.

[13] Arndt, S. W. Globalization and the open economy [J]. North American journal of Economics and Finance, 1997, 8(1), 71-79.

[14] 卢峰. 产品内分工[J]. 经济学(季刊), 2004(4):59-86.

[15] Gereffi, G., Humphre, J., Kaplinsky, R. Introduction: Globalisation, Value Chains and Development [J]. Ids Bulletin, 2010, 32(3):1-8.

[16] Kaplinsky, R., Morris, M. A Handbook for Value Chain Research[M]. Institute of Development Studies, 2001.

[17] Grossman. G. M., Helpman, E. Managerial Incentives and the International Organization of Production [J]. CEPR Discussion Papers, 2003, 63(2):237-262.

[18] 王燕梅,简泽. 参与产品内国际分工模式对技术进步效应的影响——基于中国4个制造业行业的微观检验[J]. 中国工业经济, 2013(10):134-146.

[19] 程惠芳,丁小义,翁杰. 国际产品内分工模式对中国工业部门收入分配格局的影响研究[J]. 中国工业经济, 2014(7):58-70.

[20] 杨明. FDI对中国比较优势的影响[M]. 北京:人民出版社, 2013。

[21] Sanyal, K. K., Jones, R. W. The Theory of Trade in Middle Products [J]. American Economic Review, 1982, 72(1):16-31.

[22] Dixit, A., Grossman, G. M. Trade and Protection with Mulitage Production. Review of Economic Studies, 1982, 49(4):583-94.

[23] Kogut, B. Designing Global Strategies: Comparative and Competitive Value-Added Chains[J]. Sloan Management Review, 1985, 26(4):15-28.

[24] 林毅夫. 新结构经济学——反思经济发展与政策的理论框架[M]. 北京:北京大学出版社, 2012.

[25] 王岚,李宏艳. 中国制造业融入全球价值链路径研究——嵌入位置和增值能力的视角[J]. 中国工业经济, 2015(2):76-88.

[26] 王直,魏尚进,祝坤福. 总贸易核算法:官方贸易统计与全球价值链的度量[J]. 中国社会科学, 2015(9):108-127.

[27] 戴翔,张为付. 全球价值链、供给侧结构性改革与外贸发展方式转变[J]. 经济学家, 2017(1):39-46.

[28] Greenaway, D., Hine, R., Milner, C. Vertical and Horizontal Intra-industry Trade: A Cross Industry Analysis for the UK [J]. Economic

Journal,1995,105(433):1505-1518.

[29] Azhar,A. K. M.,Elliott,R. J. R. On the Measurement of Product Quality in Intra-industry Trade [J]. Review of World Economics,2006,142(3):476-495.

[30] 陈爱贞,刘志彪.决定中国装备制造业在全球价值链中地位的因素——基于各细分行业投入产出实证分析[J].国际贸易问题,2011(4):115-125.

[31] 林桂军,何武.中国装备制造业在全球价值链的地位及升级趋势[J].国际贸易问题,2015(4):3-15.

[32] Hummels,D.,Jun Ishii,Kei-Mu Yi. The Nature and Growth of Vertical Specialization in World Trade [J]. Journal of International Economics,2001,54(1):75-96.

[33] Johnson,R.,Noguera,G. Accounting for Intermediates:Production Sharing and Trade in Value-added [J]. Journal of International Economics,2012,86(2):224-236.

[34] 刘遵义,陈锡康,杨翠红等.非竞争型投入占用产出模型及其应用——中美贸易顺差透视[J].中国社会科学,2007(5):91-103.

[35] Koopman,R.,Wang,Z.,Wei S. J. Estimating domestic content in exports when processing trade is Pervasive [J]. Journal of Developing Economics,2012,99(1):178-189.

[36] Wang,Z.,Wei S. J.,Zhu K. F. Quantifying International Production Sharing at the Bilateral and Sector Levels[R]. NBER Working Paper No. 19677,2013.

[37] Dietzenbacher,E.,Romero,I. Production Chains in an Interregional Framework:Identification by Means of Average Propagation Lengths [J]. International Regional Science Review,2007,30(4):362-383.

[38] Antràs P.,Chor,D.,Fally T.,et al. Measuring the upstreamness of production and trade flows [J]. The American EconomicReview,2012,102(3):412-416.

[39] Lopez-gonzalez,J.,Gasiorek,M. Holmes,P. China-EU Global Value Chains:Who Creates Value,How and Where? [Z]. EU Report,2014.

[40] 夏明,张红霞.跨国生产、贸易增加值与增加值率的变化——基于投入产出框架对增加值率的解析[J].管理世界,2015(2):32-44.

[41] 赖伟娟,钟姿华.中国与欧、美、日制造业全球价值链分工地位的比较研究[J].世界经济研究,2017(1):125-134.

[42] 丁小义,程惠芳.高、低端型全球价值链分工模式变迁及驱动因素分析[J].数量经济技术经济研,2018(9):78-95.

[43] Wang, Z. , Wei, S. J. The Rising Sophistication in China Export: Assessing the Roles of Processing Trade, Foreign Invested Firms, Human Capital and Governance Policies[C]. Working Paper for the NBER Conference on China's Growing Role in World Trade, 2007

[44] 唐海燕,张会清.中国在新型国际分工体系中的地位——基于价值链视角的分析[J].经贸论坛,2009(2):18-26.

[45] 戴翔,金碚.产品内分工、制度质量与出口技术复杂度[J].经济研究,2014(7):4-17.

[46] 陈启斐,张为付.中国离岸外包和在岸外包的核算研究[J].数量经济技术经济研究,2017(7):93-108.

[47] 刘斌,王杰,魏倩.对外直接投资与价值链参与:分工地位与升级模式[J].数量经济技术经济研究,2015(12):40-57.

[48] 王岚.融入全球价值链对中国制造业国际分工地位的影响[J].统计研究,2014(5):17-23.

[49] 潘文卿,李跟强.垂直专业化、贸易增加值与增加值贸易核算——全球价值链背景下基于国家(地区)间投入产出模型方法综述[J].经济学报,2014(4):188-207.

[50] Upward R. , Wang Z. , Zheng J. Weighing China's export basket: The domestic content and technology intensity of Chinese exports [J]. Journal of Comparative Economics, 2013, 41(2): 527-543.

[51] Feesnstra, C. R. , Wei, S. J. China's Growing Role in World Trade[M]. University of Chicago University Press, 2010.

[52] 尹伟华.中国制造业参与全球价值链的程度与方式——基于世界投入产出表的分析[J].经济管理与研究,2015(8):12-20.

[53] 罗长远,张军.附加值贸易:基于中国的实证分析[J].经济研究,2014(6):

4-17.

[54] 罗长远,张军.中国出口扩张的创新溢出效应:以泰国为例[J].中国社会科学,2012(11):57-80.

[55] 魏浩,王聪.附加值统计口径下中国制造业出口变化的测算[J].数量经济技术经济研究,2016(5):104-139.

[56] Porter,M E. The comparative advantage of nations[M]. New York. The Free Press,1990.

[57] 赵付春,焦豪.产业升级的微观实现机制研究:基于双元性理论的视角[J].科学学与科学技术管理,2011,32(5):79-85.

[58] Kaplinsky R,Morris M. ,Governance Matters in Value Chains [J]. Developing Alternatives,2003,9 (1):11-18.

[59] Balassa,Bela. The Purchasing-Power Parity Doctrine:A Reappraisal[J]. Journal of Political Economy,1964,72(6):584-596.

[60] 李钢,刘吉超.入世十年中国产业国际竞争力的实证分析[J].财贸经济,2012(8):88-96.

[61] Gereffi,G. International Trade and Industrial Upgrading in the Apparel Commodity Chains[J],Journal of International Economics,1999(48):37-70.

[62] Kaplinsky R. ,Readman J. Integrating SMEs in global value chains:towards partnership for development [R]. Vienna:United Nations Industrial Development Organization,2001.

[63] Ernst D. Catching-up Crisis and Industrial Upgrading:Evolutionary Aspects of Technological Learning in Korea's Electronics Industry[J]. Asia Pacific Journal of Management,1998,15(2):247-283.

[64] Humphrey J,Schmitz H. How does insertion in global value chains affect upgrading in industrial clusters? [J]. Regional Studies,2002,36(9):1017-1027.

[65] Milberg,W. ,Winkler,D. E. Trade crisis and recovery:restructuring of global value chains[R]. Policy research working paper,2010.

[66] 毛蕴诗.重构全球价值链[J].清华管理评论,2016(6):34-39.

[67] 翁春颖、韩明华.全球价值链驱动、知识转移与中国制造业升级[J].管理

学报,2015,12(4):517-521。

[68] 蒙丹.全球价值链下中国产业升级的战略转换[J].经济与管理,2011,25(4):85-89.

[69] 肖国圣,李波平.基于 GVC 与微笑曲线理论的浙江纺织服装产业转型升级障碍分析与路径选择[J].生产力研究,2013(12):145-151.

[70] 王海杰.全球价值链分工中中国产业升级问题研究述评[J].经济纵横 2013(6):113-116.

[71] 刘志彪,张杰.全球代工体系下发展中国家俘获型网络的形成、突破与对策:基于 GVC 与 NVC 的比较视角[J].中国工业经济,2007(5):39-47.

[72] 胡大立,刘丹平.中国代工企业全球价值链"低端锁定"成因及其突破策略[J].科技进步与对策,2014,31(1):77-81.

[73] 张辉.全球价值链下北京产业升级研究[M].北京:北京大学出版社,2007.

[74] Feesnstra,C R,Wei,S J. China's Growing Role in World Trade[M]. University of Chicago University Press ,2010.

[75] 金碚.中国产业发展的道路和战略选择[J].中国工业经济,2004(7).

[76] 张杰,刘元春,郑文平.为什么出口会抑制中国企业增加值率?——基于政府行为的考察[J].管理世界,2013(6).

[77] 毛蕴诗,吴瑶,邹红星.中国 OEM 企业升级的动态分析框架与实证研究[J].学术研究,2010(1):63-69.

[78] MacDougall,G. D. The Benefits and Costs of Private Investment from Abroad:A Theoretical Approach [J]. The Economic Record,1960,36(73):13-35.

[79] Romer,P. M. Endogenous Technological Change [J]. Journal of Political Economy,1990,98 (5):71-102.

[80] Wang,J. ,Blomstrom,M. Foreign Investment and Technology Transfer:A Simple Model [J]. European Economic Review,1992,36(1):137-155.

[81] 赵勇,白永秀.知识溢出:一个文献综述[J].经济研究,2009(1):144-156.

[82] Vernon,R. International Investment and International Trade in the Product Cycle [J]. International Exclusive. 1966,8 (4):307-324

[83] Keller,W. International trade,foreign direct investment,and technology

spillovers. NBER Working Paper,No. 15442,2009.

[84] Ernst, D. Global Production Networks, Knowledge Diffusion and Local Capability Formation [J]. Research Policy,2002,31(8):1417-1429.

[85] 吕越,陈帅,盛斌.嵌入全球价值链会导致中国制造的"低端锁定"吗? [J].管理世界,2018(8):11-29.

[86] Baldwin,J. R. and B. Yan. Global Value Chainsand the Productivity of Canadian Manufacturing Firms[R]. Unpublished Working paper,2014.

[87] Hovhannisyan N , Keller W. International business travel:an engine of innovation? [J]. Journal of Economic Growth,2015,20(1):75-104.

[88] Lichtenberg, F., van Pottelsberghe de la Potterie. International R&D spillover:a re-examination [R]. NBER Working Paper,No. 5668,1997.

[89] 俞荣建.基于共同演化范式的代工企业GVC升级机理研究与代工策略启示——基于二元关系的视角[J].中国工业经济,2010(2):16-25.

[90] Coe,D. T., Helpman,E. International R&D spillover [J]. European Economic Review,1995,39(5):859-887.

[91] 田巍,余淼杰.中间品贸易自由化和企业研发:基于中国数据的经验分析[J].世界经济,2014(6):90-112.

[92] Frankel J A,Romer D. Does Trade Cause Growth? [J]. American Economic Review,1999,89(3):379-399.

[93] Chen Z,Zhang J,Zheng W. Import and innovation:Evidence from Chinese firms[J]. European Economic Review,2017,94:205-220.

[94] Coe, D. T., E. Helpman, and A. W. Hoffmaister. North-South R&D Spillovers [J]. The Economic Journal,1997,107(440):134-149.

[95] Xu,B., Wang,J. Capital Goods,Trade and R&D Spillovers in the OECD [J]. Canadian Journal of Economics,1999,32(5):1258-1274.

[96] Connolly,M., P. North-South Technological Diffusion:A New Case for Dynamic Gains from Trade [R]. Duke Economics Working Paper,No. 99-08,1999.

[97] Crespo,J. C., Mart,N., Velzquez,F. J. International Technology Diffusion through Imports and its Impact on Economic Growth[R]. European Economy Group Working Papers No. 12,2002.

[98] 方希桦,包群,赖明勇.国际技术溢出:基于进口传导机制的实证研究[J].中国软科学,2004(7):58-64.

[99] 李小平,卢现祥,朱钟棣.国际贸易、技术进步和中国工业行业的生产率增长[J].经济学(季刊),2008,7(2):549-564.

[100] 高凌云,王洛林.进口贸易与工业行业全要素生产率[J].经济学(季刊),2010,9(2):391-414.

[101] 唐保庆.贸易结构、吸收能力与国际R&D溢出效应[J].国际贸易问题,2010(2):91-97.

[102] Le, T. R&D Spillovers Through Student Flows, Institutions, and Economic Growth: What Can We Learn from African Countries[J]. Scottish Journal of Political Economy, 2012, 59(1): 115-130.

[103] 陈勇兵,仉荣,曹亮.中间品进口会促进企业生产率增长吗——基于中国企业微观数据的分析[J].财贸经济,2012(03):78-88.

[104] 陶锋,李诗田.全球价值链代工过程中的产品开发知识溢出和学习效应[J].管理世界,2008(1):114-142.

[105] 吴义爽,蔡宁.中国集群跨越式升级的"跳板"战略研究[J].中国工业经济,2010(10):55-64.

[106] 傅东平.国际技术溢出和中国生产率的变化:基于FDI和进口渠道的研究[J].南方经济,2010(3):34-45.

[107] 蔡伟毅,陈学识.国际知识溢出与中国技术进步[J].数量经济技术研究,2010(6):57-71.

[108] 程惠芳,陈超.海外知识资本对技术进步的异质性溢出效应——基于G20国家面板数据的比较研究[J].国际贸易问题,2016(6):58-69.

[109] 沈坤荣,耿强.外国直接投资、技术外溢与内生经济增长——中国数据的计量检验与实证分析[J].中国社会科学,2001(5):82-93.

[110] 傅元海,唐未兵,王展祥.FDI溢出机制、技术进步路径与经济增长绩效[J].经济研究,2010(06):92-104.

[111] 于津平,许小雨.长三角经济增长方式与外资利用效应研究[J].国际贸易问题,2011(1):72-81.

[112] Eaton, J., Kortum, S. International Technology Diffusion: Theory and Measurement[J]. International Economic Review, 1999, 40 (3): 537-

570.

[113] 赵放,薛乔.FDI对东道国经济发展的溢出效应:文献综述[J].技术经济,2017,36(02):123-132.

[114] Aitken,B.,Harrison,A. Do domestic firms benefit from direct foreign investment? Evidence from Venezuela [J]. American Economic Review,1999,89(3):605-618.

[115] Kugler,M. Spillovers from Foreign Direct Investment: Within or Between Industries[J]. Journal of Development Economics,2006,80(2): 444-477.

[116] 平新乔,关晓静,邓永旭等.外国直接投资对中国企业的溢出效应分析:来自中国第一次全国经济普查数据的报告[J].世界经济,2007(08):3-13

[117] 李杏.外商直接投资技术外溢吸收能力影响因素研究——基于中国29个地区面板数据分析[J].国际贸易问题,2007(12):79-86.

[118] 李建伟,冼国明.后向关联途径的外商直接投资溢出效应分析[J].国际贸易问题,2010(04):73-79.

[119] 鲁钊阳,廖杉杉.FDI技术溢出与区域创新能力差异的双门限效应[J].数量经济技术经济研究,2012(5):75-88.

[120] 姜瑾,朱桂龙.外商直接投资行业间技术溢出效应实证分析[J].财经研究,2007(01):112-121.

[121] 蒋樟生.制造业FDI行业内和行业间溢出对全要素生产率变动的影响[J].经济理论与经济管理,2017(02):78-87.

[122] Djankov,S.,Hoekman,B. Foreign investment and productivity growth in Czech enterprises [J]. World Bank Economic Review,2000,14(1): 49-64.

[123] Javorcik,B. Does foreign direct investment increase the productivity of local firms? In search of spillovers through backward linkages [J]. American Economic Review,2004,94 (3):605-627.

[124] 潘文卿,李子奈,刘强.中国产业间的技术溢出效应:基于35个工业部门的经验研究[J].经济研究,2011(7):18-29.

[125] Forni,M. Paba,S. Knowledge Spillovers and the Growth of Local In-

dustries [J]. Journal of Industrial Economics, 2002, 50 (2):151-171.

[126] 钱学锋,王胜,黄云湖.进口种类与中国制造业全要素生产率[J].世界经济,2011(5):3-25.

[127] Kugler, M. The Diffusion of Externalities from Foreign Direct Investment: Theory Ahead of Measurement [M]. Mimeo, Department of Economics, Universityof Southampton, 2000.

[128] Girma, S. Absorptive Capacity and Productivity Spillovers from FDI: A Threshold Regression Analysis [J]. Oxford Bulletin of Economics and Statistics, 2005, 67(3):281-306.

[129] Filip, A., Jozef, K., Veerle, S. FDI spillovers in the Chinese manufacturing sector [J]. Economics of Transition, 2010, 18(1):143-182.

[130] 王耀中,刘舜佳.基于前后向关联分析的FDI与技术外溢[J].经济评论,2005(6):31-34.

[131] 严兵.外商在华直接投资的行业间溢出效应——基于中国工业部门相关数据的初步分析[J].亚太经济,2006(1):90-93.

[132] 周燕,齐中英.基于不同特征FDI的溢出效应比较研究[J].中国软科学,2005(2):138-143.

[133] 范黎波,吴易明.FDI技术溢出的水平效应与垂直效应——基于中国工业面板数据的实证分析[J].国际经贸探索,2011,27(3):40-47

[134] Dietmar, H. R&D Spillover, technological proximity and productivity growth-evidence from German panel data [J]. Schmalenbach Business Review, 2000, 52(3):238-260.

[135] Anselin, L. Spatial Externalities, Spatial Multipliers and Spatial Econometrics[R]. Working paper, Department of Agricultural and Consumer Economics, University of Illinois, 2002.

[136] Anselin, L., Varga, A., Acs, and Z. Geographical spillover and university research: a spatial econometric perspective [J]. Growth and Change, 2000, 31 (4):501-515.

[137] 符淼.地理距离和技术外溢效应——对技术和经济集聚现象的空间计量学解释[J].经济学(季刊),2009,8(4):1549-1566.

[138] 赵放,刘秉镰.行业间生产率联动对中国工业生产率增长的影响——引

入经济距离矩阵的空间 GMM 估计[J]. 数量经济技术经济研究,2012(3):34-48.

[139] 朱平芳,项歌德,王永水. 中国工业行业间 R&D 溢出效应研究[J]. 数量经济研究,2014(2):44-55.

[140] 陈艺毛,李春艳,孙洋. 国际知识溢出对中国工业行业产业升级的影响研究——基于空间面板模型[J]. 商业研究,2018,499(11):140-149.

[141] Verspagen, B. Estimating International Technology Spillovers Using Technology Flow Matrices [J]. Weltwirtschaftliches Archiv, 1997, 133(2):226-248.

[142] 陈颂,卢晨. 基于行业技术相似度的 FDI 技术溢出效应研究[J]. 国际贸易问题,2019,433(01):110-122.

[143] 邓鹏,陈燕,徐慧. 产业的扩散与转移——基于专利的技术关联度实证分析[J]. 科技和产业,2015,15(12):26-31.

[144] Findlay, R. Relative Backwardness, Direct Foreign Investment, and the Transfer of Technology: A Simple Dynamic Model[J]. Quarterly Journal of Economics,1978,92(1):1-16.

[145] Kathuria, V. Productivity spillovers from technology transfer to Indian manufacturing firms[J]. Journal of International Development, 2000, 12(3):343-369.

[146] 王玲,涂勤. 中国制造业外资生产率溢出的条件性研究[J]. 经济学(季刊),2007(1):171-184.

[147] Ha, Y. J. Technology Spillovers from Foreign Direct Investment (FDI):The Case of the Republic of Korea [J]. University of Manchester,2012,38(2):237-250.

[148] Haddad, M., Harrison, A. Are There Dynamic Externalities from Direct Foreign Investment? Evidence for Morocco [R]. Industry and Energy Department Working Paper, Industry Series Paper No. 48,1991.

[149] Girma, S., Greenaway D., Wakelin K. Does Antidumping Stimulate FDI? Evidence from Japanese Firms in The UK [J]. Review of World Economics,2002,138(3):414-436.

[150] 陈涛涛. 中国 FDI 行业内溢出效应的内在机制研究[J]. 世界经济,2003

(9):23-28.

[151] Perez, T. Multinational Enterprises and Technological Spillovers: An Evolutionary Model [J]. Journal of Evolutionary Economics,1997,7(2):169-192.

[152] Driffield, N. ,Taylor, K. FDI and the labour market:a review of the evidence and policy implications [J]. Oxford Review of Economic Polocy,2000,16(3):90-103.

[153] 葛小寒,陈凌.国际R&D溢出的技术进步效应——基于吸收能力的实证研究[J].数量经济技术经济研究,2009(7):86-98.

[154] Cohen, W. , M. , Levinthal, D. , A. Innovation and Learning: The Two Faces of R&D[J]. Economic Journal,1989,99(397):569-596.

[155] Abramovitz, M. Catching Up, Forging Ahead and Falling Behind [J]. Journal of Economic History,1986 ,46(2):385-406.

[156] Park, J. The new regionalism and third world development [J]. Journal of Developing Societies,1995,11(1):23-30.

[157] Eaton J , Kortum S. Trade in ideas Patenting and productivity in the OECD[J].1996,40(3-4):0-278.

[158] 李小平,朱钟棣.国际贸易的技术溢出门限效应——基于中国各地区面板数据分析[J].统计研究,2004(10):27-31.

[159] 赖明勇,包群,彭水军,张新.外商直接投资与技术外溢:基于吸收能力的研究[J].经济研究,2005(08):95-105.

[160] Kemeny, T. Does Foreign Direct Investment Drive Technological Upgrading [J]. World Development,2010,38(12):1543-1554.

[161] 陶锋.国际知识溢出、社会资本与代工制造业技术创新——基于全球价值链外包体系的视角[J].财贸经济,2011(7):78-83.

[162] 关春玉,许启发,蒋翠侠.新结构经济学视角下FDI外溢的"门限特征"分析[J].经济评论,2017(03):150-162.

[163] Gouranga, G. D. , Alavalapati, J. R. R. . Trade-mediated biotechnology transfer and its effective absorption:an application to the U. S. forestry sector [J]. Technological Forecasting and Social Change,2003,70(6):545-562.

[164] Noh-Sun,Kwark , Yong-Sang,Shyn. International R&D Spillovers Revisited:Human Capital as an Adsorptive Capacity for Foreign Technology[J]. International Economic Journal,2006,20(2):179-196.

[165] 沈能,李富有.技术势差、进口贸易溢出与生产率空间差异——基于双门限效应的检验[J].北京:国际贸易问题,2012(9):108-117.

[166] 张宇.FDI技术外溢的地区差异与吸收能力的门限特征——基于中国省际面板数据的门限回归分析[J].数量经济技术经济研究,2008,25(1):28-39.

[167] Xu, B. Multinational Enterprises, Technology Diffusion, and Host Country Productivity Growth[J]. Social Science Electronic Publishing, 2000,62(2):477-493.

[168] 张建清,孙元元.国外技术溢出内生与吸收能力的动态特征——基于系统GMM估计的实证研究[J].武汉:经济评论,2012(6):74-83.

[169] 丁小义.基于行业技术水平分类分析FDI的技术溢出效应[J].国际商务(对外经济贸易大学学报),2008(04):72-79.

[170] 王琼.FDI对中国制造业的技术溢出效应——基于不同技术水平行业的实证分析[J].经济论坛,2012(09):55-60.

[171] 邱斌,叶龙凤,孙少勤.参与全球生产网络对中国制造业价值链提升影响的实证研究——基于出口复杂度的分析[J].中国工业经济,2012(1):59-69.

[172] 余东华,田双.嵌入全球价值链对中国制造业转型升级的影响机理[J].改革,2019,301(03):50-60.

[173] 刘景卿,于佳雯,车维汉.FDI流动与全球价值链分工变化——基于社会网络分析的视角[J].财经研究,2019,45(3):101-114.

[174] 朱维芳.基于产业关联的FDI技术溢出效应分析[J].商业时代,2007(24):39-40,36.

[175] 王恕立,刘军,胡宗彪.FDI流入、动机差异与服务产品垂直型产业内贸易[J].世界经济,2014(02):71-94.

[176] 李怡,李平.FDI对中国工业价值链升级影响的异质性考察[J].世界经济研究,2018(5):37-50.

[177] Pack,H. ,Larry,E. Industrail Strategy and Technologicak Change:Theory

and Reality. Journal of Development Economics,1986,22(1):105.

[178] Havranek, T. , Irsova, Z. Estimating Vertical Spillovers From FDI: Why Results Vary and What the True Effect Is [J]. Journal of International Economics,2011,85 (2):234-244.

[179] Lu, Y. , Z. Tao,and L. Zhu. Identifying FDI Spillovers [J]. Journal of International Economics,2017,107:75-90.

[180] 唐宜红,张鹏杨. FDI、全球价值链嵌入与出口国内附加值[J].统计研究,2017,34(4):36-49.

[181] 李艳,柳士昌.全球价值链背景下外资开放与产业升级——一个基于准自然实验的经验研究[J].中国软科学,2018,332(8):170-179.

[182] 葛顺奇,罗伟.跨国公司进入与中国制造业产业结构——基于全球价值链视角的研究[J].经济研究,2015,578(11):36-50.

[183] 王紫. FDI抑制还是提升了城市的出口国内增加值率?——基于中国241个地级市数据研究[J].中国地质大学学报(社会科学版),2019,19(03):141-154.

[184] 胡绪华,蔡济波.基于全球价值链的中国本土生产型外贸企业升级机理分析[J].企业经济,2013,32(01):28-31.

[185] Berthélemy,J. C. , Demurgerd, S. Foreign Direct Investment and Economic Growth:Theory and Application to China[J]. Review of Development Economics,2000,4(2):140-155.

[186] Grossman, G. M. , Helpman, E. Trade, knowledge spillovers, and growth[J]. Nber Working Papers,1990,35(2-3):517-526.

[187] 杨晓静. FDI技术溢出对中国本土制造业出口国内技术含量的影响研究[D].山东大学经济学院,2014.

[188] Kee, L. , H. Local intermediate inputs and the shared supplier spillovers of foreign direct investment[J]. Journal of Development Economics,2015,112(1):56-71.

[189] James,R. M. Contracts,Intellectual Property Rights,and Multinational Investment in Developing Countries[J]. Journal of International Economics,2001,53(1):189-204.

[190] 刘伟全,张宏. FDI行业间技术溢出效应的实证研究——基于全球价值

链的视角[J].世界经济研究,2008(10):56-62.

[191] 汪芳,柯皓天.FDI 促进中国产业结构升级的路径研究——基于结构方程模型[J].北京邮电大学学报(社会科学版),2018,20(1):66-75.

[192] 赵文军,于津平.贸易开放、FDI 与中国工业经济增长方式——基于 30 个工业行业数据的实证研究[J].经济研究,2012(8):18-31.

[193] 刘振兴,葛小寒.进口贸易 R&D 二次溢出、人力资本与区域生产率进步——基于中国省级面板数据的经验研究[J].经济地理,2011,31(6):915-919.

[194] Keller,W. International technology diffusion[J]. Journal of Economic Literature,2004,42(3):752-782.

[195] Terleckyj, N. E. What do R&D numbers tell us about technological change [J]. American Economic Review,1980,70(2):55-61.

[196] 吴玉鸣.空间计量模型在中国省域研发与创新中的应用研究[J].数量经济技术经济研究,2005(5):74-85.

[197] Anselin, L. Spatial econometric:Method and models [M]. Dordrecht: Kluwer Academic Publishers,1988.

[198] Conley, T. G., Dupor, B. A. Spatial Analysis of Sectoral Complementarity[J]. Journal of Political Economy,2003,111(2):311-352.

[199] 尹静,平新乔.中国地区(制造业行业)间的技术溢出分析[J].产业经济研究,2006(1):1-10.

[200] Paelinck,J. and L. Klaassen. Spatial Econometrics [M]. Farnborough: Saxon House,1979.

[201] Lee, L., F. GMM and 2SLS estimation of mixed regressive, spatial autoregressive models [J]. Journal of Econometrics,2007,137(2):489-514.

[202] Elhorst,J., P. Specification and estimation of spatial panel data models [J]. International Regional Science Review,2003,26(3):244-268.

[203] 李婧,谭清美,白俊红.中国区域创新生产能空间计量分析——基于静态与动态空间面板模型的实证研究[J].管理世界,2010(7):43-55.

[204] 何兴强,欧燕,史卫,等.FDI 技术溢出与中国吸收能力门限研究[J].世界经济,2014(10):52-76.

[205] 刘和东. 国际贸易与FDI技术溢出效应的实证研究——基于吸收能力与门限效应的分析视角[J]. 科学学与科学技术管理, 2012, 33(2): 30-36.

[206] [美]詹姆斯·勒沙杰, [美]R. 凯利·佩斯. 空间经济学导论[M], 尚光恩等, 译. 北京: 北京大学出版社, 2014.

[207] 李春艳, 徐喆, 刘晓静. 东北地区大中型企业创新能力及其影响因素分析[J]. 经济管理, 2014(9): 36-45.

[208] Baltagi, B., H. Econometric Analysis of Panel Data[M]. Wiley, UK, 2001.

[209] 洪俊杰, 商辉. 中国开放型经济的"共轭环流论": 理论与证据[J]. 中国社会科学, 2019, 277(1): 43-65.

[210] 贾妮莎, 韩永辉. FDI、对外直接投资与产业结构升级——基于非参数面板模型的分析[J]. 昆明: 经济问题探索, 2018(2): 142-152.

[211] Hausmann R., Klinger B. The Structure of the Product Space and the Evolution of Comparative Advantage[J]. Cid Working Papers, 2007.

[212] Hidalgo, C. A., Klinger B., Barabasi A. L., Hausmann R. The Product Space Conditions the Development of Nations[J]. Science, 2007, 317(7): 482-487.

[213] Felipe J. A. Abdon. As You Sow So Shall You Reap: From Capabilities to Opportunities[R]. Levy Economics Institute of Bard College Working Paper, 2010.

[214] 李春艳. 吉林省产业转型升级是否应该依赖比较优势? [J]. 内蒙古社会科学, 2018, 39(1): 110-118.

[215] 何江, 张馨之. 中国区域经济增长及其收敛性: 空间面板数据分析[J]. 南方经济, 2006(5): 44-52.

[216] 朱玉红. 跨国公司撤资与中国利用外资策略的调整[J]. 生产力研究, 2018, 308(03): 84-89.

[217] 陆亚东, 孙金云. 中国企业成长战略新视角: 复合基础观的概念、内涵与方法[J]. 管理世界, 2013(10): 106-117.

附　　录

附录 A　黑田法外推投入产出表基本原理

黑田法提出对加权二次目标函数取极小值时的估计方法,并引入拉格朗日未定乘数。在确定已知基期系数矩阵 $a_{ij}(i=1,2,\cdots,n;j=1,2,\cdots,m)$,且矩阵行和计为 X_i^0,列和计为 Y_j^0。若已知估计年份中间总投入 Y_j^t 和中间总使用 X_i^t,考虑到投入产出关系中,技术系数在短时期内具有相对稳定的特点,引入估计期与基期技术系数相对差平方和最小为目标函数,在估计矩阵 $\hat{a_{ij}}$ 的约束条件下,求解 $\hat{a_{ij}}$ 的唯一解。

估计矩阵 $\hat{a_{ij}}$ 的约束于:

$$X_i^t = \sum_{j=1}^{m} \hat{a_{ij}}, (i=1,2,\cdots,n) \tag{1}$$

$$Y_j^t = \sum_{i=1}^{n} \hat{a_{ij}}, (j=1,2,\cdots,m) \tag{2}$$

定义:

$c_{ij} = \dfrac{a_{ij}}{Y_j^0}$,为基期矩阵的列系数;$d_{ij} = \dfrac{a_{ij}}{X_i^0}$,为基期矩阵的行系数。

建立如下目标函数:

$$Q = \frac{1}{2} \sum_{i=1}^{n} \sum_{j=1}^{m} \left[\left(\frac{\hat{a_{ij}}}{X_i^t} - d_{ij} \right)^2 + \left(\frac{\hat{a_{ij}}}{Y_j^t} - c_{ij} \right)^2 \right] \tag{3}$$

由上述,估计目标矩阵 $\hat{a_{ij}}$ 转移为一个目标函数和约束方程下的求极小值问题。则引入拉格朗日未定乘数,构建目标函数的拉格朗日函数:

$$V = Q - \sum_{i=1}^{n} \lambda_i \left(X_i^t - \sum_{j=1}^{m} \hat{a_{ij}} \right) - \sum_{j=1}^{m} \mu_j \left(Y_j^t - \sum_{i=1}^{n} \hat{a_{ij}} \right) \tag{4}$$

$V(\hat{a_{ij}}, \lambda_i, \mu_j)$ 存在极小值的条件为：

$$\frac{\partial V}{\partial \hat{a_{ij}}} = \left(\frac{1}{d_{ij}^2} + \frac{1}{c_{ij}^2}\right)\hat{a_{ij}} + \lambda_i + \mu_j - \left(\frac{1}{d_{ij}} + \frac{1}{c_{ij}}\right) = 0 \quad (5)$$

$$\frac{\partial V}{\partial \lambda_i} = X_i^t - \sum_{j=1}^m \hat{a_{ij}} = 0 \quad (6)$$

$$\frac{\partial V}{\partial \mu_j} = Y_j^t - \sum_{i=1}^n \hat{a_{ij}} = 0 \quad (7)$$

令 $\frac{1}{S_{ij}} = \frac{1}{d_{ij}^2} + \frac{1}{c_{ij}^2}, L_{ij} = \frac{1}{d_{ij}} + \frac{1}{c_{ij}}$

由式(5)得到

$$\hat{a_{ij}} = S_{ij} \times L_{ij} - S_{ij} \times \lambda_i - S_{ij} \times \mu_j \quad (8)$$

将式(7)代入式(8)和式(6)得到 λ_i 和 μ_j 的联立方程组：

$$\sum_{i=1}^n \lambda_i S_{ij} + \left(\sum_{i=1}^n S_{ij}\right)\mu_j = \sum_{i=1}^n S_{ij} L_{ij} - Y_j^t, (j=1,2,\cdots,m) \quad (9)$$

$$\left(\sum_{j=1}^m S_{ij}\right)\lambda_i + \sum_{j=1}^m S_{ij}\mu_j = \sum_{j=1}^m S_{ij} L_{ij} - X_i^t, (i=1,2,\cdots,n) \quad (10)$$

方程组具有$(n+m)$个变量和$(n+m)$个方程组，每一个方程组都是独立的，所以由方程组得到的矩阵是满秩的，故方程组可得到唯一确定的解。由于在基期消耗系数矩阵中存在零元素的可能性很大，会导致基期矩阵行、列系数为零。由式(5)，我们可见任意c_{ij},d_{ij}都不能为零。在原有方法之上，令

$$c_{ij} = \frac{a_{ij}}{Y_j^t}, d_{ij} = \frac{a_{ij}}{X_i^t}$$

目标函数改为：

$$Q = \frac{1}{2}\sum_{i=1}^n \sum_{j=1}^m \left(\frac{\hat{a_{ij}}}{a_{ij}} - 1\right)^2 \quad (11)$$

它表示了a_{ij}的变化率，即寻求与基期值最近的唯一解。用以上的演算过程，我们可得：

$$S_{ij} = \frac{a_{ij}^2}{2}, L_{ij} = \frac{2}{a_{ij}} \quad (12)$$

附录B 中国制造业国际分工参与程度及结构变化

中国制造业国际分工参与程度及结构变化

	2003 Export	2003 VS	2003 VSS	2004 Export	2004 VS	2004 VSS	2007 Export	2007 VS	2007 VSS	2010 Export	2010 VS	2010 VSS	2014 Export	2014 VS	2014 VSS
烟草、饮料、食品制造业（r5）	527.14	193.30	0.36	611.53	225.68	0.37	1301.37	471.45	0.34	2568.27	893.54	0.35	5194.53	1743.26	0.34
纺织服装制造业（r6）	446.27	153.01	0.34	512.43	177.31	0.35	1055.09	349.66	0.32	1791.23	575.70	0.32	3186.00	992.91	0.31
木材及木材加工制造业（r7）	159.17	47.85	0.30	207.23	63.67	0.31	386.59	122.20	0.36	641.24	193.66	0.30	1269.23	378.65	0.30
造纸业（r8）	144.28	45.70	0.32	170.88	55.83	0.33	293.23	96.61	0.33	443.36	141.83	0.32	687.09	212.86	0.31
印刷业（r9）	89.96	26.98	0.30	98.97	30.56	0.31	132.74	41.62	0.31	210.03	64.65	0.31	381.46	114.20	0.30
石油炼焦业（r10）	224.93	72.20	0.32	283.44	97.24	0.34	677.49	239.82	0.35	1443.61	506.02	0.35	2401.85	813.50	0.34
化学及化学用品制造业（r11）	486.84	161.45	0.33	550.03	191.47	0.35	1157.68	408.24	0.35	1998.22	669.47	0.34	3906.96	1252.48	0.32
医药制造业（r12）	120.75	37.35	0.31	137.41	42.24	0.31	251.30	74.56	0.30	443.98	130.09	0.29	987.54	282.55	0.29
橡胶及材料制造业（r13）	247.44	82.77	0.33	282.78	99.01	0.35	471.74	166.50	0.35	867.66	287.17	0.33	1507.35	471.43	0.31
非金属制造业（r14）	274.05	81.16	0.30	333.92	100.65	0.30	853.49	255.65	0.30	1493.21	440.58	0.30	2912.95	839.14	0.29
黑色、有色金属冶炼和延压加工业（r15）	753.58	236.73	0.31	952.68	313.33	0.33	2000.38	674.07	0.34	3038.89	999.11	0.33	5290.76	1700.10	0.32
金属制品业（r16）	207.28	66.03	0.32	249.54	82.29	0.33	522.72	172.73	0.33	873.57	283.20	0.32	1771.77	558.52	0.32
计算机、通信和其他电子设备制造业及仪器仪表制造业（r17）	329.54	133.77	0.41	487.76	204.42	0.42	873.67	380.09	0.44	1761.67	677.35	0.38	3132.64	1128.65	0.36
电气机械制造业（r18）	232.31	79.76	0.34	290.42	104.04	0.36	683.34	246.24	0.36	1455.93	511.05	0.35	2552.31	855.96	0.34
通用、专用设备制造业（r19）	454.69	166.44	0.37	550.07	207.91	0.38	1052.95	385.01	0.36	1751.62	638.83	0.36	2835.17	1008.13	0.36
交通运输设备制造业（r20）	292.16	107.39	0.37	299.35	116.33	0.39	703.83	267.92	0.37	1963.54	723.67	0.37	3260.65	1172.86	0.36
铁路、船舶、航空航天和其他运输设备制造业（r21）	87.51	35.13	0.40	89.35	36.95	0.41	195.50	78.26	0.38	488.24	193.35	0.40	870.49	337.43	0.39
其他制造业（r22）	97.68	29.18	0.30	56.03	14.24	0.25	209.15	60.94	0.40	181.61	52.00	0.29	340.70	92.53	0.27
制造业平均	287.53	97.57	0.34	342.43	120.18	0.35	712.35	249.53	0.35	1300.88	443.40	0.34	2360.52	775.29	0.32